D1692424

Kindermärchen aus aller Welt

Kindermärchen
aus aller Welt

Ausgewählt von Djamila Jaenike
Illustriert von Cristina Roters
Herausgegeben von der Mutabor Märchenstiftung

Mutabor
VERLAG

Bibliografische Information der Deutschen Bibliothek:
Die Deutsche Nationalbibliothek verzeichnet diese Publikation in der deutschen Nationalbibliografie; detaillierte bibliografische Daten sind im Internet unter http://dnb.ddb.de abrufbar.

© Mutabor Verlag 2015, CH-3432 Lützelflüh
Alle Rechte vorbehalten.
Illustrationen: Cristina Roters
Korrektorat: Kai Richter
Layout: Alexander Lanz

Druck und Bindung: CPI-Ebner & Spiegel, Ulm

FSC
www.fsc.org
MIX
Papier aus verantwortungsvollen Quellen
FSC® C083411

ISBN 978-3-9523692-4-1
www.mutaborverlag.ch

Inhalt

Vorwort von Prof. Dr. Gerald Hüther   9
Einleitung   11
Vorbereitung auf das Erzählen oder Vorlesen   19
Die Geschichte der weisen Eule *Märchen aus Tschechien*   21

KAPITEL 1

Von schnellen, starken und schlauen Tieren

- Das kurze Märchen *Märchen aus Deutschland*   22
- Vater Bär und seine Lausbuben *Märchen aus Russland*   25
- Das Jüngste der Küken *Märchen aus Kanada*   27
- Der Fuchs und die Schnecke *Märchen aus der Schweiz*   28
- Der Tiger und die Kröte *Märchen aus Korea*   29
- Der Löwe und die Maus *Märchen aus Ägypten*   30
- Die zwei Wiesenmäuse *Märchen aus Nordamerika*   31
- Das Ungeheuer *Märchen aus Tansania*   33
- Die drei Geisslein und das Ungeheuer *Märchen aus Spanien*   35
- Die drei Böcke Brausewind *Märchen aus Norwegen*   37
- Das Finkenlied im Rabennest *Märchen aus Sibirien*   39
- Die Katze und das Schaf *Märchen aus Sibirien*   41
- Die Geschichte von den drei kleinen Schweinchen *Märchen aus England*   43
- Warum das Huhn und das Krokodil verwandt sind *Märchen aus dem Kongo*   46
- Das Wettziehen *Märchen aus Südafrika*   47
- Der Hase und die durstigen Tiere *Märchen aus Westafrika*   49
- Die Büffelkuh und das Fischlein *Märchen aus Rumänien*   51
- Anansi und die Weisheit der Welt *Märchen aus Westafrika*   52

KAPITEL 2

Von Helden und Königssöhnen

- Hundert Wölfe *Märchen aus der Ukraine*   54
- Das schneeweisse Steinchen *Märchen aus der Schweiz*   57
- Der Junge und der Zauberfisch *Märchen aus Persien*   59
- Soniri, der Thronfolger *Märchen aus Korea*   61
- Das Hirtenbüblein *Märchen der Brüder Grimm*   64

- 👑 Die Geschichte vom König *Märchen aus der Schweiz* 66
- 👑 Die drei Federn *Märchen der Brüder Grimm* 68
- 👑 Das Zauberschloss *Märchen aus Portugal* 71
- 👑 Das Eselein *Märchen der Brüder Grimm* 74
- 👑 Der kleine Junge Dattelkern *Märchen aus China* 77
- 👑 Vogel Phönix *Märchen der Brüder Grimm* 80
- 👑 Warum das Meerwasser salzig ist *Sage aus Friesland* 82
- 👑 Widewau *Märchen aus Deutschland* 85
- 👑 Das Meerhäschen *Märchen der Brüder Grimm* 88
- 👑 Lone Boy und der alte Schecke *Märchen aus Nordamerika* 91
- 👑 Das seltsamste Ding der Welt *Märchen aus Spanien* 94

KAPITEL 3

Von Heldinnen und Prinzessinnen

- 👑 Die Prinzessin mit der Laus *Märchen der Brüder Grimm* 98
- 👑 Die Prinzessin, die immerfort weinte *Märchen aus dem Baltikum* 101
- 👑 Mascha und der Bär *Märchen aus Russland* 103
- 👑 Die faule Kati *Märchen aus Österreich* 105
- 👑 Stiefelchen *Märchen aus Schweden* 108
- 👑 Der Hund mit den kleinen Zähnen *Märchen aus England* 110
- 👑 Von dem Sommer- und Wintergarten *Märchen aus Deutschland* 113
- 👑 Das Aschenmädchen unter der Kornwanne *Märchen aus der Schweiz* 116
- 👑 Salz ist wertvoller als Gold *Märchen aus der Slowakei* 119
- 👑 Die drei Raben *Märchen der Brüder Grimm* 122
- 👑 Das Dohlenmädchen *Märchen aus Serbien* 124
- 👑 Das Adlermädchen *Märchen aus der Schweiz* 126
- 👑 Das Mädchen, das mit den Birnen verkauft wurde *Märchen aus Italien* 128
- 👑 Das kluge Mädchen wird Zarin *Märchen aus Bulgarien* 131

KAPITEL 4

Von hilfreichen Zwergen

- 👑 Das Patengeschenk *Märchen aus der Schweiz* 134
- 👑 Das Erdbeerpflücken *Märchen aus Deutschland* 137
- 👑 Das hilfreiche Bergmännlein *Märchen aus der Schweiz* 140
- 👑 Das hilfreiche Moosweiblein *Märchen aus der Schweiz* 142
- 👑 Die Lutkens *Märchen aus Deutschland* 144
- 👑 Das zerlumpte Braunchen *Märchen aus England* 147

♛ Gänseblume *Märchen aus England*	149
♛ Die geheimnisvollen Zahlen *Märchen aus Deutschland*	152
♛ Kruzimugeli *Märchen aus Österreich*	155
♛ Das verlorene Glöckchen Tingeltuu *Märchen aus Deutschland*	157
♛ Habetrot mit der dicken langen Unterlippe *Märchen aus Schottland*	159

KAPITEL 5
Von Drachen, Riesen, Räubern und Geistern

♛ Der Drache erwacht aus dem Winterschlaf *Märchen aus China*	164
♛ Stan Bolovan *Märchen aus Rumänien*	167
♛ Die Königstochter in der Flammenburg *Märchen aus Rumänien*	171
♛ Das Auge des Drachen *Märchen aus China*	173
♛ Stompe Pilt *Märchen aus Schweden*	175
♛ Der Riese Morgazea *Märchen aus Rumänien*	177
♛ Lini, der Königssohn *Märchen aus Island*	181
♛ Der bärenstarke, riesengrosse Held Fin *Märchen aus Irland*	186
♛ Das Riesenspielzeug *Sage aus Deutschland*	190
♛ Die Heckentür *Märchen aus Deutschland*	191
♛ Die Birkennase *Märchen aus Sibirien*	193
♛ Der Junge, der Katzen malte *Märchen aus Japan*	195
♛ Der Junge und der Teufel *Märchen aus Norwegen*	198
♛ Räubermärchen *Märchen aus Tschechien*	200

KAPITEL 6
Von Begegnungen mit Feen und Meerfrauen

♛ Der Hirt und die Fee *Sage aus Italien*	202
♛ Der Prinz mit den Eselsohren *Märchen aus Portugal*	205
♛ Die Waldfee *Märchen aus Tschechien*	207
♛ Der verhexte Ring *Märchen aus Italien*	211
♛ Die Erschaffung der Geige *Märchen der Sinti und Roma*	213
♛ Die Fee der Feen *Märchen aus Rumänien*	215
♛ Katrin Knack-die-Nuss *Märchen aus England*	218
♛ Die zwölf Prinzessinnen *Märchen aus Flandern*	221
♛ Die drei Schwanenfrauen *Märchen aus Deutschland*	225
♛ Das Geschenk der Flussmutter *Märchen aus Estland*	227
♛ Das kleine Meermädchen *Märchen aus Chile*	229
♛ Die Muschel des Überflusses *Sage aus Deutschland*	232

KAPITEL 7
Vom Hunger und vom Naschen
- Was die Äffchen sagen *Märchen aus Südamerika* 236
- Das Huhn, die Ente und die Maus *Märchen aus Tadschikistan* 239
- Die Rübe *Märchen aus Russland* 241
- Vom süssen Brei *Märchen aus Deutschland* 243
- Die Maus und das Würstchen *Märchen aus Deutschland* 244
- Das Küken und der Kater *Märchen aus Burma* 246
- Der hungrige Schüler *Märchen aus Indien* 249
- Küchenschabe zu verkaufen *Märchen aus dem Kongo* 251
- Jaakske mit der Flöte *Märchen aus Belgien* 253
- Das Töpflein mit dem Hulle-Bulle-Bäuchlein *Märchen aus Deutschland* 254
- Das Märchen vom dicken, fetten Pfannekuchen *Märchen aus Norwegen* 257
- Vom Bumbrlik *Märchen aus Tschechien* 260
- Von dem Breikessel *Märchen aus Deutschland* 263
- Bohne, Bohne, ich schneide dich *Märchen aus der Schweiz* 266
- Die verzauberte Mandel *Märchen aus Melanesien* 268
- Der Ursprung der Geschichten *Märchen aus Kanada* 270

Quellenangaben 275
Widmung und Dank 281
Publikationen 282
Informationen 285

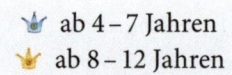

---

ab 4 – 7 Jahren
ab 8 – 12 Jahren

Die Altersangaben dienen der Anregung bei der Wahl der geeigneten Märchen.
Da Kinder sich sehr unterschiedlich entwickeln, können sie nur eine Orientierung bieten.
Lesen Sie dazu mehr auf Seite 15.

Vorwort

Märchen sind in ihrem Aufbau und ihrer Wirkung ganz wunderbare Mittel, um Kinder auf lebendige und phantasievolle Art auf wichtige Ressourcen im Alltagsleben vorzubereiten. Dank ihrer bildhaften Sprache werden seelische und soziale Zusammenhänge verständlich gemacht, die ansonsten nur schwer zu vermitteln sind.

Es ist jedoch nicht nur die Kraft der Sprache, die mit ihrem Rhythmus und ihrer Lebendigkeit den eigenen Sprachausdruck fördert, sondern auch das Hören und Fühlen einer Stimme, die durch das Geschehen führt und damit einen vertrauensvollen Rahmen schafft, in dessen Atmosphäre sich das Kind entspannen kann. Es weiss: Was auch immer geschieht, am Ende wird alles gut.

Somit unterstützen Märchen das Vertrauen und die Zuversicht in das Leben und sie ermuntern Kinder dazu, in schwierigen Situationen nach den eigenen Stärken zu suchen und sie sinnvoll einzusetzen. Märchen entfalten eine starke emotionale Wirkung. Je vertrauensvoller das Verhältnis zwischen dem Kind und demjenigen, der die Märchen erzählt oder vorliest, ist, umso mehr wird auch das Herz angesprochen. Das sind Qualitäten, die die moderne Technik nicht ersetzen kann, und für ein Kind sind die Momente, in denen Märchen gemeinsam gehört und erlebt werden, wichtige Erfahrungen, auf die es selbst als Erwachsener wieder zurückgreifen kann.

Die Märchen erzählen denn auch von Helfern, die dem Helden und der Heldin beistehen und Kinder werden in der Erkenntnis bestärkt: Ich muss nicht alles allein schaffen, es gibt immer Menschen, die für mich da sind und die mir helfen, den richtigen Weg zu finden. So leben die Helden eine positive Angst- und Stressbewältigung vor, indem sie zwar auf ihre Ressourcen zurückgreifen, jedoch im richtigen Moment Ausschau nach Helfern halten. Diese zeigen ihnen oft eine Stärke oder Begabung, die vorher im Unbewussten schlummerte und jetzt entdeckt werden kann.

Dieses Bewusstsein, dass Krisen gelöst werden können, gehört zu den wichtigsten Voraussetzungen, um später ein gutes, gelingendes Leben zu führen. Es ist eine im kollektiven Unterbewussten entstandene Strategie zur Bewältigung von Ängsten, welche in sozialen Gemeinschaften entstehen. Die Themen, die das Vertrauen des Kindes in dieser Art stärken, sind in den Märchen in vielfältiger Art vorhanden.

Die Protagonisten in den Märchen spielen wie auf einer Bühne die eigenen emotionalen Stärken und Schwächen vor. Doch wie böse der Gegenspieler auch scheint, immer führt er den Helden oder die Heldin dazu, sein wahres Potenzial zu entdecken, seien es eigene Stärken oder Freunde, die ihm zur Seite stehen. Von daher sind Märchen wie Spiegel des menschlichen Gehirns, denn dieses ist so angelegt, dass Wege gefunden werden können, um Beziehungen auf eine Art konstruktiv zu leben, dass sich eine stetige positive Entwicklung ergibt. Wenn am Anfang eines Märchens ein Mangel aufgezeigt wird, sei es der Hunger oder der Mangel an Nähe und Zuneigung durch den Verlust der Eltern, so zeigt das Märchen im Verlauf der Geschichte, wie dieser Mangel behoben werden kann.

Kinder befinden sich ständig auf der Suche nach Freiheit und Nähe, nach Geborgenheit und Selbständigkeit, und Märchen erzählen, wie es gelingen kann, diese Symbiose am Ende zu finden. Aus diesem Grund wurden die Märchen immer wieder erzählt, weil sie dem inneren Bedürfnis nach dieser Entwicklung entsprechen. Mit dem Erzählen von Märchen wird den Kindern Mut gemacht, die Welt zu entdecken, die innere wie die äussere, und sich etwas zuzutrauen, oder anders gesagt, sich selbst und den eigenen Ressourcen zu trauen.

Die Märchen zeigen, wie viel von der richtigen Entscheidung und Gewichtung der Held/innen abhängt: Was ist wirklich wichtig im Leben? Worauf kommt es an und worum geht es wirklich? Diese grossen und wichtigen Fragen beschäftigen Kinder schon sehr früh und viele Antworten lassen sich in den alten überlieferten Märchen finden. Es wäre schade, dieses Zaubermittel nicht zu nutzen, denn als Eltern und Begleitende von Kindern haben wir die Möglichkeit, Kinder mit Märchen in ihrer Entfaltung zu unterstützen und dabei etwas ungemein Wertvolles und Wunderbares miteinander zu teilen.

Prof. Dr. Gerald Hüther

Einleitung

Was wären wir ohne Märchen?
Gross und Klein haben sie nötig,
um die Reise des Lebens angenehmer zu gestalten.
Chadidscha Hassan

Die Frage, ob Kinder Märchen brauchen, wurde von Eltern, Pädagogen und Fachpersonen jeder Art immer wieder diskutiert. Hätte man die Kinder gefragt, wäre die Antwort einfach gewesen, denn dem Zauber, der von den alten überlieferten Märchen ausgeht, kann sich kaum ein Kind entziehen. Selbst die Hirnforschung gibt den Märchen den Namen «Zaubermittel für Kinderhirne»[1]. Kaum eine andere Literaturgattung schafft es in so kurzer Zeit, Kinder in ihren Bann zu ziehen. Wenn Kinder Märchen hören, werden sie ruhig, andächtig, lassen sich ganz in die Geschichte hineinfallen. Sie fühlen mit den Held/innen, fiebern mit und wissen: Am Ende wird alles gut. Der Hirnforscher Gerald Hüther weist jedoch auch auf andere Komponenten hin, die für diesen Zauber verantwortlich sind, nämlich Nähe und Vertrauen zu der erzählenden Person. Die Atmosphäre von Geborgenheit mag vielen Kindern heutzutage fehlen. Dies geschieht nicht unbedingt, weil niemand für sie da wäre, sondern, weil Eltern wie Kinder einen vollen Alltag mit zahlreichen Verpflichtungen haben. Das Gefühl von Zeitlosigkeit, das beim Märchenhören entsteht, lässt viel von den Anspannungen aus dem Alltag vergessen und trägt zu einem starken Regenerationsmoment bei.

Dass die «Kinder- und Hausmärchen» der Brüder Grimm ursprünglich nicht für Kinder gedacht waren, ist bekannt, und doch sind Märchen Menschheitsgeschichten, die gerade jungen Menschen viel Mut machen für die Aufgaben, die sie später in ihrem Leben zu bewältigen haben. Wie sagt doch eine arabische Märchenerzählerin: «Was wären wir ohne Märchen? Gross und Klein haben sie nötig, um die Reise des Lebens angenehmer zu gestalten.»[2]

Im Dschungel des Film-, Musik- und Spieleangebotes ist kaum noch auszumachen, was wirkliche Märchen sind. Es ist jedoch wichtig zu unterscheiden, welche Geschichten von einem Autor erfunden und welche überliefert und bereits über viele Generationen hinweg erzählt worden sind.

*Sie erzählten die Geschichten
ihren Kindern und Enkelkindern,
Generation um Generation.*

Aus: Der Ursprung der Geschichten

Märchen: erzählt von Generation zu Generation

Den Eltern von heute wurden kaum noch Märchen erzählt. Bereits ihre Eltern haben die Zeit für diese Art des Zusammenseins verloren. Manche Grossmutter erinnert sich jedoch mit leuchtenden Augen an ihre Grosseltern, die noch Märchen zu erzählen wussten, und wir können davon ausgehen, dass deren Eltern ebenfalls Märchen erzählt haben. Wir gehen also weit zurück bis fast in die Zeit, als die Brüder Grimm aus verschiedenen Quellen Märchen zusammentrugen, ihnen eine schriftliche Form gaben, welche ein angenehmes Lesen ermöglichte, und die Erzählungen als «Kinder- und Hausmärchen» herausgaben. Damit wurden die Märchen vor dem Vergessen gerettet, denn auch die Herausgeber hatten bereits den Verlust der Erzählkraft bemerkt. Ihnen taten es andere gleich, und so können wir heute auf abertausende von überlieferten Märchen aus aller Welt zurückgreifen. In den Märchenbüchern sind die Geschichten unserer Ahnen und Ahninnen festgehalten. In allen Märchen der Welt werden Menschen in verschiedenen Phasen ihres Lebens geschildert, und es wird vor allem erzählt, wie sie versuchen, trotz Widrigkeiten ihren eigenen Weg zu gehen.

Kinder interessieren sich für Held/innen in ihrem Alter. Mit ihnen können sie sich am besten identifizieren und damit Anregungen für ihren eigenen Lebensweg finden. In diesem Buch finden sich deshalb Märchen, die in der Heldenrolle meist Kinder zeigen. Die Abenteuer, welche diese Kinder erleben, sind ganz unterschiedlich und durch die Herkunft der Märchen von verschiedenen Kulturen geprägt. Wir hören von Kindern aus Schweden, Indien, Korea oder Bulgarien. Damit öffnet sich der Blick für die kulturelle Vielfalt von heute. Die alten Märchen brauchen jedoch die Lebendigkeit des Erzählens, damit sie ihre Kraft entwickeln als Brücke zwischen der alten Weisheit und dem heutigen Menschen.

*Es war einmal, was einmal war,
wäre es nicht gewesen, würde es nicht erzählt.*

Aus: Stan Bolovan

Die Zaubersprache der Märchen

Soweit das Erzählen nicht erlernt ist, ist das Vorlesen eine gute Sache. Selbstverständlich muss sich die Vorleserin oder der Vorleser vorher mit dem Märchentext auseinandersetzen; gutes Vorlesen ist eine Kunst. Kinder verzeihen jedoch vieles, wenn mit innerem Engagement und liebevoll vorgelesen wird, ja es scheint ihnen gar lieber zu sein als perfektes, aber distanziertes Vorlesen. Kinder erhalten durch das Zuhören viel Sprachgefühl. Sie erkennen sofort, dass die Märchensprache nicht die gleiche ist wie die Alltagssprache. Sie wundern sich über Begriffe, die sie nicht kennen, und fügen sie später ihrem Wortschatz bei. Kinder erzählen Märchen gerne nach. Sie verwenden dafür eigene Bilder und Worte. Dadurch wird deutlich, wie sie eine Geschichte wahrgenommen haben. Neben dem Vorlesen sollte jedes Kind lebendiges Erzählen erleben können. Zahlreiche Erzähler/innen sind mittlerweile unterwegs und ermöglichen ein unvergessliches Märchenerlebnis.

Märchen beinhalten verschlüsselte Botschaften, eine Sprache, welche unser Verstand nur schwer verstehen kann, die jedoch Kinder leicht aufnehmen können: die Symbolsprache. Da Symbole immer vieldeutig sind, kann jedes Symbolbild, das ein Märchen prägt, auf viele verschiedene Weisen gemeint und verstanden werden. Besonders die Zaubermärchen bedienen sich der Symbolsprache, und diese ist so einfach wie unbestechlich. Bei Symbolen muss und darf man über das eigentliche Bild hinausdenken. Mit der Figur des Königs kann ein Mensch gemeint sein, der König über sein Leben ist. Wenn er einen kranken Apfelbaum hat, so wird auch der König krank. Der Apfelbaum steht als Symbol für die Lebenskraft. Zieht der Sohn in die Welt, um herauszufinden, warum der Apfelbaum krank ist, kann er ein Bild für die Seite im Menschen sein, die jung, stark und neugierig ist. Für Kinder ist diese Symbolsprache selbstverständlich. Sie setzen die Symbolbilder miteinander in Verbindung und integrieren deren Synthese in ihre eigene Entwicklung. Kinder haben meist ein ganzheitliches Bild von sich und ihrer Umwelt. Sie sehen, dass sich Dinge in ihrem Umfeld verändern und setzen es in Beziehung zu sich selbst. Sie erlangen damit Erkenntnisse und nutzen sie für ihr eigenes Leben. So entwickeln sich verschiedene Fertigkeiten wie die Sprache, aber auch Verhaltensmuster und schliesslich Lebensmuster.

Die Märchen erzählen von diesen Mustern, und wie die Heldinnen und Helden sie durchbrechen, um damit ihr ganz eigenes Lebensmuster entstehen zu lassen. Märchen beflügeln die Phantasie und fördern die Fähigkeit, weiter zu denken, Situationen von verschiedenen Seiten anzuschauen und das eigene Handeln neu auszurichten. Das zeigt sich zum Beispiel im Bild vom fliegenden Teppich, der den Helden in andere Welten trägt, wo er Schätze erringt und sich damit ein neues Leben aufbaut. Diese Schätze sind so viel wert wie Gold und Edelsteine, können aber auch ein Symbol für die wertvollen Erfahrungen sein, die er mit nach Hause bringt.

Worte haben im Märchen eine magische Wirkung, und das ist für Kinder sehr einfach nachvollziehbar, denn sie erleben die Macht von Worten im Alltag. In den Märchen finden sich viele Sprüchlein, die diese Wirkung unterstreichen. Wiederholungen helfen mit, sich Entwicklungen bewusst zu machen. Das Mitsprechen fördert dabei das Sprach- und Rhythmusgefühl. Der Verzicht auf eine allzu moderne Sprache deutet auf die Zeitlosigkeit hin, die den Märchen eigen ist. Sie brauchen keine veralteten Worte, werden jedoch Modeworte überdauern. Von daher eignet sich eine Sprache, die das Wesentliche richtig benennt und den Charakter der Zeitlosigkeit betont.

Mehr als zwei Jahrhunderte sind vergangen, seit die Kinder- und Hausmärchen der Brüder Grimm erschienen sind. Die Zeiten haben sich so enorm verändert wie kaum in einer Epoche davor. Vieles ist heute möglich, was damals undenkbar war, und einiges, von dem die Märchen erzählen, ist verschwunden. Wer weiss noch, wie man Flachs bricht? Wer kann sich vorstellen, wie schwer es war, die Wäsche im Fluss zu waschen? Es gibt also durchaus Begriffe in den Märchen, die vorgängig besprochen werden müssen, damit das Kind die Ereignisse in der Geschichte verstehen kann. Es gibt jedoch auch noch heute viele Menschen, die ihre Wäsche im Fluss waschen oder ihre Wolle mit einer Handspindel spinnen müssen.

So können die Märchen eine Brücke schlagen, eine Verbindung über die Kontinente und zwischen den Menschen, die trotz kultureller Unterschiede alle das gleiche Ziel haben: ein glückliches Leben zu führen.

Er fand die Königstochter, und sie freute sich sehr,
dass sie von dem schrecklichen Drachen erlöst war.
Aus: Die Königstochter in der Flammenburg

Märchen, die Mut machen
Die Welt, in der wir heute leben, ist vielerorts schrecklich und grausam. Kinder erleben bereits früh, dass es für sie beängstigende Dinge gibt, und sie möchten wissen, wie man damit umgehen muss. Hat ein Kind zum Beispiel riesengrosse Angst vor dem Einschlafen, so wird ihm vielleicht ein Märchen Mut machen, in dem die Heldin Riesen überwindet. Der menschliche Geist ist jedoch sehr komplex. Eltern wissen nicht, wie es im Inneren ihres Kindes aussieht. Niemand weiss genau, was es ist, das dem Kind Angst macht oder es hemmt. Märchen lassen sich nicht wie eine Medizin verordnen. Sie können jedoch das Kind ermutigen, seine eigenen Kräfte zu erkennen. Schön ist, wenn ein Kind ein Märchen gefunden hat, das ihm gefällt. Dann möchte es diese Geschichte wieder und wieder hören, und wir als Eltern oder Betreuende wissen, dass das Kind sein momentanes «Mutmachmärchen» gefunden hat.

Viele Kinder lieben Märchen, in denen gefährliche Dinge geschehen. Sie sehen dabei die Situation der Gefahr und sind gespannt, wie der Held damit umgeht. Anders als in den Legenden sind die Heldinnen und Helden in den Märchen nicht immer stark und mit guten Schwertern bewaffnet. Auch die, welche als Dummlinge verschrien sind, gehen ihren Heldenweg, und selbst das Mädchen, das immer nur schläft und sich nie wäscht, wird im richtigen Moment zur Heldin. Damit lösen sich die

Märchen von zahlreichen gesellschaftlichen Klischees und zeigen, wie wichtig es ist, die eigenen Stärken zu kennen.

Auch Märchenhelden scheitern manchmal, sind verzweifelt und wissen nicht mehr weiter. Das ist für das Kind tröstlich. Kennen wir nicht alle das Gefühl, verlassen zu sein, den Weg nicht mehr zu finden, uns im dichten Wald des Lebens verirrt zu haben? In solchen Momenten erhalten die Heldinnen Hilfe und Unterstützung; sie erkennen die Helfer, holen sich Rat und können die Schwierigkeiten meistern. Märchen erzählen aber auch von den dunklen Seiten des menschlichen Charakters und bieten dem Kind die Gelegenheit, sich bewusst zu werden, wie es selber handeln möchte. Ziel ist, dass die Kinder dank der Märchen auf Erlebnis- und Gedankenbrücken zurückgreifen können, die ihnen Mut machen.

«Macht euch keine Sorgen wegen mir.
Ich bin zwar klein, aber ich kann genauso viel wie andere.»
Aus: Der kleine Junge Dattelkern

Welche Märchen für welches Alter?
Bei den Märchen in dieser Sammlung stehen Kinder verschiedener Altersstufen im Mittelpunkt. Es sind Kinder, die in unterschiedlichen Situationen aufwachsen und schon bald vor Aufgaben gestellt werden, welche sie oft gemeinsam mit Helfern lösen. Das Ziel ist es, eine bessere Lebensgrundlage zu schaffen, in der sich die Helden und Heldinnen entwickeln können. Die Märchen zeigen dabei in beispielhafter Weise, welche Wege zum Ziel führen und welche nicht. Die verschiedenen Varianten von überlieferten Geschichten erlauben es, die erzählten Vorgänge immer wieder anders zu sehen und zu verarbeiten.

Kinder identifizieren sich gerne mit einer Figur aus dem Märchen. Sie gehen aktiv mit auf die Abenteuerreise und freuen sich, wenn die Geschichte zu einem guten Ende führt. Dazu gehört auch, dass Gefahren überstanden und Hindernisse überwunden werden müssen. Um der Vielschichtigkeit der Märchen und den Bedürfnissen der Kinder gerecht zu werden, sind die Märchen in den sieben Kapiteln nach Themen geordnet. Sie können je nach Vorliebe, Lust und Zeit gewählt werden.

Die Ansprüche an die Zuhörenden steigern sich jedoch innerhalb der Kapitel, in Kapitel fünf und sechs jeweils innerhalb der Themenbereiche (Drachen, Riesen usw.).

Kleinere Kinder unter vier Jahren freuen sich sehr über Fingerspiele, Sprüchlein und Reime, die sie ihrem Wortschatz spielend beifügen. Sie beobachten fasziniert, wie jemand aus einem Buch vorliest oder ein Märchen erzählt, können jedoch dem Geschehen nicht richtig folgen. Schön ist, wenn sie einen Platz auf dem Schoss bekommen, wo sie die Nähe geniessen und den Ablauf der Märchenrunde nicht zu sehr durcheinander bringen. Für Kinder ab vier Jahren ist es wunderbar, bei einer Märchenrunde dabei sein zu dürfen. Sie freuen sich, dass sie nun alt genug dafür sind, und hören mit grosser Aufmerksamkeit zu. Dass dabei nicht alle stillsitzen, sondern manche sich, ihrem Naturell entsprechend, gerne wiegen oder auf den Bauch legen, gehört dazu.

Einige Kinder lieben es, wenn sie eine Aufgabe erhalten, z.B. zu Beginn der Runde das Glöckchen klingen zu lassen oder am Ende die Kerze ausblasen zu dürfen. Für Kinder in diesem Alter sind Märchen ideal, die einsträngig sind. Tiermärchen und natürlich Geschichten, in denen das Kleinste den Grossen helfen kann, sind besonders beliebt.

Je nach Entwicklungsstand der Kinder wird das Bedürfnis nach längeren und komplexeren Märchen grösser. Die übernatürlichen Helfer oder Gegner wie Feen oder Riesen faszinieren, und bald sind auch wirklich gefährliche Situationen gefragt, in der ein Kampf meist mit Zauberdingen ausgetragen wird. Bald schon wird jedes Kind ein paar Lieblingsmärchen haben, aus denen es seine eigene Weisheit zieht – sie werden ihm ein Leben lang unvergesslich bleiben.

Die Altersangaben sollen zu einer geeigneten Märchenwahl anregen. Da Kinder sich sehr unterschiedlich entwickeln, können diese Hinweise nur eine Orientierung bieten, damit auch in einer gemischten Kindergruppe für jedes Kind ein Märchen dabei ist, das seiner momentanen Entwicklung entspricht. Das regelmässige Hören von Märchen fördert das Verständnis der Kinder für die erzählten Zusammenhänge, das sie damit erweitern und vertiefen können. Wichtig ist die Atmosphäre des Vertrauens, in der Fragen und gegenseitiger Austausch möglich sind, so dass die gehörten Inhalte reflektiert werden können.

Sie zogen und zogen
– und zogen die Rübe heraus.
Aus: Die Rübe

Zeit für Märchen – kleine Märchenrituale
Märchen bieten eine gute Grundlage, damit sich Kinder und Eltern in ihrem vollen Alltag wieder Zeit füreinander nehmen; Zeit, die nichts mit Leistung zu tun hat und einfach dem Wohlgefühl dient. Auch Grosseltern nehmen oft eine wichtige Rolle ein, indem sie alte Rituale, Lieder, Märchen und Geschichten an ihre Enkel weitergeben.

Schön ist, wenn sich aus der gemeinsam verbrachten Märchenzeit ein Ritual entwickelt, das sich mit dem Alter der Kinder verändern darf. Der erste Schritt ist oft ein kleiner Märchentisch. Er sollte für alle gut sichtbar sein und kann nach Belieben dekoriert werden. Auf diesem Tisch steht das Märchenbuch, aus dem zurzeit vorgelesen wird, vielleicht sogar an der Stelle des letzten vorgelesenen Märchens aufgeschlagen. Dazu gesellen sich Schätze, welche die Kinder finden, und die ihnen wichtig sind. Das können gesammelte Naturmaterialien sein, aber auch Zeichnungen und Gebasteltes, das im Zusammenhang mit den gehörten Märchen steht.

Der Märchentisch kann in das Erzählen oder Vorlesen integriert werden. Wer möchte, dekoriert ihn passend zur Geschichte oder zur Jahreszeit, möglichst so, dass dem Kind genug Freiraum für eigene Vorstellungen gelassen wird. Gut eignet sich eine dekorative Darstellung der Umgebung, in der das Märchen spielt: Moose und Wurzelstücke, wenn der Wald vorkommt, oder weisse Seide und blaue Märchenwolle, wenn das Märchen im Winter spielt. Die Held/innen des Märchens möchte das Kind sich jedoch selber vorstellen, damit es sich besser mit ihnen identifizieren kann.

Das Anzünden einer Kerze vor dem Vorlesen oder Erzählen trägt zu einer gemütlichen Atmosphäre bei. Auch das Erklingenlassen eines Instrumentes oder das Singen eines Liedes bereitet gut auf das Zuhören vor. Man kann die Kinder symbolisch in die Märchenwelt eintreten lassen, indem sie durch einen grossen Ring treten oder ein Zauberwort sagen, bevor die Märchenrunde beginnt. Wichtig ist, dass sich auch die Eltern während dem Vorlesen nicht stören lassen. Vielleicht stellt man das Telefon auf stumm und befestigt ein kleines Schild an der Tür: «Psst! Märchenstunde». Damit wird eine Atmosphäre von Achtung und Respekt aufgebaut, und die Zeit, die man gemeinsam verbringt, wird gebührend gewürdigt. Ganz wichtig ist, dass die Zeit so bemessen wird, dass ein Märchen als Ganzes gehört werden kann. Bleibt wenig Zeit, so lassen sich in diesem Buch viele kurze Geschichten finden.

«Zum Dank schenke ich dir eine Zauberschere.
Alles, was du damit ausschneidest,
wird Wirklichkeit werden.»
Aus: Der Junge und der Zauberfisch

Märchen kreativ erleben

Wenn Kinder nach dem Märchenhören kreativ werden dürfen, verarbeiten sie damit Empfindungen, welche die Märchen in ihnen ausgelöst haben. Steht Material zur Verfügung, greifen sie oft von selbst zum richtigen Material, mit dem sie sich ausdrücken möchten, sei es im Malen, Nachspielen von Szenen oder im Herstellen von Gegenständen. Anregungen finden Sie zum Beispiel auf den Kreativseiten der Zeitschrift Märchenforum.[3]

Märchen regen die Entwicklung eigener Bilder an. Anders als Bilder aus Filmen, sind diese im Einklang mit dem Kind, da es sie aus sich selbst heraus entwickelt. Sie entsprechen dem Auffassungs- und Vorstellungsvermögen des Kindes und erleichtern die Identifikation mit dem Märchengeschehen. Mit einfachen Materialien können Kinder frei ihre Eindrücke bildhaft umsetzen oder gar, über einen längeren Zeitraum verteilt, ein Märchen-Bilderbuch gestalten. Das Kind sollte die Freiheit haben zu überlegen: Wie sieht mein Riese aus? Wie sehe ich die Zwerge? Damit kommt ein schöpferischer, individualisierender Prozess in Gang, der das Kind dazu anregt, seine eigenen inneren Wahrnehmungen auszudrücken.

Kinder spielen Märchen gerne mit einfachen Figuren nach. Wer einen Holzrahmen mit Vorhang zur Verfügung stellt, wird schon bald zur Vorstellung eingeladen. Als Puppen fungieren Alltagsgegenstände wie ein Stück Holz, ein Kochlöffel, mit Gesichtern bemalte Finger oder schlichte Figuren aus Märchenwolle.

Mit einfachem Stegreiftheater können die Kinder dazu motiviert werden, in verschiedene Rollen zu schlüpfen. Mal darf man den Helden spielen, dann wieder den Gegenspieler oder den Frosch. Die Erfahrung zeigt, dass es beim Umgang mit Märchen ungemein wenig Material braucht, dafür umso mehr körperliche und geistige Präsenz und Zeit, die man gemeinsam teilt. Was aus diesen kreativen Momenten entsteht, findet seinen Platz auf dem Märchentisch und bleibt dort, bis es Zeit ist, sich einem neuen Märchen zuzuwenden.

Märchen bieten unendlich viele Möglichkeiten, sich pädagogisch und künstlerisch mit ihnen auseinander zu setzen. Sie sollten jedoch zu den Besonderheiten gehören im Schulalltag, zu den Momenten, in denen man sich entspannen kann und die dementsprechend einen passenden Rahmen erhalten.

Märchen eignen sich als ursprünglich immaterielles Kulturgut ideal, um Sprache zu erleben. Sie ermutigen dazu, eigene Empfindungen ebenfalls in klangvolle, passende Sprachbilder zu fassen. So kann das Nacherzählen von Märchen für Kinder sehr befriedigend sein, und meist darf auch zu Hause die ganze Familie mithören.

Mit Märchen kann vieles zum Ausdruck gebracht werden, das ansonsten nur schwer anzusprechen ist, sei es, dass jeder seine Stärken und Schwächen hat wie zum Beispiel im Dummlingsmärchen «Das Zauberschloss» oder dass die Kleinen den Grossen helfen können wie in «Der Löwe und die Maus». Der nährende, wohltuende Aspekt sollte dabei im Vordergrund stehen, denn wie bei allen überlieferten Geschichten zeigt sich die Weisheit oft erst auf den zweiten oder dritten Blick. Nicht selten sind es die Kinder selbst, die uns mit ihrer unschuldigen Weisheit eine neue Erkenntnis schenken.

Die beste Gelegenheit, Märchen besser kennen zu lernen, ist, sie zu erzählen. So mag dieses Buch als Schatzkiste dienen, um die Kostbarkeiten der Märchen zu entdecken.

1 Prof. Dr. Gerald Hüther in: Zeitschrift Märchenforum Nr. 63
2 Aus: C. Hassan, D. A. Mustafa, U. Gösken, Drei Säcke voll Rosinen, Stuttgart 2001
3 Anregungen für Märchen-Kreativarbeiten finden Sie unter www.mutaborverlag.ch ➙ Kindermärchen aus aller Welt

Vorbereitung auf das Erzählen oder Vorlesen

- *Eine sinnvolle, möglichst altersgerechte Auswahl treffen*
- *Sich vorgängig mit den gewählten Märchen befassen*
- *Eine gemütliche Atmosphäre schaffen und einen Märchentisch einrichten*
- *Für Ungestörtheit sorgen und ein Ritual entwickeln*
- *Märchen immer zu Ende erzählen/vorlesen*
- *Verschiedene Märchen anbieten, damit das Kind sein Mutmachmärchen finden kann*
- *Raum lassen für kreatives Nacharbeiten und Austausch*
- *Sich genügend Zeit nehmen, um die gemeinsame Märchenzeit zu erleben*

Die Geschichte der weisen Eule

Vor langer Zeit lebte tief im Wald eine Eule. Sie nistete in der mächtigen Krone einer Eiche und hörte gern zu, wenn die Tiere des Waldes von ihren Freuden und Leiden erzählten.

Auch die Eule erzählte gern Geschichten, die der Wind und der Regen ihr von weit her mitgebracht hatten. Eines Tages jedoch beschloss sie, den tiefen Wald zu verlassen und auszuziehen, um neue Geschichten zu hören.

Sie breitete ihre Schwingen aus und flog in die weite Welt. Mit ihren grossen Augen sah sie alles, alles hörte sie mit ihren scharfen Ohren, und alles bewahrte sie sorgsam in ihrem Gedächtnis.

So vergingen die Jahre, und die Eule wurde älter und immer weiser. Da verspürte sie Sehnsucht nach ihrem Wald und der grossen Eiche und sie beschloss, heimzukehren.

Viele Tage und Nächte flog sie, bis sie lautlos in der Krone der alten Eiche landete.

Als die Tiere des Waldes hörten, dass die weise Eule zurückgekehrt sei, versammelten sie sich im Mondschein unter der Eiche und wollten die Märchen hören, die sie aus der weiten Welt mitgebracht hatte. Die Eule erzählte so wunderbare Dinge, dass niemand schlafen gehen wollte.

Sie reihte ihre Märchen aneinander wie Perlen auf eine Schnur, und alle Tiere lauschten mit angehaltenem Atem. «Wie weise du bist, Frau Eule!», sagte ein Bär, nachdem die Eule geendet hatte. «Ich habe so viel gelernt von dir, da ist es doch zu schade, dass die Menschen deine Märchen nicht kennen.» Die weise Eule dachte lange über die Worte des Bären nach.

Als sie fühlte, dass sie nicht mehr lange zu leben hatte, nahm sie ein dickes Buch und einen Federkiel. Sie schrieb und schrieb und schrieb, und als sie das letzte Märchen aufgeschrieben hatte, schloss sie ihre Augen für immer.

Das dicke Buch jedoch war unter die Eiche gefallen, und dort fand ich es.

Ich schlug es auf, und da stand geschrieben:

«Vor langer Zeit...»

Märchen aus Tschechien

Das kurze Märchen

Hühnchen findet ein Schlüsselchen im Mist und Hähnchen findet ein Kästchen.

Es wird aufgeschlossen, und es liegt darin ein kleines, kurzes rotseidenes Pelzchen.

Wäre das Pelzchen länger gewesen, so wäre auch das Märchen länger geworden.

Brüder Grimm

KAPITEL 1
Von schnellen, starken und schlauen Tieren

Die Tiermärchen nehmen unter den Lieblingsmärchen der Kinder eine wichtige Rolle ein. Jedes Tier steht mit seiner besonderen Art für eine Eigenheit, mit der man sich mit seinem eigenen oder auch mit dem Verhalten der anderen identifizieren kann. Die Märchen erleichtern das Verständnis für die nicht immer ganz einfachen Regeln des Zusammenlebens. Tiermärchen fördern auch das Rollenspiel, denn je nach Befindlichkeit und erfahrenen Erlebnissen kann ein Kind mal in die Rolle des Starken, aber auch mal in die des Schwachen, aber Schlauen schlüpfen. Die alten Tierfabeln, die bis heute in fast jedem Schulbuch enthalten sind, enden meist mit einer Moral im Sinne einer Erkenntnis über Stärken und Schwächen. Da Tiere in den Märchen gleichzeitig auch symbolhaft sind, bedeuten sie oft mehr als ein durch ein Tier charakterisierter, menschlicher Zug. Sie stehen häufig in Verbindung mit den Elementen, mit Zyklen in der Natur und dem Kommen und Gehen von Kräften wie den Jahreszeiten. Allem voran aber bieten Tiermärchen eine gute Gelegenheit, über lustige Vorkommnisse zu schmunzeln, und sie zaubern ein Lächeln in manches Kindergesicht.

Das Hüten von Tierkindern ist wahrlich eine Kunst. Das merkt Vater Bär, als er jemanden braucht, der auf seine Kinder aufpasst. Der Hase macht es schliesslich am besten, denn er kann Märchen erzählen! Wenn man klein ist und vieles noch nicht darf, übertritt man immer wieder mal ein Verbot und erlebt dabei manche Gefahren, wie das jüngste der Küken im gleichnamigen Märchen.

Die beiden folgenden Märchen erzählen vom Wettkampf zwischen zwei Tieren und zeigen, dass die kleinen Tiere nicht zu unterschätzen sind. Die uralte Fabel «Der Löwe und die Maus» wurde schon tausend Jahre vor Beginn unserer Zeitrechnung erzählt. Sie berichtet davon, wie die Maus, obwohl sie so klein ist, sogar dem Löwen in Not helfen kann.

In der nächsten Geschichte retten sich zwei Gleichstarke gegenseitig, denn eine Maus rettet die andere vor dem Hungertod, und sie wird dafür vor der Langeweile gerettet. Überhaupt sind die kleinen Tiere wichtig in den Märchen, zum Beispiel, wenn ein Ungeheuer in der Höhle sitzt und alle davor Angst haben, sogar die grossen Tiere. Dass dieses Ungeheuer in Wahrheit selbst nicht allzu gross ist, hört man erst am Ende der Geschichte. Was macht man aber, wenn ein Ungeheuer Geisslein fressen will? Dann ist es gut, kleine, aber starke Freunde zu haben. Auch die drei Ziegenböcke im folgenden Märchen begegnen einem schrecklichen Gegner, nämlich einem Troll. So beängstigend er auch ist, und obwohl er lautstark droht, lässt er sich doch von den drei Böcken überlisten.

Im sibirischen Märchen «Das Finkenlied im Rabennest» wird nicht gedroht, es wird geklaut: Der grosse Rabe schnappt sich das Lied der Finkenmutter, und die Kleinen geben keine Ruhe, bis das Lied wieder dort ist, wo es hingehört.

Nicht nur Tiere haben Hunger und fressen entsprechend der Nahrungsgesetze manchmal andere Tiere. Auch der Mensch ernährt sich zum Teil von Tieren, und so soll es dem Schaf im nächsten Märchen an den Kragen gehen. Die Geschichte zeigt, dass man auf wirkliche Freunde zählen kann. Allerdings muss man ein wenig Mut aufbringen, um die brenzligen Situationen zu meistern.

Die Geschichte von den drei kleinen Schweinchen wurde in vielfachen Fassungen erzählt, gespielt und verfilmt, doch nur wenige wissen, wie viel Freude die Kinder an dieser ursprünglichen englischen Fassung haben, in der das dritte Schweinchen die Gefahr für immer besiegt.

Das kleine Huhn im nächsten Märchen sieht sich ebenfalls einem mächtigen Gegner gegenüber: einem Krokodil. Wie es sich aus dieser Situation rettet, ist ebenso schlau wie lustig, und regt zu vielerlei Gedanken an. Nur so viel sei verraten: Huhn und Krokodil sind tatsächlich verwandt, denn Krokodile und Vögel gehören zu den letzten Überlebenden der Archosaurier.

Ebenfalls am Wasser spielt die Geschichte «Das Wettziehen». Hier überlistet ein Hase zwei Tiere, die viel grösser und stärker sind als er. Für die Tiere Afrikas ist Wasser sehr kostbar. Das nächste Märchen erzählt, wie der Hase es schafft, vom Wasser zu trinken, obwohl er nicht stark genug gewesen ist, um am Wasserloch mitzugraben.

Das kleine Fischlein im vorletzten Märchen ist so stark, dass es sogar eine Büffelkuh verschlingt – oder ist es etwa gar nicht wahr? Ganz sicher wissen wir es nicht, und selbst wenn wir wie Anansi, der Spinnenmann in der letzten Geschichte, alle Weisheit der Welt gesammelt haben, kann es doch sein, dass die Kinder manchmal ein wenig weiser sind als wir.

Vater Bär und seine Lausbuben

Ein Bärenvater hatte zwei Buben, zwei Lausbuben, er hatte aber keine Frau mehr. Und das brachte Probleme mit sich: Immer wenn er in den Wald ging, trieben seine Buben Unfug. Sie sprangen in Wasserpfützen und heckten Streiche aus, stritten und kämpften miteinander und schrien und lachten.

Als der Vater wieder einmal fort war, fanden sie im Wald etwas Herrliches: ein Dreckloch mit Matsch und Schlamm darin. Da stellten sich beide nebeneinander an den Rand der Grube, gaben sich die Hände und sprangen zusammen hinein. Dann stampften sie im Dreck herum – pflitsch, pflatsch, pflotsch – spritzten einander mit beiden Händen an, bis sie von oben bis unten voll Dreck waren.

In diesem Augenblick lief Frau Fuchs vorbei, schüttelte den Kopf und schrie: «Unglaublich, was ihr da macht! Was wird wohl euer Vater sagen, wenn er euch so schmutzig sieht?» Doch die beiden Bärchen lachten nur und riefen: «Das ist uns so lang wie breit, so lang wie breit, Frau Pinselschwanz, Frau Pinselschwanz!»

Dies liess sich Frau Fuchs aber nicht gefallen und beklagte sich noch am selben Abend bei Vater Bär.

Der wurde nachdenklich und dachte: Ich darf meine Kinder nicht mehr allein lassen. Ich brauche jemanden, der sie hütet, wenn ich fortgehe. Aber wo finde ich einen Helfer? Er dachte lange nach, aber es fiel ihm niemand ein. Bären leben allein, ohne Nachbarn und Freunde. Da ging er einfach in den Wald auf die Suche und nahm einen Sack mit Honigplätzchen mit.

Bald begegnete er einem Raben und fragte: «Hütest du mir meine Buben, wenn ich auf die Jagd gehe? Für drei Honigplätzchen am Tag?» Der Rabe war ganz versessen auf

Honigplätzchen und sagte zu. «Aber kannst du mit Lausbuben umgehen?»

«Wenn sie frech werden», sagte der Rabe, «dann krähe ich sie einfach an.»

«Oh nein!», sagte Vater Bär. «Dich kann ich nicht brauchen. Du machst meinen Kindern nur Angst.»

Darauf ging er weiter und traf den Wolf. Auch er hätte gerne die Kleinen für drei Honigplätzchen am Tag gehütet.

«Aber kannst du mit Lausbuben umgehen?», fragte Vater Bär. «Und was machst du, wenn sie frech werden?»

«Wenn sie frech werden», sagte der Wolf, «dann heule ich sie einfach an.»

«Oh nein!». sagte Vater Bär. «Dich kann ich nicht gebrauchen. Du machst meinen Kindern nur Angst.»

Darauf ging er weiter und traf ein kleines Häschen. Vater Bär traute dem kleinen Kerlchen das Hüten zwar nicht zu, fragte es aber trotzdem: «Willst du meine Buben hüten, wenn ich auf die Jagd gehe? Für drei Honigplätzchen am Tag?»

«Ja, vielleicht», sagte das Häschen, «ich kann es ja einmal versuchen. Und wenn es nicht geht, dann schickst du mich eben wieder fort.»

«Aber was machst du, wenn sie frech werden?»

«Wenn sie frech werden», sagte das Häschen, «dann sage ich: Hört Kinder, hört und kommt zu mir, ich erzähle euch eine Geschichte. Oder wir singen ein Lied, oder pfeifen oder hüpfen herum. Oder wir spielen zusammen. Oder ich kratze sie am Bauch oder nehme sie in meine Arme.»

Diese Antwort beeindruckte Vater Bär, und er sagte: «Du bist genau der Richtige. Du hast meine Buben gern, und sie werden dich auch gern haben.»

Das Häschen wurde ganz verlegen und sagte: «Mach keine grossen Geschichten und gib mir ein Honigplätzchen.» Und Vater Bär gab ihm eine ganze Hand voll davon und führte seinen neuen Freund nach Hause.

Von nun an hütete das Häschen immer die Buben, wenn Vater Bär fortging. Und es erzählte ihnen Geschichten, sang und pfiff und spielte mit ihnen, hüpfte mit ihnen herum und kratzte sie am Bauch und nahm sie in seine Arme. Und die Kleinen genossen die Zeit mit dem Häschen und waren gehorsam und brav – jedenfalls fast immer.

Märchen aus Russland

Das Jüngste der Küken

Eine Waldhuhnmutter hatte sechs muntere Küken. Sie führte ihre Kleinen im Wald herum und zeigte ihnen, wie man Futter sucht. Keinen Augenblick hatte sie Ruhe, immer musste sie aufpassen, dass nicht eines der Küken zu weit von ihr fortlief.

«Bleibt bei mir!», rief sie. «Ihr dürft nicht allein herumlaufen.»

«Warum?», fragte das Jüngste der Küken. «Warum darf ich nicht allein herumlaufen?»

«Weil du noch zu klein bist», antwortete die Waldhuhnmutter. «Weil du noch viel lernen musst.»

«Warum muss ich noch viel lernen?», fragte das Küken.

«Weil der Wald voller Gefahren ist», sagte die Mutter. «Wenn ich nicht bei dir bin, wer beschützt dich vor denen, die auf leisen Pfoten schleichen und immer hungrig sind? Hab nur Geduld und bleib bei mir, bis du gross geworden bist.»

Am nächsten Tag, als das Waldhuhn wieder einmal seine Küken ausführte, blieb das Kleinste zurück. Was krabbelte da? Was hüpfte dort? Was raschelte im Laub? Wie aufregend war es, allein im Wald zu sein. Sonnenkringel lagen auf Farn und Moos. Es summte und sirrte, es gab so viel zu entdecken. Das Jüngste der Küken lief dahin und dorthin. Auf einmal standen die Bäume dichter als zuvor. Das Sonnenlicht fand den Weg nicht mehr durchs Geäst. Es war düster, als käme schon der Abend. Und wie still es geworden war. Unheimlich still. Schlich da nicht einer auf leisen Pfoten daher? Einer, der immer hungrig war?

Das Küken duckte sich und wagte sich nicht zu rühren. Der auf leisen Pfoten daherschlich, war wieder im Wald verschwunden. Kaum war er fort, rannte und rannte das Küken und rief und rief nach seiner Mutter.

«Da bin ich!», sagte die Waldhuhnmutter. «Ich habe dich gesucht.»

Sie gluckste beruhigend und plusterte sich auf. Das Küken schlüpfte unter ihren Flügel.

«Weisst du jetzt, warum du nicht allein herumlaufen darfst?», fragte das Waldhuhn.

«Ja, jetzt weiss ich es», sagte das Küken.

Dann streckte es den Kopf hervor und rief: «Aber gib zu, es war gut, dass ich einmal allein herumgelaufen bin. Wie hätte ich sonst wissen können, dass du recht hast, liebe Mutter?»

Märchen aus Nordamerika, Jicarilla-Apachen

Der Fuchs und die Schnecke

Meister Fuchs lag einmal an einem warmen Sommertag auf der Schwägalp in der Wiese, da entdeckte er neben sich eine Schnecke. Er schaute die Schnecke an und sagte: «Liebe Schnecke, sollen wir einen Wettlauf nach St. Gallen machen?»

«Topp», sagte die Schnecke, und sie machte sich sogleich auf den Weg, zwar ein wenig langsam, denn das Haus auf dem Rücken nahm sie gewohnheitshalber auch mit. Der Fuchs hingegen dachte bei sich: «Die Schnecke ist so langsam, da reicht es bestimmt, wenn ich erst am kühlen Abend losgehe», und so schlummerte er wieder ein. Als die Schnecke dies sah, machte sie kehrt, kroch heimlich in seinen dicken Zottelschwanz und versteckte sich dort.

Gegen Abend wachte der Fuchs auf, streckte sich und machte sich auf den Weg nach St. Gallen. Er wunderte sich, dass er die Schnecke unterwegs nicht entdecken konnte und dachte: «Hat sie vielleicht einen kürzeren Weg genommen?» Als er am Stadttor von St. Gallen noch immer nichts von ihr sah, drehte er sich stolz um und rief höhnisch: «Schnecke, Schnecke, kommst du bald?»

Die Schnecke hatte sich unterdessen unbemerkt vom Zottelschwanz auf den Boden gleiten lassen, kroch gemächlich unter dem Tor durch und rief: «Ich bin schon da!» Da musste der hochmütige Fuchs zugeben, dass er die Wette verloren hatte.

Märchen aus der Schweiz

Der Tiger und die Kröte

Eine Kröte geht eines Tages spazieren. Schon von Weitem sieht sie einen Tiger auf sich zukommen und denkt: «Der Tiger wird mich ganz bestimmt fressen. Ich muss mir eine List ausdenken.»

Als der Tiger mit seinen grossen Pranken näherkommt, ruft die Kröte ihm zu: «Geh keinen Schritt weiter, sonst bist du des Todes!»

Der Tiger bleibt tatsächlich stehen. Er schaut auf den Boden, entdeckt die Kröte und lacht: «Wer bist denn du? Was kannst du überhaupt, so klein wie du bist? Kannst du vielleicht springen? Wollen wir ein Wettspringen veranstalten?»

Die Kröte ist einverstanden, und gemeinsam gehen sie zum grossen Fluss und stellen sich zum Springen auf.

Die Kröte sagt: «Schau mal, du, ich stelle mich sogar noch hinter dich», und schnell hüpft sie hinter den wedelnden Schwanz des Tigers und beisst sich in dessen Schwanzspitze fest.

Der Tiger nimmt Anlauf und macht einen riesigen Sprung über den Fluss. Als er auf der anderen Seite landet, dreht er sich geschmeidig um. Während dieser Bewegung lässt sich die Kröte fallen und ruft: «Hier bin ich!»

Der Tiger ist erstaunt, dass die Kröte gewonnen hat, und die Kröte prahlt: «Ja, ich bin so geschickt, ich fresse sogar Tiger lebendig. Wenn du mir nicht glaubst, dann schau nur gleich in meinen Mund.»

Der Tiger geht vorsichtig näher, und was sieht er im Maul der Kröte: Tigerhaare! Voller Schrecken zieht er den Schwanz ein und flieht, so schnell er kann. Die Kröte aber, die ruht sich von dem Abenteuer aus.

Märchen aus Korea

Der Löwe und die Maus

Auf seinem Weg traf ein hungriger Löwe auf eine Maus. Als er sie fangen und fressen wollte, sprach die Maus zum Löwen: «Oh, mein Herr Löwe, falls du mich frisst, wirst du nicht satt werden. Falls du mich freilässt, wird sich an deinem Hunger auch nichts ändern. Wenn du mich aber rettest, werde auch ich dir einmal helfen.»

Der Löwe lachte und fragte: «Was könntest du denn für mich tun? Gibt es einen auf Erden, der mir etwas anhaben könnte?»

Die Maus aber schwor feierlich: «Wirst du einmal in Gefahr sein, so werde ich dir helfen.»

Der Löwe überlegte: ‹Wenn ich die Maus fresse, werde ich nicht sehr satt›, und er schenkte der Maus die Freiheit.

Nicht lange darauf aber geriet der Löwe in eine Falle, die ein Jäger ausgehoben hatte. Eine Flucht war nicht möglich, er konnte sich nicht befreien und lag bekümmert in seinen Fesseln. Da erschien zur siebten Nachtstunde die vom Löwen freigelassene Maus.

Sie sprach: «Erkennst du mich? Ich bin die kleine Maus, der du das Leben geschenkt hast. Ich bin gekommen, um dich aus der Gefahr zu retten.»

Die Maus setzte ihre Zähne an die Fesseln des Löwen und nagte, bis die Stricke rissen. Dann versteckte sie sich in der Mähne des Löwen und er sprang mit ihr zum höchsten Berg hinauf. Hier sassen sie nun, die kleine Maus, wie es nichts Schwächeres auf dem Berg gibt, die dem Löwen, wie es nichts Stärkeres auf dem Berg gibt, etwas Gutes getan hatte, und sie freuten sich an ihrem Leben.

Märchen aus Ägypten

Die zwei Wiesenmäuse

Vor langer Zeit lebten einmal zwei Mäuse auf einer Wiese. Die eine war sehr fleissig. Von früh bis spät sammelte sie Vorräte für den Winter. Sie grub Wurzeln aus, trug die Samen von Gräsern in ihre Höhle, holte Knollen und Früchte und füllte damit eine Vorratshöhle nach der anderen. Besorgt schaute sie jeden Tag zur Sonne hinauf und dachte: ‹Noch ist Sommer, aber bald kommt der Herbst.›

Und als der Herbst kam, dachte sie: ‹Noch ist Herbst, aber bald kommt der kalte Winter.›

Sie sammelte noch fleissiger, gönnte sich keine Ruhe, bis alle Vorratskammern gefüllt waren.

Die andere Maus aber war faul. Sie stand erst auf, wenn die Sonne schon hoch am Himmel stand. Wenn sie aber erst einmal auf der Wiese stand, hatte sie Lust zu tanzen. Sie tanzte und sang und führte ein gutes Leben. Wenn die faule Maus an der fleissigen vorüber kam, rief sie ihr zu: «Komm, tanz und sing mit mir!»

Doch die fleissige Wiesenmaus rief: «Ich habe keine Zeit! Ich muss Vorräte sammeln.»

Die warmen Tage vergingen und es wurde kalt. Jetzt fing auch die faule Maus an, Vorräte zu sammeln, doch sie fand nur noch ein paar wenige Körner und Nüsse.

Als es zu schneien begann, sass die fleissige Maus in ihrer Höhle. Wenn sie Hunger hatte, ging sie zu einer ihrer Vorratskammern und naschte von ihren Vorräten. Doch schon bald wurde ihr langweilig. ‹Wenn doch nur jemand zu Besuch kommen würde›, dachte sie, ‹dann könnten wir zusammen plaudern.›

Zur gleichen Zeit hatte die andere Maus alle Vorräte aufgefressen. Sie sass da, hungerte und fror und wurde immer schwächer. Mit letzter Kraft ging sie zur Höhle der anderen Maus und sprach: «Bitte hilf mir. Ich bin so hungrig. Wenn ich nicht bald etwas zu essen bekomme, muss ich sterben.»

«Was ist denn mit deinen Vorräten?», fragte die andere Maus. «Hättest du so fleissig gesammelt wie ich, müsstest du jetzt nicht hungern!»

«Du hast ja recht!», rief die faule Maus. «Doch im Sommer, da machte es so viel Freude zu tanzen und zu singen und ich habe vergessen, für den Winter zu sammeln.»

Die fleissige Maus hatte keine Lust, ihre mühsam gesammelten Vorräte zu teilen und schickte die hungrige Maus fort. Kaum aber war diese gegangen, da sass sie wieder allein in ihrer Höhle und langweilte sich. Schnell sprang sie auf, hüpfte zur Höhle der anderen Maus und rief: «Komm! Ich teile mit dir meine Vorräte, aber du musst den ganzen Winter mit mir tanzen, singen und plaudern!»

Und so sassen bald beide in der Höhle und assen Samen und Knollen und wenn sie satt waren, begann die eine Maus zu singen und zu tanzen und bald tanzte auch die andere Maus mit.

Wenn du mir nicht glaubst, so geh hin und schau nach!

Märchen aus Nordamerika, Lakota

Das Ungeheuer

Eine Raupe drang in das Haus des Hasen ein und machte es sich dort bequem. ‹Hier will ich bleiben›, dachte sie. Doch dann kehrte der Hase zurück. An der Kriechspur konnte er erkennen, dass jemand in sein Haus gekommen war.

«Wer ist in meinem Haus?», fragte der Hase vor dem Eingang. Die Raupe sagte laut: «Komm nicht zu nah heran! Ich bin ein grosser Krieger, der alles niedermacht. Selbst ein Nashorn stampfe ich in den Sand und einen Elefanten zertrample ich zu Brei.»

Der Hase begann vor Angst zu zittern, als er diese schrecklichen Worte vernahm. ‹Das muss ein Ungeheuer sein›, dachte er und jagte davon. Da begegnete ihm ein Schakal.

«Hilf mir», bat ihn der Hase. «In mein Haus hat sich ein Raufbold eingeschlichen, der will nicht wieder weg.»

«Vor mir nimmt jeder Reissaus», sagte der Schakal und ging mit dem Hasen mit.

«Wer ist in dem Haus?» fragte der Schakal. Die Raupe drohte noch lauter als beim ersten Mal: «Komm nicht zu nah heran! Ich bin ein grosser Krieger, der alles niedermäht. Selbst ein Nashorn stampfe ich in den Sand und einen Elefanten zertrample ich zu Brei. Niemand ist so stark wie ich.»

Den Schakal überrieselte es kalt. «Gegen so einen Kerl komme ich nicht an», sagte er, kniff den Schwanz ein und machte sich aus dem Staub.

Da lief der Hase zu einem Leoparden, der als gewandt und mutig galt. «Das haben wir gleich», sagte der Leopard und lief mit dem Hasen mit.

«Wer ist in dem Haus?» fragte der Leopard und fauchte laut. Die Raupe zuckte zusammen, doch dann erhob sie wieder ihre Stimme und antwortete wie vorher. Da erschrak auch der Leopard, trat einen Schritt zurück und sprach: «Mir scheint ein fürchterliches Untier in dem Haus zu sein. Wenn es Nashörner und Elefanten zermalmen vermag, dann bin ich machtlos.» Und er trollte sich.

Jetzt muss ein grosses Tier her, dachte der Hase und lief zu einem Nashorn. «Hilf mir», bat der Hase. «In mein Haus ist jemand eingedrungen, der sich nicht vertreiben lässt. Vor dir aber, grosses Nashorn, rennt er sicherlich weg.»

«Das will ich meinen», erwiderte das Nashorn und lief mit dem Hasen mit. Doch als es hörte, dass der Krieger Nashörner und Elefanten zerquetsche, wackelte sein Bauch vor Angst, und es ergriff die Flucht.

Auch der Elefant verhielt sich nicht viel anders. Er trompetete erschrocken und gab Fersengeld. In diesem Augenblick hüpfte ein Frosch herbei. «Was ist hier los?», fragte der Frosch.

«Hilf mir», flehte der Hase. «Ich kann nicht in mein Haus. Ein streitsüchtiger Krieger sitzt darin. Der Schakal, der Leopard, das Nashorn und der Elefant haben schon versucht, ihn zu vertreiben, aber ohne Erfolg. Sie haben alle das Weite gesucht.»

«Hohoho», sagte der Frosch. «Den will ich sehen, der mir bange macht.» Und er stellte sich vor den Eingang und blies sich auf. «Wer ist in dem Haus?», quakte er.

‹Was für eine schreckliche Stimme›, dachte die Raupe, doch dann schrie sie wieder los: «Ich bin der stärkste Krieger weit und breit und töte jeden, der sich heranwagt. Selbst ein Nashorn stampfe ich in den Sand und einen Elefanten zertrample ich zu Brei.»

«Hohoho», rief der Frosch ein zweites Mal und hopste ein bisschen näher. «Auch ich bin gefährlich und riesenstark. Jedes meiner Hinterbeine ist so dick wie ein Stamm. Wenn ich springe, fallen alle Feinde um. Schon mein Anblick ruft Entsetzen hervor.»

Das war zuviel für die Raupe. Sie kroch aus dem Haus und sagte mit kleiner Stimme: «Ich bin nur eine Raupe und verschwinde gleich.»

Inzwischen hatten sich viele Tiere vor dem Haus versammelt. Als die Raupe davonkroch, brachen sie in ein schallendes Gelächter aus. Selbst die Raupe lachte mit.

Märchen aus Tansania

Die drei Geisslein und das Ungeheuer

Es war einmal eine Geissenmutter, die lebte mit ihren drei Geissenkindern in einem kleinen Haus im Wald. Jeden Morgen ging sie aus und suchte Gras und Kräuter für die Geisslein. Nun lebte aber im Wald ein Ungeheuer, das hatte ein grosses Maul und riesige Glotzaugen. Deshalb schloss die Ziegenmutter immer die Tür ab und ermahnte die drei Geisslein, niemandem zu öffnen.

Eines Tages ging sie wieder aus, kam zu einem Bach und sah darin eine Wespe, die ins Wasser gefallen war. Die Geissenmutter hatte Mitleid mit ihr, hielt den Vorderfuss ins Wasser, und die Wespe konnte daran herauskriechen. Als die Sonne ihre Flügel getrocknet hatte, sagte die Wespe:

«Ich bin nur eine kleine Wespe, aber vielleicht können meine Schwestern und ich dir einmal helfen. Wenn du in Not bist, komm zu unserem grauen Nest dort oben im Baum und rufe nach uns.»

«Das werde ich tun», antwortete die Geissenmutter und ging heim zu ihrem Häuschen. Sie klopfte an die Tür und rief:

>«Ich bin es, eure Mutter,
>ich komme heim mit Futter.
>Ihr meine lieben Geisselein,
>lasst mich ein, lasst mich ein!»

Da öffneten die drei Geisslein die Tür und liessen die Mutter ein.

Nahe in einem Busch aber hatte sich das glotzäugige, grossmaulige Ungeheuer versteckt, denn es war immer hungrig und hätte gar zu gern die drei Geisslein gefressen, wenn es nur in das Haus hätte hineingelangen können. Es passte gut auf und merkte sich das Sprüchlein der Geissenmutter. Am nächsten Morgen, als die Geissenmutter fortgegangen war, tapste und trapste das Ungeheuer zum Geissenhaus, verstellte seine Stimme und rief:

>«Ich bin es, eure Mutter,
>ich komme heim mit Futter.
>Ihr meine lieben Geisselein,
>lasst mich ein, lasst mich ein!»

Die drei Geisslein meinten, es wäre die Mutter und öffneten die Tür. Wie erschraken sie aber, als sie das glotzäugige, grossmaulige Ungeheuer erblickten, das vor lauter Gier das Maul weit aufgerissen hatte. In ihrer Angst fingen die drei Geisslein an, in dem Häuschen hin und her zu springen, bald in diese Ecke, bald in jene. Das Ungeheuer tappte und trapste hinterdrein, konnte sie aber nicht erwischen. Endlich schlüpften die drei Geisslein auf den Dachboden und versteckten sich dort. So flink und behende waren sie verschwunden, dass das Ungeheuer es nicht einmal merkte, es polterte und trampelte weiter im Haus herum und wollte die Geisslein finden.

Als die Mutter heimkam, sah sie die Tür offenstehen und hörte es im Haus drinnen poltern und trampeln. Beim Dachbodenfenster aber streckten die drei Geisslein die Köpfe heraus und riefen:

«Das Ungeheuer ist im Haus!
Wir armen Kleinen können nicht hinaus!»

Da rannte die Geissenmutter zum Baum, wo das graue Wespennest hing, und rief:

«Ihr lieben Wespen im Wespennest,
meine armen Geisslein sitzen fest!
Das Ungeheuer ist im Haus,
die Geisslein können nicht heraus!»

Sogleich kamen die Wespen aus dem Wespennest geflogen, und sausend und brausend flog der ganze Schwarm ins Haus der Geissenmutter. Sie surrten um das Ungeheuer und stachen es, wo sie es nur stechen konnten. Das glotzäugige, grossmaulige Ungeheuer floh heulend aus dem Häuschen und rannte und rannte, und der Wespenschwarm brauste hinter ihm her. Da rannte das Ungeheuer aus dem Wald, und es rannte noch immer, als die Wespen schon lange umgekehrt waren, und es rannte irgendwohin, weit weg, und kam nie wieder.

Die Geissenmutter und ihre drei Geisslein aber tanzten und sangen vor dem kleinen Häuschen:

«Mit dem Ungeheuer ist es aus,
es kommt nie mehr hier in das Haus.
Es frisst keine Geisslein mehr,
liebe Wespen, danke sehr!»

Märchen aus Spanien

Die drei Böcke Brausewind

Es waren einmal drei Böcke, die wollten auf die Weide gehen und sich fett fressen, und alle drei hiessen sie Brausewind. Auf dem Weg zur Weide war eine Brücke über einen Fluss, da mussten sie hinüber. Unter der Brücke aber wohnte ein grosser, abscheulicher Troll. Er hatte Augen, so gross wie Teller, und eine Nase, so lang wie ein Besenstiel.

Als Erster kam der jüngste Bock Brausewind und wollte über die Brücke gehen.

«Tripp tripp! Tripp tripp!», klang es auf der Brücke.

«Wer ist es, der auf meiner Brücke trippelt?», rief der Troll.

«Oh, es ist der kleinste Bock Brausewind; ich will auf die Weide gehen und mich fett fressen», sagte der Bock mit ganz feiner Stimme.

«Nun komme ich und hole dich!», rief der Troll.

«Ach, hol' mich nicht, ich bin noch so klein!» sagte der Bock. «Warte noch ein wenig, bis der zweite Bock Brausewind kommt, der ist viel grösser als ich.»

«Jawohl!», sagte der Troll.

Nach einer Weile kam der zweite Bock Brausewind und wollte über die Brücke gehen.

«Trapp trapp! Trapp trapp!», rumpelte es auf der Brücke.

«Wer ist es, der auf meiner Brücke trappelt?», rief der Troll.

«Oh, ich bin der zweite Bock Brausewind; ich will auf die Weide gehen und mich fett fressen», sagte der Bock, der hatte aber keine so feine Stimme.

«Nun komme ich und hole dich!», rief der Troll.

«Ach nein, hol' mich nicht! Warte noch ein bisschen, dann kommt der grosse Bock Brausewind, der ist viel grösser als ich», sagte der Bock.

«Jawohl!», sagte der Troll.

Nun dauerte es nicht lange, da kam der grosse Bock Brausewind an: «Taram taram! Taram taram!», machte es auf der Brücke, dass es nur so krachte.

«Wer ist es, der auf meiner Brücke trampelt?», rief der Troll.

«Ich bin der grosse Bock Brausewind!», sagte der Bock mit einer groben Stimme. «Ich will auf die Weide gehen und mich fett fressen!»

«Nun komme ich und hole dich!», rief der Troll.

«Ja, komm du nur! Ich habe zwei Speere auf meinem Schopf,
Damit bohr' ich dir die Augen aus dem Kopf;
Ich habe Hufe so hart wie Steine,
Damit zerquetsch' ich dir Knochen und Beine!»

So rief der Bock, und dann fuhr er auf den Troll zu. Er stach ihn mit seinen spitzen Hörnern und schlug ihn mit seinen Hufen, und dann warf er ihn in hohem Bogen in den Fluss. Danach sprang er zu den anderen auf die Weide.

Da konnten sich die Böcke nun fett und satt fressen, so fett, dass sie gar nicht mehr nach Hause gehen wollten. Sie stehen wohl noch heute dort und fressen.

Und schnipp und schnapp und schnaus,
So ist das Märchen aus!

Märchen aus Norwegen

Das Finkenlied im Rabennest

Es war einmal ein Finkennest, in dem sassen drei junge Finken und tschilpten und sangen. Immer, wenn die Finkenmutter mit Futter geflogen kam, sperrten die Finklein ihre Schnäbel auf und schluckten und dann sangen sie weiter ihr Finkenlied:

«Liebe Sonne, schein,
wärm uns die Federlein
und leuchte, dass die Mutter find'
was Guts für jedes Finkenkind!
Raupen, Mücken, Fliegen
wollen wir gerne kriegen!
Lalali, lalala,
schau, die Mutter ist schon da!»

Sie sangen so laut, dass es bis zum Rabennest im Rabenbaum klang. Der Rabe hörte das Finkenlied und kam geflogen. Er sagte zu den drei Vogelkindern: «So ein schönes Lied! Bitte noch einmal!»

Die Vogelkinder sperrten die Schnäblein auf und sangen:

«Liebe Sonne, schein...»

Da schnappte der Rabe mit seinem grossen Schnabel zu und erwischte das Lied, riss es den Kleinen von den Schnäblein weg und flog damit in sein Rabennest. Kaum war er dort, fing er an zu singen:

«Liebe Sonne, schein,
wärm mir mein Rabenbein!
Ach, liebe Sonne, leuchte doch
die Maus aus ihrem Mauseloch!
Liebe Sonne, schein,
denn Mäuse schmecken fein.»

Als die Finkenmutter zu ihrem Nest zurückkam, sah sie, wie ihre drei kleinen Finken weinten. «Was ist denn geschehen?», fragte die Finkenmutter.

«Der Rabe hat unser schönes Lied weggeschnappt und hat ein Rabenlied daraus gemacht», weinten die Finkenkinder.

«Wo ist er denn hingeflogen?», fragte die Finkenmutter.

«Zum Rabennest! Zum Rabennest! Zum Rabennest!», piepsten die Finkenjungen.

«Weint nicht», sagte die Finkenmutter. «Ich werde mit dem Jäger reden, der wird uns schon helfen!»

Sie flog zum Jägerhaus und guckte hinein. «Was willst du denn von mir, Finkenmutter?», fragte der Jäger.

«Lieber Jäger, du musst uns helfen! Der Rabe hat meinen Kindern ihr Lied vom Schnabel wegstibitzt und ein Rabenlied daraus gemacht», sagte die Finkenmutter.

«Das werden wir gleich haben», antwortete der Jäger.

Er nahm sein Gewehr und wanderte zum Rabennest und die Finkenmutter flog mit ihm. Schon von Weitem hörten sie den Raben in seinem Rabennest singen. Der Jäger hob das Gewehr und er schoss genau und geschickt so dicht an dem Rabenschnabel vorbei, dass der Rabe vor Schreck den Schnabel aufriss und das Lied fallen liess. Die Finkenmutter aber erwischte das Lied, bevor es zu Boden fiel, und flog damit zu ihren Kindern zurück. Seither kann der Rabe nur «krah-krah» singen. Ob ihm jemand beim Dichten hilft? – Vielleicht einer von euch?

Märchen aus Sibirien

Die Katze und das Schaf

Ein alter Mann und eine alte Frau hielten sich einmal eine Katze und ein Schaf. Eines Tages sprach der Alte zu seiner Frau: «Ein guter Braten wäre für uns das Richtige. Komm, lass uns das Schaf schlachten.»

Dies hatte die Katze gehört, sie lief zum Schaf und berichtete: «Die Alten wollen dich töten, sie haben Lust auf Fleisch bekommen.» Da erschrak das Schaf gewaltig, die Katze aber sagte: «Komm, lass uns schnell in den Wald laufen, so kannst du dich retten.»

Schaf und Katze liefen von zu Hause fort und kamen in einen dunklen Zedernwald. Am Abend sagte die Katze zum Schaf: «Am sichersten sind wir auf den Bäumen. Lass uns auf eine Zeder klettern, dort wollen wir übernachten.»

«Auf Bäume klettern», erwiderte das Schaf, «das kannst du wohl gut. Wie aber soll ich auf eine Zeder kommen?»

«Wenn du unten bleibst», sagte die Katze, «dann frisst dich der Bär. Schau her, wie man klettert. Du brauchst es mir nur nachzumachen.»

Kaum hatte sie das letzte Wort ausgesprochen, da sass sie auch schon oben auf dem Baum. Das Schaf hatte es sehr schwer. Zuerst stellte es sein rechtes Vorderbein auf den untersten Ast, dann das linke Bein auf den nächsten – und so erklomm das Schaf mit viel Mühe tatsächlich die Zeder. Oben auf dem Baum versteckte es sich wie die Katze im Geäst. Katze und Schaf hatten sich kaum in den Ästen verborgen, da kam ein grosser

Bär dahergetrottet. Am Fuss der Zeder machte er Halt, legte sich zur Nachtruhe nieder und schlief bald ein.

Da flüsterte die Katze dem Schaf ins Ohr: «Jetzt, schnell! Lass dich hinabfallen und mache dabei ein grosses Geschrei. Wichtig ist, dass du fürchterlichen Lärm machst!»

Das Schaf tat, wie ihm die Katze geheissen. Mit lauten Bäbä-Rufen liess sich das Schaf hinabplumpsen. Geradewegs fiel es auf den Rücken des mächtigen Bären. Der Bär war wie gelähmt vor Schreck und wagte sich nicht von der Stelle zu rühren.

Da sprang mit einem Satz die Katze vom Baum und durchbiss mit ihren scharfen Zähnen die Gurgel des Bären. «Jetzt setze dich auf den Bären», sprach die Katze, «so kannst du ihn am besten bewachen. Ich laufe schnell nach Hause und hole unseren Alten!»

Die Katze lief zu den Alten nach Hause, miaute, trippelte unruhig im Haus hin und her und schaute dabei immer zur Tür. Die Frau bemerkte dies und sagte zu ihrem Mann: «Die Katze will uns etwas sagen. Sie war bestimmt mit dem Schaf unterwegs und will dich zu ihm führen. Du solltest mit ihr gehen, Alter.»

Der Mann brach auf und ging der Katze nach, die immer ein kleines Stückchen vor ihm auf dem Wege herlief. So erreichten sie den Wald mit den Zedern. Das Schaf, das rittlings auf dem toten Bären sass, zitterte am ganzen Leibe, denn es fürchtete, geschlachtet zu werden.

Staunend sah nun der Alte das lebende Schaf auf dem toten Bären. Da freute er sich sehr. Auf einem Schlitten holten die beiden Alten das Fleisch des Bären noch am gleichen Tag nach Hause.

Jeden Tag konnten sie jetzt Fleisch essen, soviel sie nur wollten. So blieb das Schaf am Leben. Mit dem alten Mann und der alten Frau aber leben Katze und Schaf noch heute in guter Eintracht und Freundschaft.

Märchen aus Sibirien

Die Geschichte
von den drei kleinen Schweinchen

Es war einmal eine alte Sau, die hatte drei kleine Schweinchen. Und weil sie nicht genug besass, um sie zu ernähren, schickte sie die Schweinchen aus, damit sie selbst ihr Glück suchten.

Das erste ging fort und traf einen Mann mit einem Strohbündel. Es sagte zu ihm: «Mann, bitte gib mir dieses Stroh, damit ich mir ein Haus bauen kann.»

Der Mann gab es ihm, und das kleine Schweinchen baute sich daraus ein Haus. Gleich kam ein Wolf daher, klopfte an die Tür und sagte: «Schweinchen klein, Schweinchen klein, lass mich hinein.»

Darauf antwortete das Schweinchen: «Beim Haar an meinem Schnäuzchen, o nein, nein, nein.»

Da sagte der Wolf: «Dann will ich husten und will pusten und blas dir dein Haus ein.»

Und er hustete und er pustete und blies das Haus ein und frass das kleine Schweinchen auf.

Das zweite kleine Schweinchen traf einen Mann mit einem Ginsterbündel, und es sagte: «Mann, bitte gib mir dies Ginsterbündel, damit ich mir ein Haus bauen kann.»

Der Mann gab es ihm, und das Schweinchen baute sich ein Haus. Dann kam der Wolf daher und sagte: «Schweinchen klein, Schweinchen klein, lass mich hinein.»

«Beim Haar an meinem Schnäuzchen, o nein, nein, nein.»

«Dann will ich husten und will pusten und blas dir dein Haus ein.» Und er hustete und pustete und hustete und pustete, und schliesslich blies er das Haus nieder und frass das kleine Schweinchen auf.

Das dritte kleine Schweinchen traf einen Mann mit einer Fuhre Ziegel, und es sagte: «Mann, bitte gib mir diese Ziegel, damit ich mir ein Haus bauen kann.»

Da gab ihm der Mann die Ziegel, und es baute sich daraus ein Haus. Wie er es bei den anderen kleinen Schweinchen getan hatte, kam der Wolf daher und sagte: «Schweinchen klein, Schweinchen klein, lass mich hinein.»

«Beim Haar an meinem Schnäuzchen, o nein, nein, nein.»

«Dann will ich husten und will pusten und blas dir dein Haus ein.»

Nun also, er hustete und pustete, und er hustete und pustete, und er hustete und pustete, aber er konnte einfach das Haus nicht niederblasen.

Als er erkannte, dass er mit all seinem Husten und Pusten das Haus nicht niederblasen konnte, sagte er: «Kleines Schweinchen, ich weiss, wo es ein schönes Rübenfeld gibt.»

«Wo?», fragte das kleine Schweinchen.

«Oh, in Mister Smiths Hausgarten, und wenn du morgen früh bereit bist, komme ich vorbei, wir gehen zusammen hin und holen etwas für das Mittagessen.»

«Sehr schön», sagte das kleine Schweinchen. «Ich werde bereit sein. Um welche Zeit wolltest du gehen?»

«Ach, um sechs Uhr.»

Nun, das kleine Schweinchen stand um fünf Uhr auf und holte die Rüben, noch ehe der Wolf kam. Um sechs Uhr kam der und sagte: «Kleines Schweinchen, bist du bereit?»

Das kleine Schweinchen sagte: «Bereit? Ich war dort und bin schon wieder zurück, und ich habe einen schönen Topf voll Rüben fürs Mittagessen.»

Der Wolf war darüber sehr ärgerlich, aber er meinte, so oder so würde er schon an das kleine Schweinchen herankommen, und so sagte er: «Kleines Schweinchen, ich weiss, wo es einen schönen Apfelbaum gibt.»

«Wo?», fragte das kleine Schweinchen.

«Drunten in Merrygarden», antwortete der Wolf, «und wenn du mich nicht betrügst, komme ich morgen um fünf Uhr bei dir vorbei, und wir gehen zusammen und holen uns Äpfel.»

Nun, das kleine Schweinchen stand am anderen Morgen um vier Uhr eilig auf und ging fort, um die Äpfel zu holen, und es hoffte, es könnte zurückkehren, ehe der Wolf käme. Aber es musste diesmal weiter gehen, und es musste auf den Baum klettern. Und gerade beim Herunterklettern sah es den Wolf daherkommen, und wie ihr euch denken könnt, erschrak es da sehr. Als er herankam, sagte der Wolf: «Kleines Schweinchen, wie das? Du bist vor mir da? Sind die Äpfel schön?»

«Ja, sehr schön», sagte das kleine Schweinchen. «Ich werfe dir einen herunter.»

Und es warf ihn so weit, dass das kleine Schweinchen herunterspringen und heimlaufen konnte, während der Wolf gegangen war, um den Apfel aufzuheben.

Am nächsten Tag kam der Wolf wieder, und er sagte zu dem kleinen Schweinchen: «Kleines Schweinchen, in Shanklin ist heute Nachmittag Jahrmarkt, gehst du hin?»

«O ja», sagte das Schweinchen, «ich gehe hin. Wann brichst du auf?»

«Um drei Uhr», sagte der Wolf.

Da ging das kleine Schweinchen wie gewöhnlich vor der Zeit fort, und es kam auf den Jahrmarkt und kaufte da ein Butterfass. Damit wollte es sich auf den Heimweg machen, da sah es den Wolf daherkommen. Nun wusste es nicht, was tun. So kroch es in das Fass, um sich zu verstecken, und als es das tat, kippte es das Fass um, und das rollte den Hügel hinunter mitsamt dem Schweinchen innen drin. Darüber erschrak der Wolf so sehr, dass er nach Hause rannte und nicht auf den Jahrmarkt ging. Er kam zum Haus des kleinen Schweinchens und erzählte ihm, wie ihn ein mächtiges rundes Ding erschreckt habe, das den Hügel herunter an ihm vorübergerollt war. Da sagte das kleine Schweinchen: «Ha, dann habe ich dich erschreckt. Ich war auf dem Jahrmarkt und habe ein Butterfass gekauft, und als ich dich sah, kroch ich hinein und rollte den Hügel hinunter.»

Darauf ärgerte sich der Wolf wirklich sehr, und er erklärte, er würde das kleine Schweinchen ganz gewiss auffressen, und er wolle durch den Kamin zu dem Schweinchen hinuntergelangen. Als das kleine Schweinchen merkte, was er vorhatte, hing es den Kessel mit Wasser auf, schürte ein loderndes Feuer darunter an, und gerade als der Wolf herunterrutschte, nahm es den Deckel ab, und der Wolf fiel hinein. Da tat das kleine Schweinchen im Nu den Deckel wieder auf den Kessel, kochte den Wolf gar und ass ihn zum Abendbrot. Und fortan lebte es allezeit glücklich.

Märchen aus England

Warum das Huhn und das Krokodil verwandt sind

Vor langer Zeit in einem anderen Land lebte einmal ein Huhn. Eines Tages ging es an den Fluss, um dort nach Würmern zu picken. Im Wasser aber lag ein Krokodil. Es sah das Huhn und ihm lief schon das Wasser im Maul zusammen. Langsam, langsam schwamm es näher ans Ufer heran und dann risss es seinen riesigen Rachen auf, um das Huhn mit einem Haps zu schnappen.

Das Huhn sprang erschrocken ein paar Schritte zurück und rief entrüstet: «Was soll das? Wir sind doch Brüder! Du kannst doch nicht jemanden fressen, der zur Familie gehört!»

Verunsichert klappte das Krokodil sein Maul zu. Hatte das Huhn Familie gesagt? Es konnte nicht glauben, dass das Huhn zu seiner Familie gehören sollte. ‹Das Huhn will mich zum Narren halten›, dachte das Krokodil, aber die Lust auf den Braten war ihm vergangen und es kroch wieder in den Sumpf.

Am nächsten Tag aber ging ihm das Huhn nicht mehr aus dem Kopf. Sein Magen knurrte und als es das Huhn wieder im Sand picken sah, versuchte es das Krokodil ein zweites Mal und zeigte dem Huhn seine gefährlichen Zähne. Als das Huhn das Krokodil sah, wurde es richtig böse: «Du ehrloser Kerl, du Nichtsnutz, du Hühnerfresser, wie kannst du, der du doch mein Bruder bist, mich fressen wollen?»

«Wieso verspottest du mich?», krächzte das Krokodil. «Ich bin nicht dein Bruder, das sieht doch jeder. Ich lebe im Wasser, du auf dem Land, du hast nur ein dünnes Federkleid, ich aber einen dicken Schuppenpanzer. Ich habe ein riesiges Maul mit scharfen Zähnen, du aber nur einen dünnen, winzigen Schnabel, um Würmer zu picken. Ich bin gross und gefährlich und du klein und dumm, mit dir habe ich nichts zu schaffen.»

«Aber du hast das Wichtigste vergessen», sagte das Huhn lachend. «Schau, ich bin aus einem Ei geschlüpft und auch du entstammst einem Ei. Meine Kinder kommen aus Eiern und du legst ebenfalls Eier, in denen dein Nachwuchs heranwächst. Du siehst, wir entstammen der gleichen Familie. Durch die Gesetze der Natur sind wir miteinander verwandt und sage mir: Darf ein Bruder seine Schwester fressen?»

Das Krokodil lag halb im Wasser und dachte nach und es dachte noch länger nach und schliesslich dachte es: ‹Das Huhn hat recht.›

Seither fressen Krokodile keine Hühner mehr.

Märchen aus dem Kongo

Das Wettziehen

Hase war ein Meister im Seile knüpfen. Einmal hatte er ein besonders starkes Seil geflochten, das wollte er auf dem Markt verkaufen. Unterwegs bekam er Durst. Jetzt war es jedoch so, dass Elefant und Nilpferd die Hasen immer auslachten und vom Wasserloch vertrieben. Unser Hase aber war ein lustiger Geselle und als er auf dem Weg zum Wasserloch Elefant begegnete, fragte er: «He, Freund Elefant, wir sollten einmal unsere Kräfte messen und zusammen Seilziehen!»

«Aber wie denn?», fragte Elefant erstaunt.

«Ganz einfach. Du hältst mit deinem Rüssel das eine Ende vom Seil und ich das andere. Wir wollen mal sehen, wer von uns der Stärkere ist.»

Elefant traute seinen Ohren nicht: «Und du glaubst, du könntest dabei gewinnen?»

«Ja, natürlich!», sprach Hase. «Halt nur gleich fest», und mit diesen Worten gab Hase Elefant das Ende des Seils in den Rüssel.

«Ich gehe nun, bis das Seil zu Ende ist – bis hinter das kleine Wäldchen – und wenn ich fest ziehe, musst du auch ziehen.»

Elefant war einverstanden und schaute zu, wie Hase hinter dem Wäldchen verschwand und das Seil sich ganz langsam spannte.

Hinter dem Wäldchen angekommen traf Hase auf Nilpferd und er rief: «He, Nilpferd, guter Freund, ich will dir etwas sagen!»

Nilpferd trat neugierig ans Ufer und fragte: «Was gibt es denn?»

«Ich möchte mit dir Seil ziehen», sprach Hase, «und wer den anderen auf seine Seite ziehen kann, gewinnt.»

Das Nilpferd lachte und wackelte mit seinem Schwänzchen. «Und du glaubst, dass du gewinnen kannst gegen mich?»

«Ja natürlich», sprach Hase. «Nimm nur gleich das Seil. Ich gehe hinter das Wäldchen und wenn ich fest ziehe, ziehst du auch.»

Nilpferd hielt das Seil fest, Hase sprang in das Wäldchen und zog einmal fest am Seil. Das war das Zeichen für Nilpferd und Elefant. Beide begannen zu ziehen. Sie zogen und schnauften, aber da beide gleich stark waren, kamen sie keinen Fleck weiter. Hase besah sich sein starkes Seil und als es wieder zum Zerreissen gespannt war, nahm er sein Messer und schnitt es entzwei. «Plumps!», machte es da – Elefant fiel schmerzhaft auf den Hintern und Nilpferd plumpste so fest ins Wasser, dass die Krokodile ans Ufer geschwemmt wurden.

Hase ging erst zu Elefant und rief: «Lieber Freund, es sieht ganz so aus, dass wir gleich stark sind?»

Elefant rieb sich sein Hinterteil und nickte zerknirscht. Da sprang Hase zu Nilpferd und rief schon von Weitem: «Lieber Freund, wir sind wirklich beide gleich stark, wer hätte das gedacht!»

Nilpferd aber trottete plitschnass ans Ufer und musste Hase zustimmen.

Von diesem Tag an wurde kein einziger Hase mehr ausgelacht und man kann sie überall antreffen, auf der Wiese, im Wald oder am Wasserloch, und weder Elefanten noch Nilpferde hindern sie daran.

Märchen aus Südafrika

Der Hase und die durstigen Tiere

Vor langer Zeit herrschte einmal grosse Trockenheit in der Steppe und die Tiere waren sehr durstig. Alle Bäche, Flüsse und Quellen waren ausgetrocknet. Da einigten sich die Elefanten, Tiger und Löwen, dass sie gemeinsam einen Brunnen graben wollten. Auch der Hase war sehr durstig, aber er sah bald, dass er nicht stark genug war, um so tief zu graben wie die anderen Tiere. Der Tiger jedoch sprach: «Wenn du nicht hilfst, darfst du auch kein Wasser trinken!»

Da lachte der Hase und antwortete: «Ich kann immer Wasser finden, ich bin ja nicht so gross und durstig wie ihr Elefanten, Tiger, und Löwen.»

Nach sieben Tagen hatten die Tiere so tief gegraben, dass sie auf Wasser stiessen. Bald floss Wasser in das Loch, mehr und mehr, bis zum Rand. Die Tiere tranken – nur der Hase nicht. Er suchte überall nach Wasser, doch er fand kein Tröpfchen, um seinen Durst zu stillen. Von Weitem schaute er sehnsüchtig zum Wasserloch. Dort hatten die Tiere beschlossen, ein grosses Fest zu feiern. Da nahm der Hase seine Trommel und fing an zu trommeln und zu singen:

> «Tiere sind sich einig geworden,
> Peh-peh, pere-pere peh! Nanima!
> Eine neue Wasserstelle zu bauen.
> Pere-pere peh! Nanima!
> Ein Wasserloch wurde gegraben.
> Pere-pere peh! Nanima!
> Der Hase möchte auch gern trinken!
> Pere-pere peh! Nanima!»

Den ganzen Tag sang und trommelte er. Am Abend ging er näher und die Tiere wurden neugierig, denn die Trommelmusik und der Gesang des Hasen gefielen ihnen.

Immer näher kam er und schliesslich fingen die Tiere an zu tanzen und im Chor sangen sie mit:

«Die Tiere sind sich einig geworden,
Peh-peh, pere-pere peh! Nanima!
Eine neue Wasserstelle zu bauen.
Pere-pere peh! Nanima!
Ein Wasserloch wurde gegraben.
Pere-pere peh! Nanima!
Komm zu uns, kleiner Hase!
Pere-pere peh! Nanima!»

So sangen und tanzten sie bis in die Nacht. Die Musik gefiel ihnen so gut, dass sie den Hasen zum Wächter der Wasserstelle bestimmten, und er konnte seinen Durst stillen, bis sein Bauch so rund war wie eine Trommel.

Märchen aus Westafrika

Die Büffelkuh und das Fischlein

Einmal kam eine grosse, grosse Büffelkuh an ein kleines Bächlein, um zu saufen. Sie hatte einen unersättlichen Durst und soff ohne aufzuhören.

In dem Bächlein aber lebte ein klein-winzig Fischlein, das war immer sehr lustig und hüpfte und sprang und spielte mit den glitzerigen Steinchen.

Das Fischlein fürchtete nun, die Büffelkuh würde ihm das Wasser alles wegsaufen.

Es rief: «Warum säufst du so viel, soll ich hier auf dem trockenen Sand bleiben und umkommen? Höre auf, nicht, dass ich über dich komme!»

Die Büffelkuh aber spottete und brummte: «Baah, du kleiner Schnips! Ich werde mich gleich vor dir fürchten! Gib acht, dass ich dich nicht verschlinge!»

Und die Büffelkuh soff und soff und soff – so lange, bis kein Wassertröpfchen mehr in dem Bächlein war. Da wurde das Fischlein zornig, sehr, sehr zornig, sprang herauf und verschlang mit einem Mal die ganze grosse Büffelkuh.

Nicht wahr, es geschah der Büffelkuh recht! Weshalb musste sie dem Fischlein auch das ganze Wasser wegsaufen?

Märchen aus Rumänien

Anansi und die Weisheit der Welt

Vor langer Zeit lebte einmal Anansi, der Spinnenmann. Anansi wollte gerne weise sein. So entschied er sich, die Weisheit der ganzen Welt einzusammeln. Er nahm eine Kalebasse und zog in die Welt hinaus. Immer wenn er ein wenig Weisheit fand, legte er sie in die Kalebasse hinein. Er fragte viele Menschen nach ihrem Wissen und ihrer Weisheit. Manche gaben ihr Wissen umsonst, bei anderen musste er dafür bezahlen, ab und zu nahm er unbemerkt ein wenig Weisheit mit sich und ganz, ganz selten ergaunerte er sich das Wissen. Die Weisheit der ganzen Welt einzusammeln ist eine grosse Sache und Anansi brauchte lange Zeit dafür. Schliesslich war seine Kalebasse voll und er machte sich auf den Heimweg. Unterwegs überlegte er: ‹Jetzt habe ich alle Weisheit der Welt eingesammelt und muss aufpassen, dass sie mir niemand wegnimmt. Ich muss ein ganz gutes Versteck für die Kalebasse finden, damit ich für immer der Schlauste bleibe!›

Kurz vor seinem Dorf sah er einen grossen Baum. Er schaute hinauf bis zum hohen Gipfel und dachte: ‹Ganz oben im Baum ist ein gutes Versteck, nur eine Spinne kann so hoch klettern.›

Nur, wie sollte er die Kalebasse nach oben bringen? Anansi nahm die schwere Kalebasse, band sie mit einem Tuch um seinen Bauch und begann zu klettern. Doch obwohl er ein guter Kletterer war, störte ihn die Kalebasse vor dem Bauch. Kam ein Ast, konnte er nicht ausweichen, wollte er springen, zog ihn das Gewicht der Kalebasse auf den Boden. Wieder und wieder versuchte er es – doch umsonst. Verzweifelt setzte sich Anansi auf die Erde.

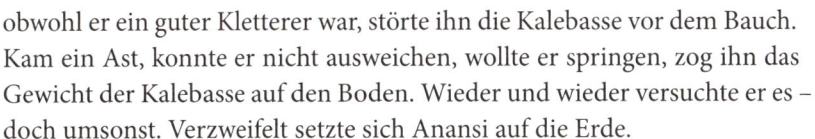

In der Zwischenzeit kam sein kleiner Sohn vom Dorf zum Baum geschlendert und beobachtete, wie sein Vater erfolglos versuchte, die Kalebasse auf den Baum zu schleppen. Er schaute eine Weile zu und sagte dann: «Binde dir doch die Kalebasse auf den Rücken, so stört sie dich nicht.»

Anansi drehte sich um, schaute seinen Sohn an, sah zum Wipfel hoch, dann auf die Kalebasse und sprach: «Du hast recht, so könnte es klappen.»

Er band sich die Kalebasse auf den Rücken und kletterte in den Wipfel des Baumes. Als er oben ankam und die Kalebasse voller Weisheit in den Ästen verstecken wollte, rief er: «Jetzt habe ich die Weisheit der ganzen Welt eingesammelt und doch ist mein Sohn weiser als ich! Wofür soll ich die Kalebasse verstecken?»

Nach diesen Worten öffnete er die Kalebasse und die ganze Weisheit flatterte heraus, flog hierin und dahin, und wenn du Glück hast, findest du ein Stück davon.

Märchen aus Westafrika

Hundert Wölfe

Keuchend kommt ein Junge aus dem Wald.
«Hab' ich eine Angst ausgestanden!», ruft er.
«Was war denn los?», wollen seine Freunde wissen.
«Im Wald wurde ich von hundert Wölfen verfolgt!»
«Hundert Wölfe?»
«Ihr glaubt es nicht? Na, fünfzig werden es schon gewesen sein.»
«Aber im ganzen Wald gibt es doch keine fünfzig Wölfe.»
«Na ja, aber zwölf waren es mindestens.»
«Hör auf zu schwindeln!»
«Das ist aber nicht gelogen. Mindestens ein Wolf war mir auf den Fersen, ganz sicher!»
«Und wo hast du ihn gesehen?»
«Im Wald, direkt hinter mir, da habe ich ein Rascheln gehört.»

Märchen aus der Ukraine

KAPITEL 2
Von Helden und Königssöhnen

Wenn man die überlieferten Märchen liest, zeigen sich ganz unterschiedliche Bilder von Helden. Diese müssen nicht unbedingt stark und gross sein. Auch wer klein, scheinbar schwach oder dumm ist, kann im Märchen Heldentaten vollbringen. Diese Helden offenbaren sich meist erst im Lauf der Geschichte und sind nicht immer auf den ersten Blick erkennbar. Da den Begegnungen mit Riesen und Drachen ein eigenes Kapitel gewidmet ist, kämpfen die Knaben und jungen Männer hier gegen andere Schwierigkeiten. Sie sind zum Beispiel nicht so, wie die Eltern sie gerne hätten, oder sie sind arm und müssen in die Welt hinaus ziehen, um das Glück zu finden. Sie versuchen mit Zauberdingen umzugehen, bemühen sich darum, die Aufgaben, die ihnen gestellt werden, zu lösen und ihren Platz im Leben zu finden.

Das Eingangsmärchen verführt zum Schmunzeln, denn wer hat es nicht schon erlebt, dass die Gefahr in der Angst grösser scheint, als sie in Wirklichkeit ist? Ein Held ist in dem Fall, wer auch einmal über sich selber lachen kann.

Ganz unbesorgt und neugierig geht hingegen der Hirtenjunge im zweiten Märchen auf Abenteuersuche. Wer hätte gedacht, dass das kleine weisse Steinchen ein Zauberding ist? Gut, dass der Vater zur Stelle ist und das Steinchen verschwinden lässt, denn wer möchte schon, dass sein Sohn sich nach Belieben unsichtbar machen kann? Der Knabe im dritten Märchen findet ebenfalls etwas Ausserordentliches, nämlich eine Zauberschere. Doch diese verändert vor allem die Welt der Erwachsenen, so dass der Junge eine schwere Entscheidung treffen muss.

Soniri im vierten Märchen erlebt, wie schwer es ist, mit einem Misserfolg umzugehen. Und doch wird er später für seine Wahrheitstreue belohnt. Der Hirtenknabe im nächsten Märchen steht exemplarisch für diejenigen Helden, die ihre kindliche Weisheit nicht verleugnen, und von denen durchaus auch Könige etwas zu lernen bereit sind.

Ein aufrichtiges Herz wird auch im Märchen «Die Geschichte vom König» geschätzt. Dieses aus der Grimm'schen Sammlung wohlbekannte Motiv in Schweizer Fassung erzählt, wie ein Junge einen guten Rat erhält und ihn später einsetzt, um die Königstochter zum Lachen zu bringen.

Das folgende klassische Dummlingsmärchen zeigt einen Knaben, der, obwohl von allen verlacht, doch sein Glück findet. Geheimnisvoll ist dabei die Rolle der Kröte, die ihm als Tierbraut zur Seite steht. Der Junge in «Das Zauberschloss» wird von der Familie ausgelacht. Sie halten ihn nicht nur für dumm, sie finden ihn auch noch hässlich. Kein Wunder, dass er bald nicht mehr an sich selbst glaubt. «Das Zauberschloss» wäre jedoch kein Zaubermärchen, wenn nicht wunderbare Helfer zu einer wichtigen Wendung führen würden.

Das nächste Märchen berichtet ebenfalls von der Enttäuschung der Eltern, deren Kind nicht so ist, wie sie es sich gewünscht haben. Seine Tiergestalt ist vor allem der Mutter ein Dorn im Auge. So muss dieser Held einen langen schmerzvollen Weg gehen, bis er Erlösung findet und seine Eselshaut abstreifen kann. «Der kleine Junge Dattelkern» ist auch nicht ganz so, wie die Eltern sich das wünschen, denn er ist winzig klein. Wie er dennoch zum Glück aller beitragen kann, erfährt man in dieser Geschichte.

Auch der Junge in «Vogel Phönix» hat keinen leichten Start ins Leben. Ausgesetzt in einem Kästchen, ist er auf die Gunst anderer Menschen angewiesen. Unter denen gibt es solche, die ihm sein Glück nicht gönnen, aber auch immer jene, die ihm in der Not helfen. Die Grossmutter in der nächsten Geschichte meint es ebenfalls gut mit ihrem Enkel und schenkt ihm eine Zaubermühle, und man erfährt, dass manche Zauberdinge in den Händen von Kindern besser aufgehoben sind, als in denen von Erwachsenen.

In dem witzigen Märchen «Widewau» erhält der junge Held ein ganz besonderes Zauberding. Dieses verändert die Sprache der Erwachsenen, und zwar auf ganz lustige Weise. Mit seiner Hilfe erringt der Junge die Müllerstochter, die ihn in ihr Herz geschlossen hat.

Zauberdinge verleihen Macht, wie man bei der Prinzessin in «Das Meerhäschen» erkennen kann. Sie hat einen Saal mit zwölf Fenstern, aus denen sie alles sieht, und niemand kann sich vor ihr verstecken. Wer es dennoch versucht, verliert buchstäblich den Kopf. Der Jüngling, der sich dieser Prinzessin stellen will, braucht die Unterstützung von Helfertieren, damit er den Zauber lösen und das Herz der Prinzessin gewinnen kann. Der Ausdruck «Meerhäschen» soll auf das siebenbürgisch-sächsische Wort «Mierhäsken» (Kaninchen) zurückgehen. Die Helfertiere verraten in ihrer Symbolgestalt viel über die Art und Weise der Hilfe. Ob es ein Tier der Luft, des Wassers oder der Erde ist, jedes bietet die Möglichkeit, sich mit einem Element vertraut zu machen.

«Lone Boy» im folgenden Märchen hat ein geheimnisvolles Pferd, das ihn als treuer Begleiter durch Lebensprüfungen führt, bis er zum Helden gereift ist und seinen Platz in der Gemeinschaft einnehmen kann.

Auch im letzten Märchen müssen junge Männer eine Prüfung bestehen, denn der König lässt sie nach dem seltsamsten Ding der Welt suchen, um die Hand der Königstochter zu gewinnen. So ziehen sie in die Welt hinaus, doch welcher von ihnen am Ende die Prinzessin erhält, sei hier noch nicht verraten.

Das schneeweisse Steinchen

Es war einmal ein Hirtenjunge, der hütete jeden Tag die Geissen und Schafe auf der Alp. Dabei sang und jodelte er, dass man es bis ins Tal hinab hören konnte. An einem heissen Tag, als er wieder beim Hüten war, bekam er grossen Durst und er suchte lange herum, bis er endlich unter einer hohen Tanne ein klares Weiherlein fand. Er kniete sich nieder und löschte mit grossen Schlucken seinen Durst. Doch als er so in das Wasser schaute, sah er auf dem Wasserspiegel, dass oben auf der Tanne ein Vogelnest war. Der Junge konnte gut klettern und so ging er wie ein Eichhörnchen baumauf und suchte und griff nach dem Ast, den er im Wasser gesehen hatte. Aber das Nest konnte er nicht finden, und so stieg er wieder vom Baum herunter.

Als er unten war, schaute er noch einmal in das Wasser, und siehe da! Wieder sah er das Nest ganz deutlich. Schnell kletterte er wieder auf den Baum, aber auch diesmal konnte er das Nest nicht entdecken. So ging das noch zweimal und endlich fiel ihm ein, er könnte im Wasser alle Äste zählen, bis zum Nest hinauf. Gedacht, getan, und nun kletterte er genauso viele Äste hoch, wie er gezählt hatte, und als er oben war, griff er in das Nest hinein und hielt ein schneeweisses Steinchen in der Hand. Das Steinchen gefiel ihm und er steckte es in die Hosentasche und stieg von der Tanne herunter.

Am Abend trieb er seine Geissen und Schafe heim und sang und jodelte dabei, dass es eine Freude war. Doch als er ins Dorf kam, standen die Leute mit offenen Mündern da, sie hörten ihren Geissbuben zwar singen, aber niemand konnte ihn sehen. Und als er vor das Haus seiner Eltern kam, sprang der Vater heraus und rief: «Ums Himmels willen, was hast du gemacht? Komm schnell herein in die Stube.»

Der Hirtenjunge aber wusste nicht, dass er unsichtbar war, bis es ihm der Vater sagte.

«Bist du vielleicht an einem verzauberten Ort gewesen?», fragte der Vater.

«Nein», sagte der Bub und erzählte von dem Vogelnest.

«Gib schnell das Steinchen heraus!», riefen Vater und Mutter.

Da gab er es dem Vater in die Hand, aber was geschah?

«Aber, Vatti, wo bist du?», riefen die Mutter und der Bub. Denn jetzt war der Junge wieder sichtbar, aber der Vater war nicht mehr zu sehen.

Der Vater aber erschreckte sich so sehr, dass er das Steinlein schnell auf den Tisch warf. Aber was geschah?

Der Tisch verschwand und war unsichtbar! Der Vater stand auf, suchte nach dem Tisch und erwischte endlich das Steinchen. Schnell wie der Wind sprang er damit aus dem Haus und warf es mitten in den Ziehbrunnen hinunter. Hui! Wie das da unten blitzte und krachte, gerade als wenn Himmel und Erde zusammenstürzen müssten.

Was gibst du mir, wenn ich das Steinchen wieder heraufhole?

Märchen aus der Schweiz

Der Junge und der Zauberfisch

In einem fernen Land, in Persien, lebte vor Hunderten von Jahren ein kleiner Junge. Er wohnte mit seinen Eltern in einer einfachen Fischerhütte. Sie waren sehr arm, und wenn der Vater keine Fische fing, mussten sie abends hungrig schlafen gehen.

Der Junge hatte viele Freunde. Mit ihnen spielte er im nahen Wald verstecken, und am Meer suchten sie nach den schönsten Muscheln. Die Mutter aber erzählte ihm viele Märchen und Geschichten, und abends brachte der Vater ihm das Lesen und Schreiben bei.

So verging eine ganze Zeit, und der Junge wurde grösser und stärker. Eines Tages rief die Mutter ihn zu sich und sprach: «Es ist nun an der Zeit, dass du dem Vater hilfst! Heute haben wir nichts zu essen. Geh ans Meer und fang ein paar Fische!»

Da nahm der Junge das Fischernetz und ging zum Meer. Er warf das Netz aus und wartete. Als er es wieder herauszog, sah er einen Fisch, der schillerte golden, rot und blau.

Der Fisch schaute ganz traurig und begann mit menschlicher Stimme zu reden: «Bitte, lass mich frei. Lass mich wieder ins Meer zurück schwimmen!»

Der Junge hatte Mitleid mit dem Fisch und liess ihn ins Wasser gleiten. Der Fisch drehte sich im Wasser, schaute den Jungen an und sprach: «Zum Dank schenke ich dir eine Zauberschere. Alles, was du damit ausschneidest, wird Wirklichkeit werden.» Nach diesen Worten verschwand der Fisch im Meer. Da öffnete der Knabe seine Hand und siehe da: Eine kleine goldene Schere lag darin.

Der Junge blickte sich um und sah ein gelbes Blatt vom Baum fallen. Schnell sprang er hin, nahm es und begann zu schneiden. Bald hielt er ein kleines Schloss in der Hand. Kaum war es fertig, begann es zu wachsen, bis es zu einem grossen, herrlichen Schloss geworden war. Um das Schloss herum aber war nur nackte Erde. Da sammelte der Knabe andere Blätter, gelbe, grüne, rote, braune, begann daraus Blumen, Gras und Bäume zu schneiden, und um das Schloss herum breitete sich ein blühender Garten aus.

Voller Freude bestaunte er das Wunderwerk. Dann lief er schnell nach Hause zu Mutter und Vater. Er nahm viele bunte Blätter und schnitt Kleider für seine Mutter, seinen Vater und für sich, und bald standen alle in Samt und Seide da. Nun zogen sie gemeinsam in das Zauberschloss und lebten herrlicher als der König.

Jetzt wachte der Junge jeden Morgen in seinem goldenen Bett auf, zog seine kostbaren Kleider an und ass wunderbare Speisen aus goldenen Tellern. Wenn er zum Fenster hinaus blickte, sah er unten am Strand die anderen Kinder spielen und herumtollen. Er wäre auch gerne hinausgerannt, um Muscheln zu sammeln oder auf

Bäume zu klettern. Seine Mutter und sein Vater aber hatten ihm das Spielen verboten: «Deine Kleider werden schmutzig, du könntest sie zerreissen!» So sass er den ganzen Tag alleine im prächtigen Schloss und hatte niemanden, mit dem er reden oder spielen konnte, und von Tag zu Tag wurde er trauriger.

Seine Sehnsucht nach den Freunden und dem Meer wurde immer grösser, doch die Mutter liess ihn nicht ans Wasser, denn sie befürchtete, der Fisch würde ihm die Zauberschere wieder wegnehmen.

Eines Tages aber hörte der Junge von weitem das Lachen und Rufen der Kinder und wollte gern bei ihnen sein. Er mochte nicht länger im goldenen Schloss leben. So schlüpfte er leise aus dem Zimmer und lief, so schnell er konnte, durch den Garten ans Meer. Dort stellte er sich ans Ufer und rief laut: «Mein Fisch, du Schöner! Wo bist du? Hilf mir!»

Das Meer wogte, die Wellen schimmerten und bald sah er den Zauberfisch. Er kam nah ans Ufer geschwommen und sprach: «Hier bin ich, was brauchst du?»

«Ich bin gekommen, um dir zu sagen, dass ich dein goldenes Schloss nicht mehr brauche! Hilf mir, Fisch, ich bin einsam und habe keine Freunde mehr!»

«Es soll so sein, wie du es wünschst. Komm bei Sonnenaufgang zum Meer, pfeife dreimal, wirf die Schere in die Wellen, und du wirst so glücklich sein wie einst!»

Am nächsten Morgen stand der Junge schon bei den ersten Strahlen der Morgensonne auf. Leise schlich er durch das Schloss, nahm die goldene Schere und eilte damit ans Meer. Er pfiff dreimal und warf die Schere weit ins Meer hinaus. Langsam verschwand sie in den Wellen, und als der Junge sich umschaute, waren das Schloss und der Garten verschwunden. Nur ein paar bunte Blätter flatterten noch im Wind.

Der Junge hüpfte vor Freude auf und ab, las ein paar schöne Muscheln vom Strand auf und steckte sie in seine abgetragenen Kleider. Dann rannte er nach Hause, so schnell er konnte. Vor der Tür der alten Hütte standen Mutter und Vater, lächelten ihm zu und nahmen ihn in die Arme.

Von diesem Tag an spielte der Junge wieder draussen mit seinen Freunden. Sie kletterten auf Bäume oder spielten Verstecken. Manchmal aber setzten sich alle Kinder in einen Kreis, und er erzählte die Geschichte von dem Jungen und dem Zauberfisch.

Und ihr, die ihr diese Geschichte jetzt kennt, könnt sie auch gleich weitererzählen!

Märchen aus Persien

Soniri, der Thronfolger

Es war einmal ein weiser alter König, der ein sehr kleines Königreich gerecht regierte. Seine Untertanen waren zufrieden, lebten in Ruhe und hatten ihr Auskommen. Den König aber quälten düstere Gedanken, und die Sorgenfalten auf seiner Stirn wurden immer tiefer. Es tat ihm leid, dass er keine Kinder hatte. Wem würde er die Königskrone und den Thron vererben? Wer würde sein so gut begonnenes Werk fortsetzen? Das war es, worüber sich der alte König den Kopf zerbrach.

«Nehmt doch einen klugen Knaben von vornehmer Abkunft an Kindes statt an und erzieht ihn als Euren Sohn und Nachfolger», empfahlen seine Ratgeber.

Der König aber zögerte. Von allen Seiten drängten ihm die Höflinge ihre Neffen oder Vettern auf, deren Fähigkeiten sie in den höchsten Tönen priesen. Wie aber sollte sich der König davon überzeugen, welcher von ihnen geeignet war, die Königskrone zu tragen? Nicht umsonst sagte ein altes Sprichwort: Durch das Fell kannst du dem Tiger nicht die Rippen zählen; was im Menschen steckt, kann man nicht sehen.

Eines war sicher – sein Nachfolger sollte weise und besonnen sein, aber vor allem wahrheitsliebend.

Der alte König überlegte so lange, bis er eine Lösung wusste. Er rief die Kinder aus der ganzen Umgebung zu sich und gab jedem Knaben und jedem Mädchen einige Samen. Er sprach: «Legt diese Samen in einen Blumentopf und betreut sie gut. Wer von euch die schönsten Blumen züchtet, den will ich als Sohn oder als Tochter annehmen.»

Die Kinder liefen mit den Samen nach Hause. Sie verschafften sich Blumentöpfe und gute Erde, säten die Samen und betreuten sie. Und jedes Kind sah sich schon als Prinz oder Prinzessin im königlichen Palast. Auch Soniri, einer der Knaben, wollte sich nicht beschämen lassen. Er nahm einen grossen Blumentopf, legte vorsichtig die Samen in die feingesiebte Erde und begoss sie morgens und abends. Er widmete dem Blumentopf seine ganze Zeit und sein ganzes Herz. Er wartete ungeduldig auf die ersten zarten Blättchen – aber vergebens. Es verging eine Woche und noch viele Tage – im Blumentopf aber zeigte sich keine Veränderung.

Weinend lief Soniri zu seiner Mutter, doch auch diese wusste keinen Rat. Er versuchte, die Samen umzusetzen, aber es half nicht: Die Samen wollten nicht aufgehen.

Endlich war der Tag angebrochen, an dem der König die Blumen besichtigen wollte. Schon im Morgengrauen hatten sich die Kinder auf der Strasse, die zum Palast führte, eingefunden. Jedes Kind war festlich gekleidet und umklammerte seinen Blumentopf. Es hatte sich viel Volk eingefunden, und alle warteten gespannt darauf, welche Blume in den Augen des Königs die schönste war. Zum Klang der Trommeln und Pfeifen bahnte die königliche Wache den Würdenträgern den Weg. An ihrer Spitze schritt der König und besichtigte aufmerksam jeden einzelnen Blumentopf.

Beide Seiten der Strasse waren mit wunderschönen Blumen gesäumt. Rosa Azaleen, scharlachroter Mohn, blaue Glockenblumen, die grossen Kugeln der Pfingstrosen und feuerfarbene Lilien, Maiglöckchen schimmerten wie weisse Perlen, betaute Rosenknospen hoben ihre lieblichen Köpfe, weisse, goldgelbe und violette Blütenblätter schimmerten wie Nephrit – es war ein einzigartiger Anblick! Und ein leichter Wind trug den betäubenden Duft von tausend Blüten in die Umgebung.

«Seht nur, allergnädigster König, ist das nicht eine herrliche Blüte?», versuchten die Minister und Ratgeber die Aufmerksamkeit des Herrschers auf die eine oder andere Blume zu lenken.

Doch auf dem Antlitz des alten Königs breitete sich eine immer grössere Enttäuschung aus. Teilnahmslos sah er auf die schönsten Schöpfungen der Natur und das Ergebnis des Fleisses der kleinen Gärtner. Und die Sorgenfalten auf seiner Stirn wurden immer tiefer.

Auf einmal aber fesselte etwas seinen Blick. An der Schwelle eines Hauses, ganz am Ende der Strasse, sass ein kleiner Knabe und weinte. Auf dem Schoss hielt er einen grossen Blumentopf, in dem sich nichts als Erde befand. Der Knabe hiess Soniri.

«Führt ihn zu mir!», befahl der König.

Als man Soniri zu ihm brachte, fragte er ihn streng: «Warum weinst du? Wieso ist dein Blumentopf leer?»

Da erzählte Soniri dem König, wie sehr er sich bemüht habe, aus dem Samen eine Blume zu züchten. Aber alle Mühe sei umsonst gewesen – aus den seltenen Samen des Königs wollte nichts keimen. Vielleicht sei das die Strafe dafür, dass er im Garten des Nachbarn Äpfel gestohlen habe, schluchzte der Knabe.

Bei der Antwort Soniris erheiterte sich das Antlitz des Königs. Freudig zog er den Knaben an sich und sprach: «Im ganzen Königreich gibt es keinen aufrichtigeren Knaben als Soniri. Er allein verdient es, mein Sohn und Thronfolger zu werden!»

Unter den Würdenträgern und in der Menge erhoben sich unzufriedene Stimmen: «Weshalb wollt ihr einen Knaben an Kindes statt annehmen, der nur einen leeren Blumentopf hat?»

«Hört mich an, Leute! Die Samen, die ich an die Kinder verteilte, habe ich vorher gekocht! Sie konnten also gar nicht aufgehen!»

Da verstanden die Würdenträger und alles Volk die Absicht des weisen Königs, und sie nickten zustimmend.

Die Kinder mit den blühenden Blumen aber senkten die Augen und ihre Wangen brannten vor Scham. Freilich, auch bei ihnen waren die Samen nicht aufgegangen, aber aus Sehnsucht, ein Prinz oder eine Prinzessin zu werden, hatten sie zu einem Betrug Zuflucht genommen und insgeheim die unfruchtbaren Samen mit anderen vertauscht.

Märchen aus Korea

Das Hirtenbüblein

Es war einmal ein Hirtenbüblein, das war wegen seiner weisen Antworten, die es auf alle Fragen gab, weit und breit berühmt. Der König des Landes hörte auch davon, glaubte es nicht und liess das Bübchen kommen. Da sprach er zu ihm: «Kannst du mir auf drei Fragen, die ich dir vorlegen will, Antwort geben, so will ich dich ansehen wie mein eigen Kind, und du sollst bei mir in meinem königlichen Schloss wohnen.»

Sprach das Büblein: «Wie lauten die drei Fragen?»

Der König sagte: «Die erste lautet: Wie viele Tropfen Wasser sind in dem Weltmeer?»

Das Hirtenbüblein antwortete: «Herr König, lasst alle Flüsse auf der Erde verstopfen, damit kein Tröpflein mehr daraus ins Meer läuft, das ich nicht erst gezählt habe, so will ich euch sagen, wie viele Tropfen im Meere sind.»

Sprach der König: «Die andere Frage lautet: Wie viele Sterne stehen am Himmel?»

Das Hirtenbüblein sagte: «Gebt mir einen grossen Bogen weisses Papier», und dann machte es mit der Feder so viele feine Punkte darauf, dass sie kaum zu sehen und fast gar nicht zu zählen waren und einem die Augen vergingen, wenn man darauf blickte. Darauf sprach es: «So viele Sterne stehen am Himmel, als hier Punkte auf dem Papier, zählt sie nur.» Aber niemand war dazu imstande.

Sprach der König: «Die dritte Frage lautet: Wie viel Sekunden hat die Ewigkeit?»

Da sagte das Hirtenbüblein: «In Hinterpommern liegt der Demantberg, der hat eine Stunde in die Höhe, eine Stunde in die Breite und eine Stunde in die Tiefe; dahin kommt alle hundert Jahre ein Vögelein und wetzt sein Schnäblein daran, und wenn der ganze Berg abgewetzt ist, dann ist die erste Sekunde von der Ewigkeit vorbei.»

Sprach der König: «Du hast die drei Fragen gelöst wie ein Weiser und sollst fortan bei mir in meinem königlichen Schlosse wohnen, und ich will dich ansehen wie mein eigenes Kind.»

Märchen der Brüder Grimm

Die Geschichte vom König

Es war einmal ein König, der hatte eine Tochter, die war so traurig, dass sie niemals lachte. Darüber war der König sehr betrübt. So liess er eines Tages ausrufen: «Wer meine Tochter zum Lachen bringen kann, darf sie heiraten.»

Davon hörte auch der Sohn von armen Leuten und er bat seinen Vater so lange, bis er ihn ziehen liess.

Da lief nun der junge Mann in die Welt hinaus und begegnete einem alten Mütterchen, das fragte: «Wohin des Weges, junger Mann?»

«Ich will zum Schloss ziehen und die Königstochter zum Lachen bringen!», sagt der Jüngling.

«Da du so ehrlich zu mir gewesen bist, will ich dir einen Rat geben!», sagt die Alte. «Wenn du noch ein Stück weitergehst, so wird ein schöner Vogel auf deine linke Schulter fliegen. Behalte ihn immer bei dir, so wird er dir helfen!»

Der junge Mann bedankte sich für den Rat, bei sich jedoch dachte er: ‹Ach, was die Alten immer so schwatzen, das kann nicht alles wahr sein.›

Doch nicht lange darauf flog auf einmal ein grosser, wunderschöner Vogel auf und setzte sich auf seine linke Schulter. Der junge Mann geht nun weiter und kommt zu einer Wirtschaft. Die Gäste staunen, als sie den prächtigen Vogel sehen. «Was willst du für den Vogel haben?», fragen sie.

Doch der Junge schüttelt nur den Kopf. Da bietet einer hundert Franken, einer zweihundert und schliesslich sogar einer dreihundert Franken, aber er gibt den Vogel nicht her.

Da zwinkert der Wirt seinen Gästen zu und sagt leise: «Wartet nur, wenn er den Vogel für dieses Geld nicht geben will, so stehle ich ihn heute Nacht und verkaufe ihn euch morgen.»

Der Bursche geht in sein Zimmer, legt sich ins Bett und nimmt den Vogel zu sich. Um Mitternacht schleicht sich tatsächlich der Wirt in den Unterhosen ins Zimmer und will den Vogel nehmen. Doch kaum hat er den Flügel des Vogels berührt, da bleibt er an ihm hängen. Die Wirtin wundert sich, warum ihr Mann gar nicht zurück ins Bett kommt. Nur mit Nachthemd und Betthaube bekleidet schleicht sie ins Zimmer, um nach dem Rechten zu sehen und will ihren Mann von dem Vogel wegziehen. Aber oje! Jetzt bleibt sie auch noch hängen! Vor Schreck schreit sie auf, und die Magd, die gleich nebenan schläft, steht auf und geht ebenfalls ins Zimmer von dem Jungen. Aber kaum will sie die Wirtin wegziehen, bleibt auch sie hängen. Alles Jammern hilft nichts und so stehen sie die ganze Nacht da, und als der Junge am nächsten Morgen aufsteht und seinen Vogel auf die Schultern setzt, müssen die drei, die an ihm hängen, mit ihm gehen. Wie sie durch das Dorf gehen, schaut soeben der Pfarrer aus dem Fenster. Als er diesen seltsamen Zug in Unterhosen und Nachthemd sieht, da springt er aus dem Haus, um die drei zurückzuhalten, doch auch er bleibt kleben. Sie kommen am Backhaus vorbei und die Bäckerin ist dabei, das Brot aus dem Ofen zu ziehen. Sie will den Pfarrer am Ärmel festhalten; doch was geschieht: Auch sie bleibt hängen!

So kommen sie zum Schloss und der König führt sie schnurstracks ins Zimmer seiner Tochter. Als die Prinzessin diesen seltsamen Zug sieht, da beginnt sie zu lachen. Sie lacht und lacht und kann kaum noch aufhören. So bekam der junge Bursche die Königstochter zur Frau. Alle aber, die an dem Vogel hingen, konnten wieder nach Hause gehen, der Bursche aber wurde später ein guter und gerechter König.

Märchen aus der Schweiz

Die drei Federn

Es war einmal ein König, der hatte drei Söhne; davon waren zwei klug und gescheit, aber der dritte sprach nicht viel, war einfältig und hiess nur der Dummling. Als der König alt und schwach ward und an sein Ende dachte, wusste er nicht, welcher von seinen Söhnen nach ihm das Reich erben sollte.

Da sprach er zu ihnen: «Ziehet aus, und wer mir den feinsten Teppich bringt, der soll nach meinem Tod König sein.» Und damit es keinen Streit unter ihnen gab, führte er sie vor sein Schloss, blies drei Federn in die Luft und sprach: «Wie die fliegen, so sollt ihr ziehen.»

Die eine Feder flog nach Osten, die andere nach Westen, die dritte flog aber geradeaus und flog nicht weit, sondern fiel bald zur Erde. Nun ging der eine Bruder rechts, der andere ging links, und sie lachten den Dummling aus, der bei der dritten Feder, da, wo sie niedergefallen war, bleiben musste.

Der Dummling setzte sich nieder und war traurig. Da bemerkte er auf einmal, dass neben der Feder eine Falltüre lag. Er hob sie in die Höhe, fand eine Treppe und stieg hinab. Da kam er vor eine andere Türe, klopfte an und hörte, wie es inwendig rief:

«Jungfer grün und klein,
Hutzelbein, Hutzelbeins Hündchen,
hutzel hin und her,
lass geschwind sehen, wer draussen wär.»

Die Türe tat sich auf, und er sah eine grosse, dicke Itsche* sitzen und rings um sie eine Menge kleiner Itschen. Die dicke Itsche fragte, was sein Begehren wäre. Er antwortete: «Ich hätte gerne den schönsten und feinsten Teppich.» Da rief sie eine junge und sprach:

«Jungfer grün und klein,
Hutzelbein, Hutzelbeins Hündchen,
hutzel hin und her,
bring mir die grosse Schachtel her.»

Die junge Itsche holte die Schachtel, und die dicke Itsche machte sie auf und gab dem Dummling einen Teppich daraus, so schön und so fein, wie oben auf der Erde keiner konnte gewebt werden. Da dankte er ihr und stieg wieder hinauf.

Die beiden andern hatten aber ihren jüngsten Bruder für so albern gehalten, dass sie glaubten, er würde gar nichts finden und aufbringen.

«Was sollen wir uns mit Suchen gross Mühe geben», sprachen sie, nahmen dem ersten besten Schäfersweib, das ihnen begegnete, die groben Tücher vom Leib und trugen sie dem König heim. Zu derselben Zeit kam auch der Dummling zurück und brachte seinen schönen Teppich, und als der König den sah, staunte er und sprach: «Wenn es dem Recht nach gehen soll, so gehört dem Jüngsten das Königreich.»

Aber die zwei andern liessen dem Vater keine Ruhe und sagten, dass unmöglich der Dummling, dem es in allen Dingen an Verstand fehlte, König werden könnte, und baten ihn, er möchte eine neue Bedingung machen. Da sagte der Vater: «Der soll das Reich erben, der mir den schönsten Ring bringt», führte die drei Brüder hinaus und blies drei Federn in die Luft, denen sie nachgehen sollten.

Die zwei ältesten zogen wieder nach Osten und Westen, und für den Dummling flog die Feder geradeaus und fiel neben der Erdtüre nieder. Da stieg er wieder hinab zu der dicken Itsche und sagte ihr, dass er den schönsten Ring brauchte. Sie liess sich gleich ihre grosse Schachtel holen und gab ihm daraus einen Ring, der glänzte von Edelsteinen und war so schön, dass ihn kein Goldschmied auf der Erde hätte machen können.

Die zwei ältesten lachten über den Dummling, der einen goldenen Ring suchen wollte, gaben sich gar keine Mühe, sondern schlugen einem alten Wagenring die Nägel aus und brachten ihn dem König. Als aber der Dummling seinen goldenen Ring vorzeigte, so sprach der Vater abermals: «Ihm gehört das Reich.»

Die zwei ältesten liessen nicht ab, den König zu quälen, bis er noch eine dritte Bedingung machte und den Ausspruch tat: Der sollte das Reich haben, der die schönste Frau heimbrächte. Die drei Federn blies er nochmals in die Luft, und sie flogen wie die vorige Male.

Da ging der Dummling ohne weiteres hinab zu der dicken Itsche und sprach: «Ich soll die schönste Frau heimbringen.»

«Ei», antwortete die Itsche, «die schönste Frau! Die ist nicht gleich zur Hand, aber du sollst sie doch haben.» Sie gab ihm eine ausgehöhlte gelbe Rübe, mit sechs Mäuschen bespannt. Da sprach der Dummling ganz traurig: «Was soll ich damit anfangen?» Die Itsche antwortete: «Setze nur eine von meinen kleinen Itschen hinein.»

Da griff er auf Geratewohl eine aus dem Kreis und setzte sie in die gelbe Kutsche, aber kaum sass sie darin, so ward sie zu einem wunderschönen Fräulein, die Rübe zur Kutsche und die sechs Mäuschen zu Pferden. Da küsste er sie, jagte mit den Pferden davon und brachte sie zu dem König.

Seine Brüder kamen nach, die hatten sich gar keine Mühe gegeben, eine schöne Frau zu suchen, sondern die ersten besten Bauernweiber mitgenommen. Als der König sie erblickte, sprach er: «Dem Jüngsten gehört das Reich nach meinem Tod.»

Aber die zwei ältesten betäubten die Ohren des Königs aufs Neue mit ihrem Geschrei: «Wir können's nicht zugeben, dass der Dummling König wird» und verlangten, der sollte den Vorzug haben, dessen Frau durch einen Ring springen könnte, der da mitten in dem Saal hing.

Sie dachten: ‹Die Bauernweiber können das wohl, die sind stark genug, aber das zarte Fräulein springt sich tot.› Der alte König gab das auch noch zu. Da sprangen die zwei Bauernweiber, sprangen auch durch den Ring, waren aber so plump, dass sie fielen und ihre groben Arme und Beine entzweibrachen. Darauf sprang das schöne Fräulein, das der Dummling mitgebracht hatte, und sprang so leicht hindurch wie ein Reh, und aller Widerspruch musste aufhören. Also erhielt er die Krone und hat lange in Weisheit geherrscht.

Märchen der Brüder Grimm

* Eine Itsche ist eine Kröte.

Das Zauberschloss

Es war einmal ein König, der hatte drei Söhne. Davon waren die beiden älteren klug, kräftig von Gestalt und schön von Angesicht. Der jüngste aber galt als Dummling, war schwächlich und so hässlich, dass der König und die Brüder sich seiner schämten. Deshalb durfte er nicht im Schloss wohnen. Er musste in einem Stall hausen und täglich die Ziegen hüten. Jeden Tag hütete er die Herde am weiten Ufer des Meeres. Und er war sehr traurig, dass ihn niemand lieb hatte und dass er so hässlich war, dass sich alles von ihm abwandte.

Nun ging zu dieser Zeit eine Kunde über alle Lande, dass weit überm Meer im Reich der Sonne und des Mondes die Königin verzaubert wäre. Ihr Erlöser müsste über das Meer fahren und das Schloss dreimal umkreisen. Dieses Schloss aber war von wilden, schrecklichen Tieren bewacht. Und jeder Königssohn, jeder Fürst und jeder Ritter, der versucht hatte, die Königin mit Schwert und Lanze zu erlösen, wurde von ihnen zerrissen. Nun kam auch die Kunde in das Reich des Königs mit den drei Söhnen. Da sprach der Älteste: «Vater, rüstet mir ein Schiff, gebt mir prächtige Waffen, und ich werde die Königin im Sonnen- und Mondenreich erlösen.»

Da liess der König seinem ältesten Sohn ein herrliches Schiff rüsten mit seidenen Segeln, und er gab ihm Waffen mit goldenen und silbernen Verzierungen.

Und so segelte er übers Meer davon. Als er im Sonnen- und Mondenland angekommen war, bestieg er stolz sein Pferd, beachtete nicht die Menschen, die ihn am

Wegesrand grüssten. Als er zum Schloss kam, erschrak er. Er konnte nicht mehr fliehen. Die wilden Tiere stürzten sich auf ihn und zerrissen ihn.

Als nun der älteste Königssohn nicht wiederkehrte, liess sich der zweite ein grosses, stattliches Schiff rüsten und liess sich kostbare Waffen geben. Auch er bestieg stolz sein Pferd, als er an Land ging, und beachtete die Menschen nicht, die ihn freundlich grüssten. Genauso stolz und hochmütig betrat er das Sonnen- und Mondenreich wie sein Bruder. Und auch er wurde von den wilden Tieren zerrissen.

Als nun auch der zweite der Königssöhne nicht wiederkehrte, da ging der Jüngste, der hässliche Jao, zu seinem Vater und sprach: «Vater, hoher König, lasst auch mir ein Schiff rüsten, und wenn es auch der kleinste Kahn ist. Ich will versuchen, die Königin im Reiche der Sonne und des Mondes zu erlösen.»

Da rief der König: «Mach dich hinweg, du hässlicher Dummkopf! Wie kannst du es wagen, vollbringen zu wollen, was doch deinen schönen, stolzen und klugen Brüdern nicht gelang! Mach, dass du zu deinen Ziegen kommst!»

Die Höflinge feixten und verspotteten Jao. Traurig schlich er sich wieder an den Strand zurück und weidete dort die Ziegen. Da schwamm plötzlich ein riesiges Meeresgetier auf ihn zu. Er wusste nicht, war es ein Drache oder war es ein Fisch. Das Geschöpf sprach zu ihm mit menschlicher Stimme: «Hab Vertrauen zu mir, Jao. Ich werde dich in das Reich der Königin bringen, und du wirst sie erlösen.»

Aber Jao weinte und sprach: «Ach, nein, ich habe doch keine Waffen, ich bin hässlich und werde von allen nur verspottet.»

Am nächsten Tage kam das Geschöpf wieder und sprach: «Vertrau mir, Jao.»

Aber dieser sprach wieder: «Ach nein, ich habe doch keine Waffen, bin hässlich und diene nur dem Gespött der Leute.»

Am dritten Tag kam das Meeresungeheuer wieder und sprach: «Vertraue mir, Jao.»

Und als dieser sich wiederum weigerte, da verschlang ihn das Geschöpf einfach und spie ihn am Ufer des Reiches der Königin von Sonne und Mond aus. Er grüsste die Leute dort freundlich. Bald merkte er, dass sie ihn anstarrten und ihm verwundert nachschauten. Er dachte traurig, dies wäre wohl wegen seiner Hässlichkeit. Da aber riefen sie: «Seht doch den wunderschönen Jüngling, seht doch den strahlenden Ritter!»

Jao fragte sich, wo denn hier ein schöner Jüngling sei. Da kam er an einem Brunnen vorüber und erblickte sich selbst auf dem Wasserspiegel. Er war ein wunderschöner Jüngling geworden, so schön, dass Sonne, Mond und Sterne sich vor ihm verneigten. Waren seine Brüder schön, so war er tausendmal schöner als sie. Neben dem Brunnen aber wuchs ein schöner Rosenstrauch. Er pflückte eine Rose ab und ging zu dem Schloss. Als er dort anlangte, legten sich all die wilden Tiere vor ihm nieder und machten ihm ehrfurchtsvoll Platz. So durchschritt er dreimal unbeschadet den Gürtel, den sie gebildet hatten. Auf einmal ertönte wunderbare Musik, und die

Tür des Schlosses öffnete sich. Heraus trat die Königin. Über ihrem Haupt trug sie die Sonne. Auf ihrer Stirn hatte sie den Mond, und über ihren beiden Schultern leuchtete ein Kranz von Sternen. Sie war nun erlöst, umarmte Jao und nahm ihn zum Manne.

Jao berührte nun mit der Rose all die Zerrissenen. Und alle Toten erwachten zu neuem Leben. Die beiden älteren Brüder segelten beschämt über das Meer zurück in ihre Heimat. Dort erzählten sie dem Vater alles. Jao und die schöne Königin herrschten in Frieden und in Freuden. Als der Vater und die Brüder sie besuchten, wurde ein Fest gefeiert. Der Wein floss in Strömen. Die besten Speisen wurden aufgetragen. Und ich wünschte, du und ich wären auch dabei gewesen.

Märchen aus Portugal

Das Eselein

Es lebte einmal ein König und eine Königin, die waren reich und hatten alles, was sie sich wünschten, nur keine Kinder. Darüber klagte die Königin Tag und Nacht und sprach: «Ich bin wie ein Acker, auf dem nichts wächst.»

Endlich erfüllte Gott ihre Wünsche; als das Kind aber zur Welt kam, sah's nicht aus wie ein Menschenkind, sondern war ein junges Eselein. Wie die Mutter das erblickte, fing ihr Jammer und Geschrei erst recht an, sie hätte lieber gar kein Kind gehabt als einen Esel, und sagte, man sollt ihn ins Wasser werfen, damit ihn die Fische frässen.

Der König aber sprach: «Nein, hat Gott ihn gegeben, so soll er auch mein Sohn und Erbe sein, nach meinem Tod auf dem königlichen Thron sitzen und die königliche Krone tragen.»

Also ward das Eselein aufgezogen, nahm zu, und die Ohren wuchsen ihm auch fein hoch und gerad hinauf. Es war aber sonst fröhlicher Art, sprang herum, spielte und hatte besonders seine Lust an der Musik, so dass es zu einem berühmten Spielmann ging und sprach: «Lehre mich deine Kunst, dass ich so gut die Laute schlagen kann als du.»

«Ach, liebes Herrlein», antwortete der Spielmann, «das sollt Euch schwerfallen, Eure Finger sind nicht allerdings dazu gemacht und gar zu gross; ich sorge, die Saiten halten's nicht aus.» Es half keine Ausrede, das Eselein wollte und musste die Laute schlagen, war beharrlich und fleissig und lernte es am Ende so gut als sein Meister selber.

Einmal ging das junge Herrlein nachdenksam spazieren und kam an einen Brunnen, da schaute es hinein und sah im spiegelhellen Wasser seine Eseleinsgestalt. Darüber war es so betrübt, dass es in die weite Welt ging und nur einen treuen Gesellen mitnahm. Sie zogen auf und ab, zuletzt kamen sie in ein Reich, wo ein alter König herrschte, der nur eine einzige, aber wunderschöne Tochter hatte.

Das Eselein sagte: «Hier wollen wir weilen», klopfte ans Tor und rief: «Es ist ein Gast draussen, macht auf, damit er eingehen kann.»

Als aber nicht aufgetan ward, setzte er sich hin, nahm seine Laute und schlug sie mit seinen zwei Vorderfüssen aufs Lieblichste. Da sperrte der Türhüter gewaltig die Augen auf, lief zum König und sprach: «Da draussen sitzt ein junges Eselein vor dem Tor, das schlägt die Laute so gut als ein gelernter Meister.»

«So lass mir den Musikant hereinkommen», sprach der König.

Wie aber ein Eselein hereintrat, fing alles an über den Lautenschläger zu lachen. Nun sollte das Eselein unten zu den Knechten gesetzt und gespeist werden, es ward aber unwillig und sprach: «Ich bin kein gemeines Stalleselein, ich bin ein vornehmes.»

Da sagten sie: «Wenn du das bist, so setze dich zu dem Kriegsvolk».

«Nein», sprach es, «ich will beim König sitzen.»

Der König lachte und sprach in gutem Mut: «Ja, es soll so sein, wie du verlangst, Eselein, komm her zu mir.» Danach fragte er: «Eselein, wie gefällt dir meine Tochter?»

Das Eselein drehte den Kopf nach ihr, schaute sie an, nickte und sprach: «Aus der Massen wohl, sie ist so schön, wie ich noch keine gesehen habe.»

«Nun, so sollst du auch neben ihr sitzen», sagte der König.

«Das ist mir eben recht», sprach das Eselein und setzte sich an ihre Seite, ass und trank und wusste sich fein und säuberlich zu betragen.

Als das edle Tierlein eine gute Zeit an des Königs Hof geblieben war, dachte es: Was hilft das alles, du musst wieder heim, liess den Kopf traurig hängen, trat vor den König und verlangte seinen Abschied.

Der König hatte es aber lieb gewonnen und sprach: «Eselein, was ist dir? Du schaust ja sauer wie ein Essigkrug; bleib bei mir, ich will dir geben, was du verlangst. Willst du Gold?»

«Nein», sagte das Eselein und schüttelte mit dem Kopf.

«Willst du Kostbarkeiten und Schmuck?»

«Nein.»

«Willst du mein halbes Reich?»

«Ach nein.»

Da sprach der König: «Wenn ich nur wüsste, was dich vergnügt machen könnte; willst du meine schöne Tochter zur Frau?»

«Ach ja,» sagte das Eselein, «die möchte ich wohl haben», war auf einmal ganz lustig und guter Dinge, denn das war's gerade, was es sich gewünscht hatte.

Also ward eine grosse und prächtige Hochzeit gehalten. Abends, wie Braut und Bräutigam in ihr Schlafkämmerlein geführt wurden, wollte der König wissen, ob sich das Eselein auch fein artig und manierlich betrüge, und hiess einem Diener sich dort verstecken. Wie sie nun beide drinnen waren, schob der Bräutigam den Riegel vor die Türe, blickte sich um, und wie er glaubte, dass sie ganz allein wären, da warf er auf einmal seine Eselshaut ab und stand da als ein schöner, königlicher Jüngling.

«Nun siehst du», sprach er, «wer ich bin, und siehst auch, dass ich deiner nicht unwert war.» Da ward die Braut froh, küsste ihn und hatte ihn von Herzen lieb. Als aber der Morgen herankam, sprang er auf, zog seine Tierhaut wieder über, und hätte kein Mensch gedacht, was für einer dahinter steckte. Bald kam auch der alte König gegangen.

«Ei», rief er, «ist das Eselein schon munter! Du bist wohl recht traurig», sagte er zu seiner Tochter, «dass du keinen ordentlichen Menschen zum Mann bekommen hast?»

«Ach nein, lieber Vater, ich habe ihn so lieb, als wenn er der Allerschönste wäre, und will ihn mein Lebtag behalten.» Der König wunderte sich, aber der Diener, der sich versteckt hatte, kam und offenbarte ihm alles. Der König sprach: «Das ist nimmermehr wahr.»

«So wacht selber die folgende Nacht, Ihr werdet's mit eigenen Augen sehen, und wisst Ihr was, Herr König, nehmt ihm die Haut weg und werft sie ins Feuer, so muss er sich wohl in seiner rechten Gestalt zeigen.»

«Dein Rat ist gut», sprach der König, und abends, als sie schliefen, schlich er sich hinein, und wie er zum Bett kam, sah er im Mondschein einen stolzen Jüngling da ruhen, und die Haut lag abgestreift auf der Erde. Da nahm er sie weg und liess draussen ein gewaltiges Feuer anmachen und die Haut hineinwerfen und blieb selber dabei, bis sie ganz zu Asche verbrannt war. Weil er aber sehen wollte, wie sich der Beraubte anstellen würde, blieb er die Nacht über wach und lauschte. Als der Jüngling ausgeschlafen hatte, beim ersten Morgenschein, stand er auf und wollte die Eselshaut anziehen, aber sie war nicht zu finden. Da erschrak er und sprach voll Trauer und Angst: «Nun muss ich sehen, dass ich entfliehe.»

Wie er hinaustrat, stand aber der König da und sprach: «Mein Sohn, wohin so eilig, was hast du im Sinn? Bleib hier, du bist ein so schöner Mann, du sollst nicht wieder von mir. Ich gebe dir jetzt mein Reich halb, und nach meinem Tod bekommst du es ganz.»

«So wünsch ich, dass der gute Anfang auch ein gutes Ende nehme», sprach der Jüngling, «ich bleibe bei Euch.» Da gab ihm der Alte das halbe Reich, und als er nach einem Jahr starb, hatte er das ganze, und nach dem Tode seines Vaters noch eins dazu und lebte in aller Herrlichkeit.

Märchen der Brüder Grimm

Der kleine Junge Dattelkern

In einem Dorf am Fusse eines Berges lebten einmal ein Mann und seine Frau. Sie wünschten sich von Herzen ein Kind und oft sagten sie: «Wie wären wir glücklich, wenn wir ein Kind hätten, selbst wenn es nur so winzig wäre wie ein Dattelkern.»*

Nach einiger Zeit wurde der Wunsch der beiden erfüllt und die Frau brachte einen Sohn zur Welt, der war klein wie ein Dattelkern. Er war so winzig, dass sie ihn Dattelkern nannten. Die Eltern waren sehr glücklich über ihr Kind. Die Jahre vergingen, eins, zwei, drei und noch ein paar Jahre, aber der Junge wurde gar nicht grösser, kein bisschen.

Eines Tages sprach der Vater: «Mein lieber Junge. Ich war so glücklich, also du geboren wurdest, aber du bist immer noch so winzig. Wofür ist es eigentlich gut, ein Kind wie dich zu haben?»

Und die Mutter sprach: «Mein lieber Dattelkern, auch mir machst du Sorgen.»

Da sprach Dattelkern: «Macht euch keine Sorgen wegen mir. Ich bin zwar klein, aber ich kann genauso viel wie andere.»

Von diesem Tag an half Dattelkern bei der Arbeit. Er war zwar klein, aber sehr stark und fleissig, und er lernte jeden Tag etwas dazu. Bald konnte der kleine Kerl den Esel führen und das Feld pflügen und er sammelte mehr Holz für das Herdfeuer als alle anderen. Dazu konnte er höher springen und höher klettern als die meisten und das ist schon viel.

Die Nachbarn lobten den Jungen und schimpften mit ihren eigenen Kindern: «Schaut nur, obwohl Dattelkern so klein ist, arbeitet er fleissig und besser als ihr, schämt ihr euch nicht?»

So wurden die Eltern von Dattelkern mit jedem Tag glücklicher über ihren Sohn. Aber Dattelkern arbeitete nicht nur schwer, er war auch schlau und mit seiner Klugheit half er dem ganzen Dorf. Das kam so:

Eines Tages kam eine grosse Trockenheit über das Land. Die Menschen hungerten, die Erde trocknete aus und kein einziges Reiskorn wurde geerntet. Die Reislager waren leer und trotzdem kamen schon bald Männer aus der Stadt, um den Anteil für den Kaiser zu holen. Unter diesen Männern war ein besonders gieriger Beamter. Als er sah, dass die Reisspeicher leer waren, liess er seine Männer kurzerhand die Esel und Ochsen wegführen. Aber ohne diese Zugtiere konnten die Bauern das Land im Frühjahr nicht pflügen! Alles Bitten und Flehen half nichts. Der Mann hatte kein Mitleid und zog mit seiner Beute davon. Nun waren alle im Dorf in grosser Sorge. Was sollte aus ihnen allen werden? Der Hunger nagte in ihren Bäuchen und die meisten waren zu schwach, um den langen Weg zum Kaiser zu gehen und das Unrecht zu beklagen.

Dattelkern aber sprach: «Macht euch keine Sorgen. Ich habe einen Plan!»

Einige Bauern sagten darauf: «Kleine Leute sollten nicht so gross reden!»

Doch Dattelkern stritt nicht mit ihnen, er sagte nur: «Wartet nur ab, ihr werdet sehen, es wird alles gut.»

An diesem Abend lief Dattelkern zu den Stallungen des Beamten und versteckte sich, bis die Wachen einschliefen. Dann band er einen Esel los, hüpfte in dessen Ohr und begann laut zu schreien.

Der Lärm weckte die Wächter. Sie holten ihre Schwerter und Speere und suchten nach Dieben. Sie schauten in alle Ecken, aber sie fanden keinen Dieb. Kaum waren sie wieder im Bett und eingeschlafen, ging das Rufen schon wieder los. Wieder sprangen sie auf, suchten in allen Ecken und fanden wieder keinen Dieb. So ging es immer weiter bis nach Mitternacht. Die Wachen waren schon ganz erschöpft und der Anführer rief: «Irgend etwas Seltsames passiert hier, aber Diebe finden wir keine. Also wollen wir nicht mehr auf das Geschrei hören und endlich schlafen.»

Sie legten sich hin und müde wie sie waren, schliefen sie schon bald tief und fest.

Auf diesen Moment hatte Dattelkern gewartet. Er sprang aus dem Eselsohr, öffnete die Tür und führte alle Tiere zurück in das Dorf.

Als die Wachen am nächsten Tag die Ställe leer fanden, gingen sie zu dem Beamten, um ihm alles zu erzählen. Dieser wurde fuchsteufelswild und er ging mit den Wachen in das Dorf von Dattelkerns Eltern, um alle Bauern gefangen zu nehmen.

Dattelkern aber sprang vor und sprach: «Ihr habt die Tiere zu Unrecht weggebracht und ich habe sie wieder zurückgenommen.»

Der Beamte schrie: «Fesselt den Dieb!»

Da sprangen die Wachen hervor und versuchten Dattelkern mit schweren Ketten festzubinden. Aber er war so klein, dass er durch jedes einzelne Glied der Kette durchschlüpfen konnte. Da stand er nun und lachte sie aus. Nun liess der Beamte Dattelkern fangen, in einen kleinen Sack stecken und ins Hauptquartier bringen.

In der Halle legte er das Säckchen auf den Tisch und sprach: «Nun werde ich den Dieb ordentlich verprügeln.»

Mit seiner Faust haute er auf das Säckchen, doch Dattelkern traf er nicht, er war einfach zu winzig.

«Holt mehrere Stöcke!», rief da der Beamte. Während die Wachen loszogen, um die Stöcke zu holen, krabbelte Dattelkern aus dem Sack heraus und kletterte in den Bart des Beamten und zog kräftig an dessen Schnurrbart. «Au, aua, so haut ihn doch!», rief der Beamte erschrocken.

Die Wächter kamen von allen Seiten, doch statt Dattelkern zu treffen, hauten sie dem Beamten auf den Kopf, auf die Nase und auf den Rücken. Dattelkern aber schlüpfte bei dem Gedränge leise davon, rieb sich die Hände und machte sich auf den Heimweg.

Von diesem Tag an kehrte Ruhe in das Dorf ein. Endlich kam der ersehnte Regen und bald mussten die Menschen nicht mehr hungern. Und Dattelkern? Der konnte sich an einem einzigen Reiskorn für eine ganze Woche sattessen.

Märchen aus China

---

* Gemeint ist die chinesische Dattel, lat. Ziziphus Ziziphus.

Vogel Phönix

Eines Tages ging ein reicher Mann spazieren an dem Fluss, da kam ein kleines Kästchen geschwommen, dies Kästchen nahm er und machte den Deckel auf, da lag ein kleines Kind darin, welches er mit heim nahm und aufziehen liess. Der Verwalter konnte aber das Kind nicht leiden, und einmal nahm er's mit sich in einem Kahn auf den Fluss, und als er mitten darin war, sprang er schnell heraus ans Land, und liess das Kind allein im Kahn. Und der Kahn trieb immer fort, bis an die Mühle, da sah der Müller das Kind und erbarmte sich, nahm es heraus und erzog es in seinem Haus. Einmal aber kam von ungefähr der Verwalter in dieselbe Mühle, erkannte das Kind und nahm es mit sich. Bald darauf gab er dem jungen Menschen einen Brief zu tragen an seine Frau, worin stand: «Den Überbringer dieses Briefs sollst du den Augenblick umbringen.»

Unterwegs aber begegnete dem jungen Menschen im Walde ein alter Mann, welcher sprach: Weis mir doch einmal den Brief, den du da in der Hand trägst! Da nahm er ihn, drehte ihn bloss einmal herum und gab ihn wieder, nun stand darin: Dem Überbringer sollst du augenblicks unsere Tochter zur Frau geben! So geschah es, und als der Verwalter das hörte, geriet er in Ärger und sagte: «He, so geschwind gehts nicht, eh ich dir meine Tochter lasse, sollst du mir erst drei Federn vom Vogel Phönix bringen.»

Der Jüngling machte sich auf den Weg nach dem Vogel Phönix, und an derselben Stelle im Wald begegnete ihm wieder derselbe alte Mann und sprach: «Geh den ganzen Tag weiter fort, abends wirst du an einen Baum kommen, darauf zwei Tauben sitzen, die werden dir das weitere sagen!»

Wie er abends an den Baum kam, sassen zwei Tauben drauf. Die eine Taube sprach: «Wer da zum Vogel Phönix will, muss gehen den ganzen Tag, so wird er abends an ein Tor kommen, das ist zugeschlossen.»

Die andere Taube sprach: «Unter diesem Baum liegt ein Schlüssel von Gold, der schliesst das Tor auf.»

Da fand er den Schlüssel und schloss das Tor damit auf; hinterm Tor, da sassen zwei Männer, der eine Mann sprach: «Wer den Vogel Phönix sucht, muss einen grossen Weg machen über den hohen Berg, und dann wird er endlich in das Schloss kommen.»

Am Abend des dritten Tags langte er endlich im Schloss an, da sass ein weisses Mamsellchen und sprach: «Was wollt ihr hier?»

«Ach, ich will mir gern drei Federn vom Vogel Phönix holen.»

Sie sprach: «Ihr seid in Lebensgefahr, denn wo euch der Vogel Phönix gewahr würde, frässe er euch auf mit Haut und Haar, doch will ich sehen, wie ich euch zu den drei Federn verhelfe, alle Tage kommt er hierher, da muss ich ihn mit einem engen Kamm kämmen; geschwind hier unter den Tisch.»

Der Tisch aber war rundum mit Tuch beschlagen.

Indem kam der Vogel Phönix heim, setzte sich oben auf den Tisch und sprach: «Ich wittere, wittere Menschenfleisch!»

«Ach was? Ihr seht ja wohl, dass niemand hier ist.»

«Kämm mich nun», sprach der Vogel Phönix.

Das weisse Mamsellchen kämmte ihn nun, und er schlief darüber ein; wie er recht fest schlief, packte sie eine Feder, zog sie aus und warf sie untern Tisch. Da wachte er auf: «Was raufst du mich so? Mir hat geträumt, es käme ein Mensch und zöge mir eine Feder aus.»

Sie stellte ihn aber zufrieden, und so gings das andere Mal und das dritte Mal. Wie der junge Mensch die drei Federn hatte, zog er damit heim und bekam nun seine Braut.

Märchen der Brüder Grimm

Warum das Meerwasser salzig ist

Es war einmal ein lieber, braver Junge, der hatte weiter nichts auf Erden als eine alte, blinde Grossmutter und ein reines Gewissen. Als er nun aus der Schule war, wurde er Schiffsjunge und sollte seine erste Reise antreten. Da sah er, wie alle seine neuen Kameraden mit barem Gelde grosstaten, während er nichts hatte, auch nicht den geringsten Heller. Darüber war er sehr traurig, und er klagte seinen Kummer der Grossmutter. Die besann sich erst ein wenig, dann humpelte sie in ihre Kammer, holte eine kleine alte Mühle heraus, schenkte sie dem Knaben und sprach: «Wenn du zu dieser Mühle sagst: ‹Mühle, Mühle, mahle mir die und die Sachen gleich allhier!›, so mahlt sie dir, was du begehrst; und wenn du sprichst: ‹Mühle, Mühle, stehe still, weil ich nichts mehr haben will!›, so hört sie auf zu mahlen. Sag aber niemand etwas davon, sonst ist es dein Unglück!»

Der Junge bedankte sich, nahm Abschied und ging aufs Schiff. Als nun wieder die Kameraden mit ihrem Gelde grosstaten, stellte er sich mit seiner Mühle in einen abgelegenen Winkel und sprach:

> «Mühle, Mühle, mahle mir
> Rote Dukaten gleich allhier!»

Da mahlte die Mühle lauter rote Dukaten, die fielen klingend in seine lederne Mütze. Und als die Mütze voll war, sprach er nur:

> «Mühle, Mühle, stehe still,
> Weil ich nichts mehr haben will!»

Da hörte sie gleich auf zu mahlen. Nun war er von allen Kameraden der reichste; wenn es ihnen aber einmal an Nahrung fehlte, was öfter vorkam, weil der Schiffshauptmann sehr geizig war, nahm er nur seine Mühle und sprach:

> «Mühle, Mühle, mahle mir
> Frische Semmeln gleich allhier!»

Da mahlte sie so lange, bis er das andere Wort sagte; und was er auch sonst noch begehrte, alles mahlte die kleine Mühle. Oft fragten ihn die Kameraden wohl, woher er alle die schönen Sachen bekomme, aber er sagte es ihnen nicht, und da er alles immer redlich mit ihnen teilte, so drangen sie auch nicht weiter in ihn.

Es dauerte aber nicht lange, so bekam der böse Schiffshauptmann Wind davon, und das war Wasser auf seine Mühle. Eines Abends rief er den Schiffsjungen in seine Kajüte und sprach: «Hole mir deine Mühle und mahle mir junge Hühner!» Der Knabe ging und holte einen Korb voll junger Hühner. Damit war jedoch der gottlose Mensch nicht zufrieden: Er schlug vielmehr den armen Jungen so lange, bis er ihm die Mühle holte und ihm sagte, was er sprechen müsste, wenn sie mahlen sollte. Den andern Spruch aber, den man sprechen musste, wenn sie aufhören sollte, lehrte er ihn nicht, und der Schiffshauptmann dachte auch nicht daran, ihn danach zu fragen. Als der Junge dann einmal allein auf dem Verdeck stand, ging der Hauptmann hin und stiess ihn in das Meer; er sagte, er sei verunglückt und glaubte, damit sei die Sache abgetan. Hierauf ging er in die Kajüte, um zu essen, und da es gerade an Salz fehlte, nahm er die kleine Mühle und sagte:

«Mühle, Mühle, mahle mir
Weisse Salzkörner gleich allhier!»

Da mahlte sie lauter weisse Salzkörner. Als aber der Napf voll war, sprach der Schiffshauptmann: «Nun ist's genug!» Doch sie mahlte immerzu, und er mochte sagen, was er wollte, sie mahlte immerzu, bis die ganze Kajüte voll war. Da fasste er die Mühle an, um sie über Bord zu werfen, erhielt aber einen solchen Schlag, dass er wie betäubt zu Boden fiel. Und sie mahlte immerzu, bis das ganze Schiff voll war und zu sinken begann. Zuletzt fasste der Schiffshauptmann sein scharfes Schwert und hieb die Mühle in lauter kleine Stücke. Aber siehe, aus jedem kleinen Stück wurde wieder eine kleine Mühle, geradeso, wie die alte gewesen war, und alle Mühlen mahlten lauter weisse Salzkörner. Da war es bald um das Schiff geschehen: Es sank unter mit Mann und Maus und allen Mühlen. Diese mahlen nun unten auf dem Grunde des Meeres noch immer Salzkörner, und wenn du ihnen auch den rechten Spruch zuriefest, sie liegen so tief, dass sie es nicht hören würden. Siehst du, deshalb ist das Meerwasser so salzig.

Sage aus Friesland

Widewau

Vor langer Zeit lebte einmal ein Müller, der war ein grober Mann und ein rechter Geizhals. Die Leute sagten von ihm: «Der ist so grob wie Bohnenstroh», und niemand wollte gerne etwas mit ihm zu tun haben. Nun hatte der Müller aber die einzige Mühle weit und breit, und wer Mehl haben wollte, der musste zu ihm gehen.

Eines Tages kam ein altes, armes Mütterchen zur Mühle. Es klopfte zaghaft ans Tor und bat um ein Stück Brot. Da hättet ihr den Müller hören sollen: «Geh fort von hier, du alte Hexe, du willst ja nur stehlen! Mach dich davon, sonst lass ich die Hunde los!», rief er und jagte die alte Frau vom Hof.

Hungrig lief sie davon und begegnete unterwegs einem jungen Müllersbursch, der suchte Arbeit und fragte: «Guten Tag, Mütterchen, weisst du nicht eine Mühle in der Nähe, wo ich Arbeit finden könnte?»

«Guten Tag, Bursche. Ich weiss den Weg zur nächsten Mühle, doch ich will dir noch guten Rat geben. Wenn du zum Mühlbach kommst, siehst du unten am Ufer ein schwarzes Steinchen, nimm es mit, es soll dein Glück sein. Dann geh ohne zu fragen ins Haus, iss und trink und leg dich ungefragt schlafen. Wenn sie aber mit dir schimpfen, so sage nur immer: ‹Schönsten Dank!› In der Nacht, wenn alle schlafen, legst du das schwarze Steinchen in den Ofen und dann schau, was passiert.»

Dem jungen Müllersbursch kam das alles sehr seltsam vor, aber die Alte sprach: «Es wird schon alles gut werden!»

Da fasste er Mut und ging den Weg zur Mühle. Unterwegs fand er am Bach das schwarze Steinchen und steckte es ein. Bei der Mühle angekommen, traf er auf die Müllerin und bat um ein Bett für die Nacht.

Die Müllerin aber sprach: «Nein, hier ist keine Herberge!»

«Schönsten Dank», sprach der Müllersbursch, ging ins Haus und setzte sich auf die Ofenbank.

‹Der muss närrisch sein›, dachte die Frau und sagte laut: «Ihr habt mich wohl nicht verstanden. Hier dürft ihr nicht bleiben!»

«Schönsten Dank, schönsten Dank!», erwiderte der Müllersbursch freundlich, und wie oft sie auch schimpfte, immer antwortete er: «Schönsten Dank!», und lächelte dazu. Schliesslich ging die Frau in die Küche. Sie kochte das Essen für ihren Mann und stellte es auf den Tisch.

«Schönsten Dank!», rief da der junge Mann, setzte sich an den Tisch und fing an zu essen. «Das ist nicht für dich, das ist für meinen Mann!», rief die Frau erbost.

Doch der Müllersbursch liess sich nicht stören, löffelte weiter und sprach dazwischen immer wieder «Schönsten Dank!».

Da bekam es die Frau mit der Angst zu tun und als der Müller ins Haus kam, sprach sie: «Gut, dass du da bist. Wir haben einen unheimlichen Gast im Haus!», und sie erzählte ihm alles.

Als der Müller dies hörte, wurde er wütend. Er ging auf den Burschen los, um ihn aus dem Haus zu werfen, aber dieser sprach immer freundlich: «Schönsten Dank!»

Nun wurde es auch dem Müller unheimlich zumute und da sein Essen schon aufgegessen war, sagte er zu seiner Frau: «Geh und mach mir mein Bett, ich bin müde.»

Die Frau machte das Bett bereit, da kam auch schon der Müllersbursch, zog sich aus und sagte: «Schönsten Dank!» Dann legte er sich ins Bett und schlief gleich ein. Der Müller und die Müllerin aber mussten mitsamt der Tochter auf dem Boden schlafen.

Mitten in der Nacht, als alle schliefen, stand der Müllersbursch auf, legte das schwarze Steinchen in die Asche und ging wieder ins Bett.

Am nächsten Morgen sollte die Müllerstochter den Ofen einheizen. Sie bückte sich, wollte in die Glut blasen, aber was war das? Anstatt zu blasen sagte sie immer: «Www … ww … widewau, widewau, widewauwauwau.»

Aber von all dem «Widewau» wollte das Feuer nicht angehen und sie rannte zur Mutter und rief: «Widewau, Mutter, was Feuer will, widewau, nicht, widewau, brennen, widewau, widewau, widewauwauwau.»

Die Mutter schüttelte den Kopf, ging zum Feuer und wollte blasen. Aber anstatt zu blasen rief sie immerzu: «Widewau, widewau, widewauwauwau.»

Nun kam der Müller dazu, schimpfte mit den Frauen, nahm trockenes Holz, legte es auf die Glut und wollte blasen, da fing es auch bei ihm an: «Widewau, widewau, widewauwauwau!»

Vater, Mutter und Tochter widewauten einer lauter als der andere und endlich schickten sie die Tochter zum Küster, damit der ihnen helfe.

«Guten Tag, widewau, Herr Küster, widewau, bitte kommt mit, widewau, helfen Sie uns, widewau, widewau, widewauwauwau.»

Der Küster wunderte sich über die Müllerstochter, die doch sonst so klug war und ging mit zur Mühle.

Da standen der Müller und die Müllerin neben dem Ofen und schrien die ganze Zeit: «Widewau, Herr Küster, widewau, widewau, widewauwauwau.»

Schliesslich verstand der Küster, dass sie Feuer im Ofen machen wollten und er bückte sich zum Ofen hinunter, um in die Glut zu blasen, doch ihm ging es nicht anders als den anderen und er machte: «Widewau, widewau, widewauwauwau.»

Da blieb ihnen nichts anderes übrig, als den Pfarrer zu holen. Die Müllerstochter ging zu ihm und redete gleich auf ihn ein: «Widewau, Herr Pfarrer, widewau, wir haben einen bösen Geist im Ofen, widewau, widewau, widewauwauwau!»

Der Pfarrer war ganz erstaunt, doch er folgte dem Mädchen zur Mühle und da standen sie alle miteinander und widewauten. «Widewau, Herr Pfarrer», sprach der Müller. «Widewau, widewau, helft uns. Ich will widewau, auch ein besserer Mensch werden, widewau, widewau, widewauwauwau.»

Der Pfarrer nahm seine Brille, schaute sich den Ofen genau an und – jetzt möchtet ihr wissen, was nun geschah, als er in die Glut blies, aber das weiss niemand, denn in diesem Moment kam der Müllersbursch herein. Vom Lärm geweckt, hatte er sich angezogen und sah nun, wie der Müller versprach ein besserer Mensch zu werden und er sah die hübsche Müllerstochter und wie alle miteinander um die Wette widewauten. Da rief er: «Ich werde euch helfen! Ich kann den Zauber lösen, aber ihr müsst mir dafür eure Tochter zur Frau geben.»

«Ja, widewau!», rief der Müller. «Du sollst sie bekommen, widewau, und auch die Mühle, widewau, wenn du uns befreist, widewauwauwau.»

Der junge Mann bückte sich, schaute in den Ofen, nahm, ohne dass es jemand merkte, das schwarze Steinchen aus der Asche, und blies in die Glut. Da ging das Feuer an, dass die Funken stoben, und von dem Augenblick an konnten alle wieder richtig reden und keiner musste mehr «widewau» sagen.

Der Müller gab dem Müllersbursch die Tochter zur Frau und der Pfarrer verheiratete sie sogleich. Der junge Mann gefiel der Müllerstochter, sie übernahmen die Mühle und alle Not hatte ein Ende. So viel verdiente der Müllersbursch, dass er sogar seinen Eltern noch genug geben konnte. Der Müller aber war von seinem Geiz geheilt.

Märchen aus Deutschland

Das Meerhäschen

Es war einmal eine Königstochter, die hatte in ihrem Schloss hoch unter der Zinne einen Saal mit zwölf Fenstern, die gingen nach allen Himmelsgegenden, und wenn sie hinaufstieg und umher schaute, so konnte sie ihr ganzes Reich übersehen. Aus dem ersten sah sie schon schärfer als andere Menschen, in dem zweiten noch besser, in dem dritten noch deutlicher und so immer weiter bis in dem zwölften, wo sie alles sah, was über und unter der Erde war und ihr nichts verborgen bleiben konnte.

Weil sie aber stolz war, sich niemandem unterwerfen und die Herrschaft allein behalten wollte, so liess sie bekanntmachen, es sollte niemand ihr Gemahl werden, der sich nicht so vor ihr verstecken könnte, dass es ihr unmöglich wäre, ihn zu finden. Wer es aber versuche und sie entdecke ihn, so werde ihm das Haupt abgeschlagen und auf einen Pfahl gesteckt. Es standen schon siebenundneunzig Pfähle mit toten Häuptern vor dem Schloss, und in langer Zeit meldete sich niemand. Die Königstochter war vergnügt und dachte: ‹Ich werde nun für mein Lebtag frei bleiben.›

Da erschienen drei Brüder vor ihr und kündigten ihr an, dass sie ihr Glück versuchen wollten. Der Älteste glaubte sicher zu sein, wenn er in ein Kalkloch krieche, aber sie erblickte ihn schon aus dem ersten Fenster, liess ihn herausziehen und ihm das Haupt abschlagen.

Der Zweite kroch in den Keller des Schlosses, aber auch diesen erblickte sie aus dem ersten Fenster, und es war um ihn geschehen: Sein Haupt kam auf den neunundneunzigsten Pfahl.

Da trat der Jüngste vor sie hin und bat, sie möge ihm einen Tag Bedenkzeit geben und auch so gnädig sein, es ihm zweimal zu schenken, wenn sie ihn entdeckte – misslinge es ihm zum dritten Mal, so wolle er sich nichts mehr aus seinem Leben machen.

Weil er so schön war und so herzlich bat, so sagte sie: «Ja, ich will dir das bewilligen, aber es wird dir nicht glücken.»

Den folgenden Tag sann er lange nach, wie er sich verstecken wollte, aber es war vergeblich. Da ergriff er seine Büchse und ging hinaus auf die Jagd. Er sah einen Raben und nahm ihn aufs Korn; eben wollte er abdrücken, da rief der Rabe: «Schiess nicht, ich will dir's vergelten!»

Er setzte ab, ging weiter und kam an einen See, wo er einen grossen Fisch überraschte, der aus der Tiefe herauf an die Oberfläche des Wassers gekommen war. Als er angelegt hatte, rief der Fisch: «Schiess nicht, ich will dir's vergelten!»

Er liess ihn untertauchen, ging weiter und begegnete einem Fuchs, der hinkte. Er schoss und verfehlte ihn, da rief der Fuchs: «Komm lieber her und zieh mir den Dorn aus dem Fuss.»

Er tat es zwar, wollte aber dann den Fuchs töten und ihm den Balg abziehen. Der Fuchs sprach: «Lass ab, ich will dir's vergelten!» Der Jüngling liess ihn laufen, und da es Abend war, kehrte er heim. Am andern Tag sollte er sich verkriechen, aber wie er sich auch den Kopf darüber zerbrach, er wusste nicht wohin. Er ging in den Wald zu dem Raben und sprach: «Ich habe dich leben lassen, jetzt sage mir, wohin ich mich verkriechen soll, damit mich die Königstochter nicht sieht.»

Der Rabe senkte den Kopf und bedachte sich lange.

Endlich schnarrte er: «Ich hab's heraus!»

Er holte ein Ei aus seinem Nest, zerlegte es in zwei Teile und schloss den Jüngling hinein, dann machte er es wieder ganz und setzte sich darauf.

Als die Königstochter an das erste Fenster trat, konnte sie ihn nicht entdecken, auch nicht in den folgenden, und es fing an, ihr bange zu werden, doch im elften erblickte sie ihn. Sie liess den Raben schiessen, das Ei holen und zerbrechen, und der Jüngling musste herauskommen.

Sie sprach: «Einmal ist es dir geschenkt, wenn du es nicht besser machst, so bist du verloren.»

Am folgenden Tag ging er an den See, rief den Fisch herbei und sprach: «Ich habe dich leben lassen, nun sage, wohin soll ich mich verbergen, damit mich die Königstochter nicht sieht.»

Der Fisch besann sich, endlich rief er: «Ich hab's heraus! Ich will dich in meinem Bauch verschliessen.»

Er verschluckte ihn und fuhr hinab auf den Grund des Sees.

Die Königstochter blickte durch ihre Fenster, auch im elften sah sie ihn nicht und war bestürzt, doch endlich im zwölften entdeckte sie ihn. Sie liess den Fisch fangen und töten, und der Jüngling kam zum Vorschein. Es kann sich jeder denken, wie ihm zumute war.

Sie sprach: «Zweimal ist dir's geschenkt, aber dein Haupt wird wohl auf den hundertsten Pfahl kommen.»

An dem letzten Tag ging er mit schwerem Herzen aufs Feld und begegnete dem Fuchs.

«Du weisst alle Schlupfwinkel zu finden», sprach er, «ich habe dich leben lassen, jetzt rate mir, wohin ich mich verstecken soll, damit mich die Königstochter nicht findet.»

«Ein schweres Stück», antwortete der Fuchs und machte ein bedenkliches Gesicht.

Endlich rief er: «Ich hab's heraus!»

Er ging mit ihm zu einer Quelle, tauchte sich hinein und kam als ein Kaufmann heraus. Der Jüngling musste sich auch in das Wasser tauchen und wurde in ein kleines Meerhäschen verwandelt.

Der Kaufmann zog in die Stadt und zeigte das artige Tierchen. Es lief viel Volk zusammen, um es anzusehen. Zuletzt kam auch die Königstochter, und weil sie grossen Gefallen daran hatte, kaufte sie es und gab dem Kaufmann viel Geld dafür. Bevor er es ihr reichte, sagte er zu ihm: «Wenn die Königstochter ans Fenster geht, so krieche schnell unter ihren Zopf.»

Nun kam die Zeit, wo sie ihn suchen sollte. Sie trat nach der Reihe an die Fenster vom ersten bis zum elften und sah ihn nicht. Als sie ihn auch bei dem zwölften nicht sah, war sie voll Angst und Zorn und schlug so gewaltig zu, dass das Glas in allen Fenstern in tausend Stücke zersprang und das ganze Schloss erzitterte.

Sie ging zurück und fühlte das Meerhäschen unter ihrem Zopf, da packte sie es, warf es zu Boden und rief: «Geh mir aus den Augen!»

Es lief zum Kaufmann und beide eilten zur Quelle, wo sie sich untertauchten und ihre wahre Gestalt zurückerhielten. Der Jüngling dankte dem Fuchs und sprach: «Der Rabe und der Fisch sind blitzdumm gegen dich, du weisst die rechten Pfiffe, das muss wahr sein!»

Der Jüngling ging geradezu in das Schloss. Die Königstochter wartete schon auf ihn und fügte sich ihrem Schicksal. Die Hochzeit ward gefeiert und er war jetzt der König und Herr des ganzen Reiches. Er erzählte ihr niemals, wohin er sich zum dritten Mal versteckt und wer ihm geholfen hatte, und so glaubte sie, er habe alles aus eigener Kunst getan, und hatte Achtung vor ihm, denn sie dachte bei sich: ‹Der kann doch mehr als du!›

Märchen der Brüder Grimm

Lone Boy und der alte Schecke

Vor langer Zeit lebte in der Prärie ein Indianerjunge. Seine Eltern waren gestorben und deshalb riefen ihn die anderen «Lone Boy» – Einsamer Junge. Er war arm und zum Essen bekam er nur, was die anderen nicht mehr wollten. Wenn die Zeit der Büffeljagd kam, musste er zu Fuss hinter den Pferden hergehen, denn er besass kein Pferd. Einmal, als er wieder hinter den anderen herziehen musste, hörte er ein Wimmern. Er folgte dem Klang und entdeckte in einer kleinen Schlucht ein geschecktes altes Pferd. Es sah jämmerlich aus. Unter seinem dünnen Fell sah man die Rippen, und die Mähne und der Schweif waren struppig wie altes Gras. Er streichelte das alte Pferd und sprach: «Du armer Kerl, ich werde mich um dich kümmern.» Als er mit seinem alten Schecken zu den anderen kam, lachten sie ihn aus, noch nie hatten sie so ein klappriges, altes Pferd gesehen. Doch Lone Boy gab dem Alten vom besten Gras zu fressen, er pflegte sein Fell, bis es wieder glänzte und kämmte ihm liebevoll die Mähne und den Schweif.

Eines Tages entdeckten die Späher vom Stamm eine grosse Büffelherde. Eines der Tiere war etwas ganz Besonderes, denn es hatte ein geflecktes Fell. Der Häuptling wollte das Fell gerne haben und er rief: «Ich gebe demjenigen meine Tochter zur Frau, der mir das gefleckte Fell bringt!»

Da stürmten die besten Reiter auf ihren schnellsten Pferden davon. Lone Boy setzte sich auf sein klappriges Pferd und trottete ihnen hinterher. Die anderen lachten, doch Lone Boy konnte nur an das liebliche Gesicht der Häuptlingstochter denken. Als sie schon weit vom Stamm entfernt waren, blieb der alte Schecke auf einmal stehen und sprach: «Hör zu, mein Junge.» Lone Boy blieb vor Schrecken fast das Herz stehen, doch der Schecke sprach weiter: «Ich weiss dir guten Rat. Nimm von diesem kühlen Schlamm hier und reibe mich damit ein, von oben bis unten, damit bekomme ich Kraft aus der Erde.» Lone Boy tat, wie ihm der Schecke geraten hatte, und als er fertig war, sagte das Pferd: «Lass uns auf das Zeichen der Jäger warten.»

Kurz darauf hörte man ein Horn. Da schoss das alte Pferd wie ein Blitz davon. Bald überholte es die anderen Pferde und liess sie weit hinter sich. Bald sprang es wild in die Herde der Bisons hinein und Lone Boy spannte seinen Bogen. Er schoss und ein Pfeil traf eine alte Büffelkuh, der andere aber traf das gefleckte Kalb.

«Jetzt musst du lange nicht mehr hungern», sprach das alte Pferd, und Lone Boy nahm die zwei Tiere an sich und der Schecke trug alles nach Hause, als wäre es eine Leichtigkeit.

Als Lone Boy zum Stamm kam, verteilte er das Fleisch an die Armen und Hungrigen. Dann nahm er das gefleckte Fell und ging zum Häuptling. Vor dem Eingang stand die Tochter des Häuptlings und lächelte ihn an. Doch der Häuptling wollte seine Tochter niemandem geben, der nur ein altes Pferd besass. «Nur einem Helden gebe ich meine Tochter zur Frau!», rief er. Traurig ging Lone Boy zu seinem Pferd zurück, dieses tröstete ihn und sprach: «Sie werden schon sehen, was für ein Held du bist. Nimm das Fell zu dir und habe Geduld.»

Kurze Zeit danach wurde der Stamm von feindlichen Kriegern angegriffen. Lone Boy schwang sich auf den alten Schecken und ritt mit den anderen aus, um das Dorf zu verteidigen. Der alte Schecke schüttelte seine Mähne und sprach: «Hör gut zu, was ich dir sage: Du darfst die Feinde nur viermal angreifen, kein einziges Mal mehr.»

Schon flogen die Pfeile und Lone Boy griff an. Viermal flogen seine Pfeile und er traf jedes Mal. Bald schon sahen die Krieger, wie mutig der Junge war, doch noch war der Angriff nicht zu Ende. Viermal hatte ich Glück, sagte sich Lone Boy, so wird es auch ein weiteres Mal glücken. Doch kaum griff er zum fünften Mal an, als ein Pfeil sein altes Pferd traf. Kurz darauf endete die Schlacht und die Krieger seines Stammes feierten ihren Sieg, nur Lone Boy sass allein und traurig bei seinem Schecken und jammerte: «Weshalb habe ich nicht auf dich gehört? Ich gäbe alles dafür, wenn du nur wieder leben könntest.» Seine Tränen fielen auf das gescheckte Fell des alten Pferdes und bald begann es zu regnen. Es regnete immer mehr. Ein Sturm kam auf und fegte über die Prärie. Lone Boy duckte sich und konnte den alten Schecken im Sturmregen kaum noch erkennen. Kaum war der Sturm vorüber, als der Körper des alten Pferdes auf einmal erzitterte. Dann schüttelte und streckte es sich und stand mit einem Mal wieder auf den Füssen.

«Du hast Glück gehabt», sprach es zu dem Jungen. «Hättest du nicht so ein gutes Herz, so wäre ich für immer verloren gewesen. Doch du hast mit den Armen geteilt und deine Taten waren stärker als dein Ungehorsam.» Das Pferd schlug mit seinem Schweif und stampfte mit dem Vorderhuf, dann sprach es: «Jetzt kommt die letzte Prüfung. Du musst zehn Nächte lang warten, während ich hier auf diesem Hügel allein bleibe. Jeden Morgen, wenn die Sonne aufgeht, darfst du zu mir kommen. Kommst du auch nur einmal zu früh, so wirst du alles verlieren.»

Mit bangem Herzen liess Lone Boy den alten Schecken allein zurück. Am nächsten Morgen wartete er, bis die Sonne aufgegangen war. Dann machte er sich auf zum Hügel. Doch der alte Schecke war nicht allein. An jedem Tag stand ein Pferd bei ihm. Erst ein graues, dann noch ein weisses, braunes oder goldschimmerndes, bis am zehnten Tag eine ganze Herde auf dem Hügel stand. Der Schecke nickte mit dem Kopf und sagte: «Nun sollst du deinen verdienten Platz im Stamm einnehmen.»

Da ritt Lone Boy auf seinem Schecken ins Dorf und hinter ihm folgten die prächtigen Pferde. Die Sonne glänzte auf ihren Fellen, als er vor den Häuptling trat und um seine Tochter bat. Der Häuptling schaute auf den jungen Mann und erkannte, dass Lone Boy nicht nur das gefleckte Fell erjagt hatte, er war auch ein Held geworden mit einer herrlichen Herde von Pferden. So bekam Lone Boy die Häuptlingstochter zur Frau und sie lebten glücklich miteinander und das alte Pferd blieb ihr treuer Begleiter.

Märchen aus Nordamerika, Pawnee

Das seltsamste Ding der Welt

Es war einmal ein König. Der war Witwer und hatte drei Söhne. Und in einem andern Reich lebte eine Königin, die war Witwe und hatte eine sehr schöne Tochter. Und der König und die Königin lernten einander kennen und heirateten sich. Und da die Tochter der Königin fast ebenso alt war wie die drei Söhne des Königs, verliebten sich alle drei in sie und wollten sie heiraten.

Da gingen die drei zu ihrem Vater, und der älteste sagte zu ihm: «Hört, lieber Vater, wir möchten alle drei unsere Stiefschwester heiraten, und da es doch nicht angeht, dass sie sich mit dreien verheiratet, so bitten wir euch, Ihr möchtet entscheiden, wer von uns sie heiraten soll. Mit dem, was Ihr sagt, werden wir uns zufrieden geben.»

Und der Vater sagte zu ihnen: «Meine Söhne, es ist eure Stiefschwester, und da scheint mir, keiner sollte sich mit ihr verheiraten, aber da ihr es trotzdem wollt, so macht euch auf den Weg und seht zu, dass Ihr mir das seltsamste Ding der Welt bringt, und wer von euch damit zurückkommt, der mag sie haben.»

Die drei Brüder zogen in die Welt hinaus und machten sich auf die Suche nach dem seltsamsten Ding. Und als sie an eine Wegkreuzung kamen, schlug jeder eine andere Richtung ein. Der Älteste kam in eine grosse Stadt und begann sogleich, überall herum zu suchen. Als er schon den ganzen Markt und alle Plätze nach dem seltsamsten Ding abgesucht hatte, fand er plötzlich einen Teppich, der hatte eine Sprungfeder. Wenn man darauf stieg, ging die Feder los, und man konnte so hoch fliegen, wie man wollte. Und er sagte zu dem, der ihn verkaufte: «Wie viel wollt Ihr für diesen Teppich haben?» Der antwortete ihm, dass er tausend Taler koste. Da gab er ihm die tausend Taler und ging mit dem Teppich fort.

Indessen war der zweite in ein Dorf gekommen, wo ein Mann war, der verkaufte ein Fernrohr von einer halben Ellenlänge. Und er ging zu ihm hin und sagte: «Lieber Mann, ich suche überall ein sehr seltsames Ding. Sagt mir, was verkauft Ihr?» Und er antwortete ihm: «Nehmt dieses Fernrohr und schaut hindurch. Was wollt Ihr sehen?»

«Meinen Bruder.» Und der Jüngling blickte durch das Fernrohr und sah seinen Bruder mit dem Teppich dahinwandern. Da sagte er zu dem Händler: «Wie viel wollt Ihr für das Fernrohr haben?»

«Nun ja. Mit tausend Talern geb' ich mich zufrieden.»

Da gab er ihm die tausend Taler und zog mit dem Fernrohr ab.

Inzwischen hatte der dritte auch eine Stadt erreicht und suchte ebenfalls auf dem Markt und allen Plätzen nach einem sehr seltsamen Ding. Da sah er auf einem Platz einen alten Mann, der Äpfel feilbot und dabei sagte: «Äpfel, gute Äpfel, die Kranke heilen!»

Der Jüngling ging zu ihm hin und fragte: «Was ist denn Besonderes an diesen Äpfeln?»

«Diese Äpfel können Kranke wieder gesund machen, wenn man ihnen damit über das Gesicht streicht, so dass sie den Apfel riechen.»

Darauf sagt der Jüngling: «Gut, so einen Apfel will ich kaufen und ihn nach Hause bringen. Wie viel wollt Ihr für den Apfel haben?»

«Tausend Taler», antwortete ihm der andere. Da gibt er ihm die tausend Taler und geht mit dem Apfel fort.

Auf der Reise nach Hause bekam der Bruder mit dem Fernrohr plötzlich Lust, seine Brüder zu sehen. Er blickte hindurch und fand den Ältesten. Und er wanderte zu ihm hin und dieser sagte: «Weisst du, wo unser jüngster Bruder ist?»

«Da, nimm das Fernrohr und guck hindurch.»

Der andere tat es und erkannte den jüngsten Bruder, der allein seines Weges zog. Und da sagte der Älteste: «Dies Fernrohr willst du wohl dem Vater bringen?»

«Ja, das will ich.»

«Nun sieh her, ich bringe ihm ein sehr viel seltsameres Ding mit. Sieh diesen Teppich hier. Sowie man ihn betritt, steigt er hoch und fliegt so hoch, wie man will und wohin man will.»

Der zweite sagte darauf zu ihm: «Gut, das wollen wir gleich einmal sehen.» Und sie stellten sich darauf, und sofort stieg der Teppich mit den beiden in die Höhe. Und sie flogen in den Ort, wo sie den jüngsten Bruder im Fernrohr entdeckt hatten.

Nun waren alle beisammen. Und sie fragten den Jüngsten, was er gekauft habe. Und der erzählte: «Ich habe hier einen Apfel gekauft; wenn man damit über das Gesicht eines Kranken streicht, so dass er ihn riecht, wird er auf der Stelle wieder gesund.»

Nun gut! Dann traten sie alle drei auf den Teppich, und die Feder ging los, und die drei flogen ganz, ganz hoch. Und nachdem sie so einige Zeit geflogen waren, nahm der Jüngste das Fernrohr seines Bruders und sah hindurch und sagte: «O weh, was sehe ich? Die Stiefschwester liegt sterbenskrank im Bett.»

Da sagte der Jüngste: «Lass uns schnell machen.»

Und so schnell sie konnten, flogen sie mit dem Teppich nach Haus. Sie traten ein, als das Mädchen schon in den letzten Zügen lag. Der Jüngste ging mit seinem Apfel zu ihr hin und liess sie daran riechen.

Im diesem Augenblick fühlte sie sich schon besser, und nach einigen Tagen war sie ganz gesund.

Da gingen die drei zu ihrem Vater und zeigten ihm, was jeder mitgebracht hatte.

Und der Jüngste sagte: «Vater, ich werde sie bekommen; denn der Apfel, den ich mitgebracht habe, hat sie gesund gemacht.»

Und der zweite sagte: «Nein, ich werde sie bekommen, denn ohne das Fernrohr hätten wir nicht gewusst, dass sie krank war.»

Der Älteste sagte: «Aber nein, ohne den Teppich wären wir niemals rechtzeitig gekommen, darum muss ich sie haben.»

Und der Vater dachte eine Weile nach und sagt dann: «Meine Söhne, mir scheint, der mit dem Fernrohr hat das grösste Verdienst.»

Darauf schweigen die beiden andern, und der Vater geht zur Stieftochter und sagt ihr dasselbe. Das Mädchen aber meint: «Mir scheint, dem mit dem Apfel gebührt das grösste Verdienst. Ihn habe ich von jeher am liebsten gehabt und mit ihm möchte ich mich verheiraten.»

Und so verheiratete sie sich mit dem jüngsten Bruder.

Nun gut! Hätte sie das gleich von vornherein gesagt, wäre die ganze Geschichte nicht nötig gewesen, und ich hätte das Märchen nicht erzählen müssen.

Märchen aus Spanien

Die Prinzessin mit der Laus

Es war einmal eine Prinzessin, die war so reinlich, gewiss die reinlichste von der ganzen Welt, nie sah man den kleinsten Schmutz oder Flecken an ihr.

Einmal aber fand man eine Laus auf ihrem Kopf sitzen, welches für ein wahres Wunder galt, und man wollte darum die Laus nicht umbringen, sondern beschloss, sie mit Milch gross zu füttern. Dies geschah, die Laus wuchs immer mehr, so dass sie endlich so gross wie ein Kalb war. Wie nun diese Laus starb, liess ihr die Prinzessin das Fell abziehen und sich ein Kleid daraus machen. Kam nun ein Freier und hielt um sie an, so gab sie ihm auf zu raten, von welchem Tier das Fell wäre, das sie zum Kleid trug. Da dies nun keiner raten konnte, mussten sie alle abziehen. Endlich kam ein schöner Prinz auf folgende Art dahinter ...

Der Schluss ist zu erraten, denn das Märchen endet hier.

Märchen der Brüder Grimm

KAPITEL 3
Von Heldinnen und Prinzessinnen

Die Heldinnen in den Märchen sind oft ganz anders, als es auf den ersten Blick erscheint. Sie sind frech, manchmal auch faul, oft mutig und meist sehr schön. Sie haben es nicht immer leicht mit ihren königlichen Vätern oder den strengen Müttern, und den Bräutigam suchen sie sich am liebsten selber aus. Es gibt traurige Prinzessinnen und arme Mädchen, die Königinnen werden, mutige und listige Heldinnen, kurzum: alles, was spannend, romantisch und lustig ist. In diesen Märchen zeigen sich Mädchen auf dem Weg zu einem selbstbestimmten Leben.

Das Kapitel beginnt mit einem Fragment und auch gleich mit etwas Unerhörtem, nämlich einer Prinzessin mit einer Laus. Dieses «unfertige» Märchen mag zu allerlei Phantastereien anregen, erst recht nach den zahlreichen Anregungen in den folgenden Märchen. Das zweite Märchen kann als Rahmengeschichte erzählt werden. Es berichtet von der wohltuenden Wirkung einer erzählten Geschichte, die sich, verbunden mit der Aufmerksamkeit des Erzählenden, als Geheimrezept für die traurige Prinzessin entwickelt.

Im dritten Märchen muss ein Mädchen ganz allein einen Weg aus einer gefährlichen Situation finden. Die kleine Heldin Mascha macht ihre körperliche Unterlegenheit mit viel Schlauheit wett. Anders ist es bei der faulen Kati im gleichnamigen Märchen. Sieben Jahre darf sie sich nicht waschen, nicht kämmen und nichts Warmes essen, und doch kommt sie am Ende als Heldin ans Ziel, da sie im richtigen Moment ihre Faulheit überwindet. Auch die phantastischen Lügen der Königstochter im nächsten Märchen machen erst einmal stutzig. Darf eine Prinzessin lügen? Wie gut, dass die Königstochter einen ebenbürtigen Mann findet, mit dem sie sich nie mehr langweilen muss. Trotz all dem scheinbar Vordergründigen, enthält auch dieses Märchen viele tiefgründige Symbole, wie das Mondhaus mit den Wochenzimmern und dem Sonnenhaus, das den zwölf Monaten entspricht. Auch der Apfel, bekannt als Reichsapfel, hat seine Bedeutung, so dass sich hinter den scheinbar leichten Worten eine tiefere Bedeutung erkennen lässt.

Das nächste Märchen nimmt das Motiv von der Schönen und dem Tier auf. Die jüngste Tochter wird einem Tier versprochen und muss bei ihm leben. Doch ihr Herz wird gerührt, und sie verhilft dem Tierbräutigam zu seiner Erlösung. Ist die Kaufmannstochter in dem einen Märchen sanft und folgsam, so ist es die im nächsten

Märchen nicht. Auch sie muss bei einem Tierbräutigam leben, einem Hund, aber bis sie bereit ist, ihn anzunehmen und damit zu erlösen, muss sie ein paar Hürden überwinden.

Auch das nächste Märchen zeigt ein bekanntes Motiv, es erzählt die Aschenputtel-Geschichte in einer Schweizer Fassung. Ähnlich wie beim «Aschenmädchen» wird auch Maruschka im Märchen «Salz ist wertvoller als Gold» von ihren Schwestern übertrumpft. Die Art und Weise, wie sie ihre Liebe dem Vater zeigt, wird nicht verstanden und ein langer Weg steht der Familie bevor, bis sie sich gegenseitig verzeihen können.

In manchen Märchen fehlt die Mutter oder sie nimmt eine ungerechte, lieblose Haltung ein. Die Töchter sind dann ganz auf sich allein gestellt und müssen lernen, eigene Wege zu gehen und Helfer und Helferinnen wahrzunehmen. Aber auch die Väter sind oft abwesend, wie im Märchen «Das Dohlenmädchen». Diese schöne Geschichte erzählt von einem Kind, das nicht so aussieht, wie es sollte, und trotzdem geliebt wird. Sie zeigt, dass das Kind zwar von einer geliebten Person, meist aber nicht von den Eltern, erlöst werden kann. Das nächste Märchen erzählt ebenfalls von einer alleinerziehenden Mutter. Ihr wird das Mädchen von einem Adler geraubt, der das Kind aufzieht und schliesslich den Weg ebnet, damit es Königin wird.

Auch «Das Mädchen, das mit den Birnen verkauft wurde», wird später Königin, aber hier ist viel Magie im Spiel. Mit Zaubersprüchlein kann das Mädchen gefährliche Situationen meistern und wie wunderbar, dass der Königssohn bereit ist, sich für «Birnchen» in der Kohlenkiste zu verstecken!

Manchmal muss ein Mädchen sich als Junge ausgeben, um ans Ziel zu kommen, wie die Hirtin im letzten Märchen. So klug ist sie, dass sie nicht nur des Zaren Rätsel löst, sondern auch sein Herz gewinnt.

Die Prinzessin, die immerfort weinte

Es war einmal ein mächtiger König, der hatte eine einzige Tochter. Die Prinzessin war wunderschön, aber so traurig, dass sie von früh bis spät nichts anderes tat als weinen. Ihre Tränen flossen in einem breiten Fluss aus dem Königsschloss weit durch das Land bis ins Meer. Es war ein gar trauriger Fluss, keine Weide wollte an seinem Ufer wachsen, kein Eisvogel kreiste über dem Wasser, und nicht ein einziges Fischlein schwamm darin.

Der König liess der ganzen Welt verkünden, dass er demjenigen, der die Prinzessin zum Lachen bringe, seine Tochter zur Frau geben wolle und das halbe Königreich noch obendrein.

Da kamen Prinzen aus allen Enden der Welt gezogen. Sie erzählten der Prinzessin lustige Geschichten und versuchten, sie durch allerhand Spässe zum Lachen zu bringen, aber alles war umsonst: Die Prinzessin weinte in einem fort.

Eines Tages aber kamen drei lustige Wanderburschen zum König. Einer davon war ein Schneidergeselle, der zweite ein Schmiedegeselle und der dritte ein Schustergeselle. Die drei wollten die Prinzessin, die immerfort weinte, zum Lachen bringen.

«Ich glaube nicht, dass euch das gelingt», sagte der König. «Es waren schon so viele vor euch da, und die Prinzessin hat nicht einmal gelächelt.»

«Versuchen können wir es ja», schlug der Schneidergeselle vor, trat vor die Prinzessin und sprach: «Dort, wo ich herkomme, Prinzessin, kennen die Völker so schöne Märchen, dass schon ein paar davon genügen werden, um eure Tränen versiegen zu lassen, eine solche Macht haben sie!»

Und er begann, seine Märchen zu erzählen.

Als er geendet hatte, geschah etwas Unerhörtes: Die Prinzessin hörte auf zu weinen.

Nun trat der Schmied vor und sprach: «Auch ich kenne Märchen; wenn ihr nur ein paar davon hört, so werdet ihr ganz gewiss lächeln.»

Und er begann zu erzählen.

Kaum war das letzte Märchen erzählt, da lächelte die Prinzessin tatsächlich.

Sofort trat der Schuster vor und sprach: «Dort, wo ich herkomme, gibt es Märchen, die sind so schön, dass sie euch ganz gewiss zum Lachen bringen werden.»

Und er fing an zu erzählen.

Als der Schuster seine Märchen erzählt hatte, da begann die Prinzessin zu lachen, erst leise, dann lauter, und schliesslich klatschte sie vergnügt in die Hände und hüpfte auf dem Thron herum.

Doch welcher von den Dreien sollte nun die Königstochter zur Frau bekommen?

«Ich nehme den Schneider!», erklärte sie, «weil der mir am besten gefällt.»

Und daran war nun wirklich nichts auszusetzen.

Märchen aus dem Baltikum

Mascha und der Bär

Die kleine Mascha lebte beim Grossvater und der Grossmutter. Einmal ging sie mit anderen Kindern in den Wald, um Beeren und Pilze zu sammeln. Ging von Baum zu Baum, verlief sich und geriet in den allertiefsten Wald. Kam an eine Hütte, ging hinein, setzte sich auf eine Bank am Fenster und überlegte: Wer kann hier wohl wohnen?

In der Hütte aber wohnte der allergrösste Bär. Er war unterwegs im Wald, doch abends kam er heim und sah die kleine Mascha.

«Chrumm, chrumm», brummte er, «du wirst jetzt bei mir bleiben, wirst mir den Ofen heizen und mir Brei und Rüben kochen!» Der Bär streifte den ganzen Tag im Wald umher, aber beim Fortgehen sagte er jedes Mal: «Geh ja nicht aus der Hütte fort, sonst werde ich dich fressen!»

Die kleine Mascha überlegte, wie sie entkommen könne, und eines Tages sagte sie zum Bären: «Bär, ach Bär! Lass mich doch für einen Tag ins Dorf, damit ich der Grossmutter und dem Grossvater Kuchen bringen kann!»

«Nein», sagte der Bär, «du verläufst dich nur im Wald. Wenn schon einer gehen soll, dann ich!»

Mascha nahm eine ganz grosse Kiste und sagte zum Bären: «Die Kiste da fülle ich bis obenhin mit Kuchen, und du bringst sie der Grossmutter und dem Grossvater. Ich werde auf die höchste Eiche klettern und aufpassen, dass du keinen Kuchen aus der Kiste nimmst!»

Der Bär ging vor das Haus, um sich den Himmel anzusehen. Da versteckte sich Mascha in der Kiste und hielt eine Schüssel voll mit Kuchen über ihren Kopf. Der Bär kam herein, sah, dass die Kiste gefüllt war, nahm sie auf den Rücken und machte sich auf den Weg ins Dorf. Der Bär ging zwischen Tannen und Birken dahin, ging und ging und wurde müde, setzte sich auf einen Baumstumpf und sagte:

«Auf dem Klotz hier ruh' ich aus,
hol' mir fünf, sechs Kuchen raus.»

Aber gleich rief Mascha in der Kiste:

«Ich kann dich sehn, ich kann dich sehn,
du sollst nicht sitzen, du sollst gehn,
du bist ein Kuchenbringer –
von der Kiste lass du die Finger!»

«Chrumm, Chrumm, so eine Schlaue!» brummte, der Bär. «Setzt sich in die höchste Eiche, dass sie mich immer sehen kann!» Stand auf und ging schneller, kam ins Dorf und klopfte an das Haus, in dem der Grossvater und die Grossmutter wohnten, und brummte: «Macht schon auf! Ich komme von Mascha und soll euch Kuchen bringen.» Die Hunde aber bekamen Wind vom Bären und stürzten sich auf ihn. Der Bär erschrak, setzte die Kiste ab und rannte in den Wald. Der Grossvater und die Grossmutter gingen vor das Tor und sahen da die Kiste stehen. Der Grossvater nahm die Schüssel mit dem Kuchen und gab sie der Grossmutter. Sah noch einmal nach und traute seinen Augen nicht: In der Kiste sass die kleine Mascha, lebendig und gesund.

Da freuten sich der Grossvater und die Grossmutter, schlossen die kleine Mascha in die Arme und nannten sie von dem Tag an «Kluges Köpfchen».

Märchen aus Russland

Die faule Kati

Es war einmal ein Wirt, der hatte drei Töchter. Die zwei älteren waren brav und fleissig, die Jüngste aber, die Kati, war stinkfaul, schlief, bis ihr die Sonne in die Augen schien, und kümmerte sich weder um Keller noch um Küche.

Eines Tages sollte sie auf das Feld gehen, um dort zu arbeiten. Kati aber, faul wie immer, legte sich unter einen Kirschbaum und schon bald war sie eingeschlafen. Doch ihre Ruhe dauerte nicht lange, denn eine grosse Kröte kroch ihr über das Gesicht. Das Mädchen fuhr erschrocken auf und zitterte, als es das garstige Tier sah. Die Kröte sah das faule Mädchen ruhig an und sprach:

«Guigg, guagg!
Kati, geh mit mir.
Guigg, guagg!»

Da dachte sich die Kati: ‹Bei diesem schmutzigen Tier wird es nicht viel Arbeit geben›, und ging mit. Nun patschte die Kröte durchs Feld und die schläfrige Kati folgte ihr nach und gähnte.

So ging es eine ganze Zeit und sie kamen in den Wald, nah dem Wirtshaus ihres Vaters. Sie waren erst ein kleines Stück gegangen, da stand ein grosses herrliches Schloss vor ihnen. Die Kröte sprach kein Sterbenswörtchen, watschelte in die schöne Burg hinein und Kati ging nach und dachte bei sich: ‹Da ist es feiner, als in meines Vaters Wirtshaus, wo einem die Gäste viel Arbeit machen›.

Die Kröte führte Kati in einen grossen Saal und sprach:

«Guigg, guagg!
Kati, jetzt musst du sieben Jahre bei mir bleiben.
Sieben Jahr darfst du dich nicht mehr waschen, nicht mehr kämmen
und nichts Warmes mehr essen.
Guigg, guagg!»

‹Ja›, dachte sich Kati, ‹das will ich gerne tun›, und freute sich.

Von nun an wusch sich Kati nicht mehr, kämmte sich nie und ass nie warme Speise. Sie lag Tag und Nacht und Nacht und Tag in ihrem Bett und stand höchstens auf, wenn sie Hunger hatte, aber dann trank sie nur kühles Wasser und ass hartes Brot. So verging ihr die Zeit schnell, und ehe sie es wünschte, waren die sieben Jahre um.

Der Jahrestag ihrer Ankunft im Waldschloss kam. Gegen Abend, die Sonne sank schon hinter den Bergen, begann es fürchterlich zu donnern, die Kröte patschte in den Saal, wo Kati faulenzte, und sprach:

«Guigg, guagg!
Kati, heute musst wachen, heut darfst kein Auge zufallen lassen.
Guigg, guagg!»

‹Ja›, dachte sich Kati, ‹jetzt hast du sieben Jahre geschlafen, jetzt kannst du wohl auch eine Nacht wachen›, stieg aus ihrem Bette und setzte sich in einen seidenen Lehnsessel.

Es wurde immer dunkler und ein fürchterliches Gewitter zog am Himmel herauf. Kein Stern liess sich sehen, nur Blitze zuckten durch die pechschwarzen Wolken und der Sturmwind heulte durch den Wald. Als der Sturm am schlimmsten lärmte, läutete es am Schlosstor. Als die Kröte das hörte, sagte sie zur Kati: «Guigg, guagg! Lass ein!»

Kati nahm die Lampe, stieg in den Schlosshof nieder und öffnete das Tor. Davor stand ein wunderschöner Rittersmann, der für die gastliche Aufnahme dankte und Kati in den Saal folgte. Wie die Kröte den schönen Ritter sah, hüpfte sie auf und quakte:

«Guigg, guagg!
Kati, jetzt koch was Warmes. Vor dem Auftragen aber wasch dich,
kämm dich und zieh das feine Gewand an.
Guigg, guagg!»

Bei den letzten Worten holte die Kröte aus einem Kasten ein prachtvolles Kleid hervor. Kati aber dachte sich: ‹In sieben Jahren kannst du wohl einmal kochen und eine kleine Arbeit tun, besonders wenn du ein so schönes Kleid dafür bekommst.› Sie ging in die Küche, feuerte an und kochte. Dann kämmte und wusch sie sich, zog das wunderschöne Kleid an und trug das Essen in den Saal. Wie staunte aber Kati, als sie hineintrat! Da sass anstatt der garstigen Kröte eine schöne Frau im weissen Kleid und sprach freundlich: «Du hast mich aus meinem Zauber erlöst. Nimm zum Dank diesen Schlüssel, der dir alle Schätze meines Schlosses öffnet, und meinen Sohn zum Gemahl.»

Bei diesen Worten gab ihr die Gräfin einen goldenen Schlüssel, sie nahm die Hand des Ritters und legte sie in Katis Hand. Dann verschwand sie. Kati aber lebte mit ihrem schönen Ritter viele Jahre glücklich auf dem prächtigen Schloss. Ob sie noch dort wohnt und ob sie sich immer wäscht und kämmt, ist mir nicht gesagt worden.

Märchen aus Österreich

Stiefelchen

Es war einmal eine wunderschöne Prinzessin. Sie hatte nur einen Fehler. Sie log immerzu.

Ihr Vater, der König, war schon ganz verzweifelt.

So beschlossen er und die Königin, der Prinzessin auch Lügen aufzutischen.

«Sie wird uns nicht glauben, sich ärgern und rufen: Das ist nicht wahr. Und dann wird sie geheilt sein.»

Also erzählten die Königin und der König und alle Leute im Schloss die tollsten Lügengeschichten. Aber nie sagte die Prinzessin: «Das ist nicht wahr!»

Der König liess deshalb im ganzen Land verkünden, dass die jungen Männer aufs Schloss kommen und Lügengeschichten erzählen sollen, und wer seine Tochter dazu brächte, dass sie sagt: «Das ist nicht wahr», der sollte sie zur Frau haben.

Die jungen Männer kamen von überall her und gaben sich redlich Mühe, der Prinzessin die gewünschten Worte zu entlocken. Aber keiner schaffte es.

Im Reich lebte aber ein hübscher Schustersohn, den alle nur Stiefelchen nannten. Dieser kam nun eines Tages zum Schloss und wurde zur Prinzessin geführt.

«Einen schönen Tag», grüsste die Prinzessin, «obwohl ich nicht sagen kann, dass der Tag schön angefangen hat. Es waren schon drei Männer hier und alle haben mir langweilige Geschichten erzählt. Wenn das so weitergeht, mache ich Urlaub auf dem Mond. Mein Vater hat dort ein Haus gebaut, das ist so gross, dass ich eine Woche brauche, wenn ich durch alle Zimmer gehen will.»

«Das Haus, das mein Vater auf der Sonne gebaut hat, ist noch viel grösser. Bis ich durch alle Zimmer gegangen bin, brauche ich ein ganzes Jahr», entgegnete Stiefelchen.

«Schön und gut», meinte die Prinzessin, «einen so riesigen Ochsen wie mein Vater hat deiner bestimmt nicht. Unser Ochse hat einen so grossen Kopf, dass zwischen seinen Hörnern ein Heuwagen Platz hat.»

«Das ist noch gar nichts gegen den Ochsen meines Vaters. Zwischen seine Hörner kann man eine ganze Scheune stellen.»

«Ja, ja», sagte die Prinzessin, «aber was sagst du zu dem Apfelbaum, den ich im Garten meines Vaters gepflanzt habe? Er trägt Äpfel so gross wie Wagenräder.»

«Das ist noch gar nichts gegen den Apfelbaum, den ich gestern früh im Garten meines Vaters pflanzte. Am Abend war er schon so hoch wie der Kirchturm. Ich wollte die Äpfel pflücken und kletterte hinauf. Der Baum wuchs weiter und weiter, bis an die Wolken und noch viel höher. Da kam der Wind und trug mich fort, dreimal um die Erde. Dann liess er mich fallen, ich fiel und fiel und landete in einem Fuchsloch und dort hast du, Prinzessin, gesessen und meine Stiefel geflickt!»

«Das ist nicht wahr!», rief die Prinzessin.

So bekam Stiefelchen sie zur Braut und das halbe Königreich dazu.

Zum Lügen hatte die Prinzessin jetzt nicht mehr so viel Zeit. Nur einmal in der Woche dachten sich Stiefelchen und seine Frau die allertollsten Lügengeschichten aus.

Märchen aus Schweden

Der Hund mit den kleinen Zähnen

Vor langen Jahren lebte ein Kaufmann, der reiste viel in der weiten Welt herum. Einmal, als er wieder auf Reisen war, fielen Räuber über ihn her, und sie hätten ihm Leben und Geld geraubt, wäre nicht plötzlich zu seiner Rettung ein grosser Hund aufgetaucht, der die Räuber vertrieb. Als der Hund die Räuber vertrieben hatte, nahm er den Kaufmann mit sich in sein hübsches Haus. Hier verband er ihm die Wunden und speiste ihn, bis er wieder wohlauf war. Sowie der Kaufmann sich zur Reise kräftig fühlte, machte er sich auf den Weg nach Hause; aber bevor er wegging, dankte er dem Hund für seine Hilfe und fragte ihn, was er ihm zum Dank schenken dürfe, und er sagte, er würde ihm auch das Kostbarste, was er habe, nicht abschlagen. «Ich habe einen Fisch, der kann zwölf Sprachen», sagte der Kaufmann zu dem Hund, «willst du ihn?»

«Nein», sagte der Hund, «ich will ihn nicht.»

«Oder eine Gans, welche goldene Eier legt?»

«Nein», sagte der Hund, «ich will sie nicht.»

«Oder einen Spiegel, worin du sehen kannst, was jeder gerade denkt?»

«Nein», sagte der Hund, «ich will ihn nicht.»

«Was willst du denn also haben?», fragte der Kaufmann.

«Ich will keine solchen Dinge zum Geschenk», sagte der Hund, «aber erlaube mir, dass ich deine Tochter hole und in mein Haus bringe.»

Als der Kaufmann das hörte, wurde er traurig. Aber was er versprochen hatte, das musste er halten. Also sagte er zu dem Hund: «Du kannst kommen und meine Tochter holen, wenn ich eine Woche wieder zu Hause gewesen bin.»

Als die Woche vergangen war, kam der Hund vor das Haus des Kaufmanns, um die Tochter zu holen. Aber er blieb draussen vor der Türe stehen und wollte nicht hineingehen. Die Kaufmannstochter aber tat, wie ihr Vater es ihr gebot. Sie kleidete sich zur Reise an, trat vor das Haus hinaus und war bereit, mit dem Hunde zu gehen.

Als der Hund sie erblickte, schaute er vergnügt drein und sprach: «Schwinge dich auf meinen Rücken, ich will dich in mein Haus tragen.»

Und sie schwang sich auf seinen Rücken, und fort ging's in schnellem Trab, bis sie beim Hause des Hundes anlangten, das viele Meilen weit weg war.

Aber als das Mädchen einen Monat lang im Hause des Hundes gewesen war, liess es den Kopf hängen und begann zu weinen. «Warum weinst du?», fragte der Hund.

«Weil ich zu meinem Vater zurück will», sagte sie.

Der Hund sprach: «Wenn du mir versprichst, dass du nicht länger als drei Tage zu Hause bleibst, will ich dich dahin tragen. Aber vor allem sag mir eines: Wie nennst du mich eigentlich?»

«Den grossen hässlichen Hund mit den kleinen Zähnen», antwortete sie.

«Dann», sagte er, «lasse ich dich nicht gehen.»

Aber sie weinte so bitterlich, dass er ihr wieder versprach, sie nach Hause zu tragen. «Aber bevor wir gehen, sage mir: Wie nennst du mich?»

«Oh», sagte sie, «dein Name ist: ‹Süss wie eine Honigwabe.›»

«Schwing dich auf meinen Rücken», sagte er, «und ich trage dich nach Hause.»

Und er trabte von dannen und trug sie auf dem Rücken. Nach vierzig Meilen kamen sie an einen Zaun. «Und, wie nennst du mich?», fragte er, bevor er mit ihr über den Zaun hinwegsetzte. Das Mädchen aber glaubte, sie sei nun sicher auf ihrem Wege, und antwortete: «Den grossen hässlichen Hund mit den kleinen Zähnen.»

Aber als sie das sagte, sprang der Hund nicht über den Zaun, sondern machte auf der Stelle kehrt und trabte zurück in sein Haus, das Mädchen auf seinem Rücken.

Wieder verging eine Woche, und das Mädchen weinte so bitterlich, dass der Hund ihr versprach, sie in ihr Vaterhaus zurückzubringen. So setzte sich das Mädchen wieder auf des Hundes Rücken, und sie kamen an den Zaun wie das letzte Mal, da blieb der Hund stehen und fragte: «Und, wie nennst du mich?»

«Süss wie eine Honigwabe», antwortete sie.

Da setzte der Hund über den Zaun hinweg, und weiter ging's, bis sie nach zwanzig Meilen wieder an einen Zaun kamen. «Und, wie nennst du mich?», fragte der Hund und wedelte mit dem Schwanz.

Sie aber war in ihren Gedanken mehr bei ihrem Vater und bei sich zu Hause als bei dem Hund und antwortete: «Den grossen hässlichen Hund mit den kleinen Zähnen.»

Da wurde der Hund sehr zornig und machte rechtsumkehrt und trabte zurück in sein Haus wie das erste Mal.

Als das Mädchen wieder eine Woche lang geweint hatte, versprach ihr der Hund, sie zurück in ihr Vaterhaus zu tragen. Sie setzte sich auf seinen Rücken, und als sie zu dem ersten Zaun kamen, sprach der Hund: «Und, wie nennst du mich?»

«Süss wie eine Honigwabe», antwortete sie.

Da setzte der Hund über den Zaun, und weiter ging's – denn das Mädchen hatte sich vorgenommen, ihm die nettesten Komplimente zu sagen, die sie nur ausdenken konnte –, bis sie bei ihres Vaters Haus anlangten. Als sie zu dem Tore des Kaufmannshauses kamen, fragte der Hund: «Und, wie nennst du mich?»

Aber gerade in dem Augenblick vergass das Mädchen all die liebevollen Dinge, die sie ihm hatte sagen wollen, und begann: «Den grossen...», aber der Hund wendete sich schon, und sie klammerte sich schnell an der Türklinke fest und wollte weiterfahren: «hässlichen...», da sah sie, wie traurig der Hund dreinschaute, und sie musste daran denken, wie gut und geduldig er immer mit ihr gewesen war, und da sagte sie: «Süsser als eine Honigwabe.»

Als sie das gesagt hatte, dachte sie, der Hund wäre nun wohl zufrieden und würde davontraben, aber stattdessen stellte er sich mit einem Male auf die Hinterbeine, und mit den Vorderbeinen zog er an seinem Hundekopf und warf ihn hoch in die Luft. Sein Haarkleid fiel von ihm ab, und vor der Kaufmannstochter stand der hübscheste junge Mann von der Welt, mit den feinsten und kleinsten Zähnen, die man jemals sehen konnte.

Und sie hielten Hochzeit und wurden glücklich miteinander.

Märchen aus England

Von dem Sommer- und Wintergarten

Ein Kaufmann wollte auf die Messe gehen, da fragte er seine drei Töchter, was er ihnen mitbringen sollte. Die älteste sprach: «ein schönes Kleid»; die zweite: «ein paar hübsche Schuhe», die dritte: «eine Rose». Aber die Rose zu verschaffen, war etwas Schweres, weil es mitten im Winter war, doch weil die jüngste die schönste war, und sie eine so grosse Freude an den Blumen hatte, sagte der Vater, er wolle zusehen, ob er sie bekommen könne, und sich rechte Mühe darum geben.

Als der Kaufmann wieder auf der Rückreise war, hatte er ein prächtiges Kleid für die älteste, und ein paar schöne Schuhe für die zweite, aber die Rose für die dritte hatte er nicht bekommen können, wenn er in einen Garten gegangen war, und nach Rosen gefragt, hatten die Leute ihn ausgelacht: Ob er denn glaube, dass die Rosen im Schnee wüchsen. Das war ihm aber gar leid, und wie er darüber sann, ob er gar nichts für sein liebstes Kind mitbringen könne, kam er vor ein Schloss, und dabei war ein Garten, in dem war es halb Sommer und halb Winter, und auf der einen Seite blühten die schönsten Blumen gross und klein, und auf der andern war alles kahl und lag ein tiefer Schnee. Der Mann stieg vom Pferd herab, und wie er eine ganze Hecke voll Rosen auf der Sommerseite erblickte, war er froh, ging hinzu und brach eine ab, dann ritt er wieder fort. Er war schon ein Stück Wegs geritten, da hörte er etwas hinter sich herlaufen und schnaufen, er drehte sich um und sah ein grosses schwarzes Tier, das rief: «Du gibst mir meine Rose wieder, oder ich mache dich tot, du gibst mir meine Rose wieder, oder ich mache dich tot!»

Da sprach der Mann: «Ich bitt dich, lass mir die Rose, ich soll sie meiner Tochter mitbringen, die ist die Schönste auf der Welt.»

«Meinetwegen, aber gib mir die schöne Tochter dafür zur Frau!»

Der Mann, um das Tier loszuwerden, sagte ja, und dachte, das werde doch nicht kommen und sie fordern, das Tier aber rief noch hinter ihm drein: «In acht Tagen komm ich und hol meine Braut.»

Der Kaufmann brachte nun einer jeden Tochter mit, was sie gewünscht hatte; sie freuten sich auch alle darüber, am meisten aber die jüngste über die Rose. Nach acht Tagen sassen die drei Schwestern beisammen am Tisch, da kam etwas mit schwerem Gang die Treppe herauf und an die Türe und rief: «Macht auf! Macht auf!»

Da machten sie auf, aber sie erschraken recht, als ein grosses schwarzes Tier hereintrat: «Weil meine Braut nicht gekommen, und die Zeit herum ist, will ich mir sie selber holen.»

Damit ging es auf die jüngste Tochter zu und packte sie an. Sie fing an zu schreien, das half aber alles nichts, sie musste mit fort, und als der Vater nach Haus kam, war sein liebstes Kind geraubt. Das schwarze Tier aber trug die schöne Jungfrau in sein Schloss, da wars gar wunderbar und schön, und Musikanten waren darin, die spielten auf, und unten war der Garten halb Sommer und halb Winter, und das Tier tat ihr alles zuliebe, was es ihr nur an den Augen absehen konnte. Sie assen zusammen, und sie musste ihm aufschöpfen, sonst wollte es nicht essen, da ward sie dem Tier hold, und endlich hatte sie es recht lieb.

Einmal sagte sie zu ihm: «Mir ist so Angst, ich weiss nicht recht warum, aber mir ist, als wär mein Vater krank oder eine von meinen Schwestern, könnte ich sie nur ein einziges Mal sehen!»

Da führte sie das Tier zu einem Spiegel und sagte: «Da schau hinein», und wie sie hineinschaute, war es recht als wäre sie zu Haus; sie sah ihre Stube und ihren Vater, der war wirklich krank, aus Herzeleid, weil er sich Schuld gab, dass sein liebstes Kind von einem wilden Tier geraubt und gar von ihm aufgefressen sei, hätt' er gewusst, wie gut es ihm ging, so hätte er sich nicht betrübt; auch ihre zwei Schwestern sah sie am Bett sitzen, die weinten.

Von dem allen war ihr Herz ganz schwer, und sie bat das Tier, es sollte sie nur ein paar Tage wieder heimgehen lassen. Das Tier wollte lange nicht, endlich aber, wie sie so jammerte, hatte es Mitleid mit ihr und sagte: «Geh hin zu deinem Vater, aber versprich mir, dass du in acht Tagen wieder da sein willst.»

Sie versprach es ihm, und als sie fortging, rief es noch: «Bleib aber ja nicht länger als acht Tage aus.»

Wie sie heimkam, freute sich ihr Vater, dass er sie noch einmal sähe, aber die Krankheit und das Leid hatten schon zu sehr an seinem Herzen gefressen, dass er nicht wieder gesund werden konnte, und nach ein paar Tagen starb er. Da konnte sie an nichts anders denken vor Traurigkeit, und hernach ward ihr Vater begraben, da ging sie mit zur Leiche, und dann weinten die Schwestern zusammen und trösteten sich, und als sie endlich wieder an ihr liebes Tier dachte, da waren schon längst die acht Tage herum. Da ward ihr recht Angst, und es war ihr, als sei das auch krank, und sie machte sich gleich auf, und ging wieder hin zu seinem Schloss.

Wie sie aber wieder ankam, wars ganz still und traurig darin, die Musikanten spielten nicht, und alles war mit schwarzem Flor behangen; der Garten aber war ganz Winter und von Schnee bedeckt. Und wie sie das Tier selber suchte, war es fort, und sie suchte überall, aber sie konnte es nicht finden. Da war sie doppelt traurig und wusste sich nicht zu trösten, und einmal ging sie so traurig im Garten und sah einen Haufen Kohlhäupter, die waren oben schon alt und faul, da legte sie die herum, und wie sie ein paar umgedreht hatte, sah sie ihr liebes Tier, das lag darunter und war tot. Geschwind holte sie Wasser und begoss es damit unaufhörlich, da sprang es auf und war auf einmal verwandelt und ein schöner Prinz.

Da ward Hochzeit gehalten, und die Musikanten spielten gleich wieder, die Sommerseite im Garten kam prächtig hervor, und der schwarze Flor ward abgerissen, und sie lebten vergnügt miteinander immerdar.

Märchen der Brüder Grimm

Das Aschenmädchen unter der Kornwanne

Es war einmal eine Mutter, die hatte drei Töchter. Zwei waren hässlich und böse, doch die Mutter hatte sie sehr lieb. Die Jüngste war brav und gut. Aber die Mutter konnte sie nicht leiden und duldete sie nur in der Küche. In der Nacht schlief sie unter einer Kornwanne, deshalb hiess sie «Aschenmädchen unter der Kornwanne».

Eines Tages wühlte das Aschenmädchen in der Asche des Herdes und fand ein Loch, welches tief in die Erde hinunterführte. Es stieg zwei Treppen abwärts und kam zu einer alten Frau. Die hiess es willkommen und tröstete es. Sie gab ihm ein Kleid aus blauer Seide mit Sternen darauf und sprach: «Wenn der König zum Fest einlädt, kannst du zu mir kommen und das blaue Kleid mit den Sternen anziehen. Bis dahin werde ich es für dich aufbewahren.»

Als der König nun zum Fest einlud, putzten sich die beiden Schwestern zünftig heraus und gingen auf den Tanz. Die Jüngste aber wühlte in der Asche des Herdes und stieg zur Alten hinunter. Die wusch sie, machte ihr die Haare schön zurecht und zog ihr das blaue Kleid mit den Sternen an. Dann führte die Alte das Mädchen in die Küche, und im Dunkeln schlich es sich in den Saal des Königs. Alle bewunderten das schöne Mädchen, und der Prinz tanzte dreimal mit ihm. Doch die Alte hatte dem Mädchen befohlen, nicht mehr als dreimal zu tanzen, und nach dem dritten Tanz floh es nach Hause. Es wühlte in der Asche des Herdes und ging zur Alten hinunter. «Wenn der König zum nächsten Mal zum Tanz einlädt, so komm zu mir!», befahl die Alte.

Das Mädchen bedankte sich und ging in die Küche zurück. Am anderen Tag erzählten die Schwestern ständig vom schönen Mädchen im blauen Kleid mit den Sternen.

Wieder gab es einen Tanz beim König und das Aschenmädchen ging, sobald die Schwestern fort waren, zur Alten. Diesmal gab sie ihm ein blaues Kleid mit dem Mond darauf, und das Mädchen ging darin auf den Tanz beim König. Auch jetzt tanzte der Prinz dreimal mit ihm, und er hätte es gerne zurückgehalten. Doch wie die Alte befohlen hatte, machte es sich von ihm los, lief schnell in die Küche zurück, wühlte in der Asche des Herdes und stieg zur Alten hinunter. Die Alte sagte: «Komm auch beim dritten Fest zu mir!»

Das Mädchen bedankte sich fest und ging in die Küche zurück, wo es unter der Kornwanne schlief.

Beim dritten Mal, als der König zum Tanz einlud, gingen die Schwestern wiederum rechtzeitig weg. Das Aschenmädchen aber wühlte in der Asche und ging zur Alten hinunter. Diesmal gab sie dem Mädchen ein blaues Kleid mit der Sonne darauf und zog ihm ein Paar goldene Pantoffeln an, sodass das Aschenmädchen wie eine Königin aussah. In diesem Kleid und in diesen Pantoffeln ging die Jüngste zum König auf den Tanz. Nach drei Tänzen mit dem Prinzen wollte sie die Treppe hinunterfliehen, aber der Prinz rannte ihr nach, und als sie auf der Treppe war, verlor sie einen goldenen Pantoffel. Mit Mühe konnte sie dem Prinzen entkommen und nach Hause laufen. Als sie unten zu der Alten kam, sprach diese: «Mein liebes Mädchen, bald wirst du Königin sein.»

Voller Angst ging das Mädchen hinauf in die Küche und schlief unter der Kornwanne.

Der Prinz aber liess ausschreiben, dass er jenes Mädchen heiraten wolle, dessen Fuss so klein sei, dass ihr der goldene Pantoffel passe. Ohne es jemanden wissen zu lassen, schickte der Prinz zwei Diener in der ganzen Stadt herum; sie mussten herausfinden, welchem Mädchen der goldene Pantoffel passe. Die beiden Diener kamen zu den Schwestern des Aschenmädchens, doch denen passte der Pantoffel überhaupt nicht.

Da fragten die Diener, ob sie nicht noch eine Schwester hätten. «Doch, doch, aber die ist so schmutzig, dass sie nicht infrage kommt», antworteten die Schwestern.

«Wir haben den Befehl, allen Mädchen der Stadt den Pantoffel anzuprobieren», sagten die Diener, «und ihr müsst sie holen!»

Da riefen die Schwestern das Aschenmädchen in die Stube, und ihr passte der Pantoffel wie angegossen. Jetzt waren die Diener am Ziel, und sie sagten dem Aschenmädchen, sie müsse mit ihnen zum Prinzen kommen. Aber sie bat, sich vorher waschen und kämmen zu dürfen.

Sofort ging die junge Frau zum Herd, wühlte in der Asche und stieg zur Alten hinunter. Diese machte ihr jetzt das Haar wunderschön zurecht und legte es in Locken und zog ihr das blaue Kleid mit der Sonne an. Als sie in der Stube war, führten die Diener sie zum Prinzen, und schon bald feierten sie eine prächtige Hochzeit. Als der alte König starb, wurde der Prinz König und das Aschenmädchen Königin. Und wenn sie nicht gestorben sind, so leben sie heute noch.

Märchen aus der Schweiz

Salz ist wertvoller als Gold

Es war einmal ein König, der hatte drei Töchter, die er alle gleichermassen liebte. Er war schon alt und des Herrschens müde, und so sann er oft darüber nach, welche seiner Töchter nach seinem Tode Königin werden sollte. Endlich beschloss er, diejenige zu seiner Nachfolgerin zu bestimmen, die ihn am meisten liebte.

Er rief die Prinzessinnen vor seinen Thron und sprach zu ihnen: «Meine lieben Töchter! Ich bin alt und schwach geworden, und bevor ich sterbe, will ich eine von euch zu meiner Nachfolgerin ernennen. Erst aber möchte ich wissen, welche von euch dreien mich am innigsten liebt. Sag du mir, meine Älteste, wie sehr liebst du deinen Vater?»

«Ach, lieber Vater, ich liebe dich mehr als Gold!», antwortete diese und küsste seine Hand.

«Und du, meine Zweite, wie sehr liebst du mich denn?»

«Ach, mein gutes Väterchen», rief das Mädchen und umarmte den König, «ich liebe dich wie meine Perlen und Edelsteine.»

«Und nun du, Maruschka, meine Jüngste, sage mir, wie sehr liebst du mich?»

«Ich, Vater, liebe dich so sehr wie Salz!», antwortete sie und schaute den König freundlich an.

«Du liebst deinen Vater nur so sehr wie Salz? Schäme dich!», riefen ihre beiden Schwestern empört.

Auch der alte König wurde böse, und er sprach: «Geh fort von hier. Sollte den Menschen jemals Salz wertvoller sein als Gold und Edelsteine, sollst du Königin werden. Vorher aber darfst du nicht zurückkommen.» Maruschka weinte, als sie das hörte, und ohne ein Wort verliess sie das Schloss ihres Vaters.

Einsam und verlassen stand sie da und wusste nicht, wohin sie ihre Schritte wenden sollte. Sie wanderte über Berge und Täler, bis sie zu einem dichten Birkenwäldchen kam. Da begegnete ihr eine alte Frau, die fragte: «Was bedrückt dich denn, mein Kind, dass du so bitterlich weinst?»

«Ach, Mütterchen!», antwortete Maruschka. «Fragt nicht nach meinem Kummer! Ihr könnt mir ja doch nicht helfen!»

«Vielleicht doch», sagte die Alte lächelnd. «Erzähle mir, was dich quält.» Da erzählte Maruschka alles, was ihr widerfahren war, und die Alte hörte zu. Dann nahm sie das Mädchen bei der Hand und fragte: «Kannst du Schafe hüten oder vielleicht spinnen und weben?»

«Ich habe nichts davon gelernt, doch wenn ihr es mir zeigen wollt, will ich es versuchen», erklärte Maruschka.

«Gut, du wirst sehen, irgendwann kommt das Glück wieder zu dir», entgegnete die Alte. So ging Maruschka mit ihr, lernte spinnen und weben und konnte ihren Kummer langsam vergessen.

Doch was geschah unterdessen auf dem Schloss?

Die älteste Prinzessin wünschte sich jeden Tag neue Kleider, während ihre Schwester nach neuem Schmuck verlangte, und der König liess ein Festmahl nach dem anderen herrichten.

Eines Tages aber trat der Koch vor den König und sprach: «Herr, ein grosses Missgeschick ist geschehen! Wir haben kein Salz mehr in der Küche, und im ganzen Land findet man kein einziges Körnchen mehr davon.» Der König war verärgert. Er schickte den Koch hinaus und befahl, das Festmahl ohne Salz zuzubereiten, doch als die Speisen kamen, schmeckten sie nicht. Ohne Salz fehlte dem Essen der Geschmack. Da liess der König Boten in alle Himmelsrichtungen ausziehen, um Salz zu holen, aber alle kehrten mit leeren Händen ins Schloss zurück, denn wer noch Salz besass, wollte weder für Gold noch für Edelsteine davon abgeben. Nun befahl der König dem Koch, süsse Speisen zuzubereiten. Es gab Kuchen, Gebäck und feine Torten, doch schon bald mochte niemand mehr davon essen. Das Einzige, wonach sich die Menschen sehnten, war ein Körnchen Salz. Ohne Salz wurden sie schnell müde, sie fühlten sich schwach und krank. Auch die Tiere litten, und bald ging es dem ganzen Land schlecht, auch dem König und seinen beiden Töchtern. Da erst erkannten sie, wie kostbar Salz war, und die Schuld, Maruschka Unrecht getan zu haben, lastete schwer auf des Königs Gewissen.

Maruschka aber ahnte nicht, wie schlecht es ihrem Vater und ihren beiden Schwestern im Schloss erging. Die weise Frau jedoch wusste über alles Bescheid, und sie sprach zu Maruschka: «Du hast mir treu gedient, nun ist es Zeit, dass du nach Hause zurückkehrst. Nimm dieses Säckchen mit Salz mit, es soll dir Glück bringen.»

Dankend nahm Maruschka das Säckchen, verwahrte es sorgfältig und verabschiedete sich von der guten Alten. Sie machte sich auf den Weg, und als sie sich noch einmal umdrehte, war das Mütterchen spurlos verschwunden.

Maruschka wanderte über Berge und durch Täler, bis sie zum Schloss ihres Vaters kam. Als sie ans Tor klopfte, erkannte sie niemand, und die Wachen wollten sie nicht einlassen. Da bat sie: «Ach, lasst mich doch ein. Ich bringe ein Geschenk, welches den König gesund machen wird!»

Als der König dies hörte, befahl er, das Mädchen zu ihm zu bringen, doch er erkannte Maruschka nicht. «Ich bringe euch Salz», sprach Maruschka und öffnete ihren Beutel. Sie gab dem König ein wenig von den glitzernden Körnchen, und kaum spürte der König das Salz im Mund, da kehrten seine Lebensgeister zurück, und er fühlte sich sogleich besser. «Wie kann ich dir für deine Gabe danken? Sag mir, was du dir wünschst!» sprach er.

«Nichts wünsche ich mir sehnlicher, als dass du, mein geliebtes Väterchen, mich wiederum zu dir nimmst, und mich ebenso liebst wie das Salz hier», antwortete Maruschka.

Der König war überglücklich, als er seine jüngste Tochter erkannte. Er bat sie um Verzeihung, und Maruschka verzieh ihm alles Unrecht, welches ihr geschehen war. Auch die Schwestern erhielten Salz von Maruschka, und bald verbreitete sich im Schloss und im ganzen Land die Kunde, dass des Königs jüngste Tochter heimgekehrt war und Salz mitgebracht hatte. Jeder, der im Schloss erschien und um Salz bat, bekam ein wenig aus dem Beutelchen, das niemals leer wurde.

Der König aber bestimmte Maruschka zu seiner Nachfolgerin, und sie lebte noch viele, lange Jahre glücklich.

Märchen aus der Slowakei

Die drei Raben

Es war einmal eine Mutter, die hatte drei Söhnlein, die spielten eines Sonntags unter der Kirche Karten. Und als die Predigt vorbei war, kam die Mutter nach Haus gegangen und sah, was sie getan hatten. Da fluchte sie ihren gottlosen Kindern und alsbald wurden sie drei kohlschwarze Raben und flogen auf und davon.

Die drei Brüder hatten aber ein Schwesterchen, das sie von Herzen liebte, und es grämte sich so über ihre Verbannung, dass es keine Ruhe mehr hatte und sich endlich aufmachte, sie zu suchen. Nichts nahm es sich mit auf die lange, lange Reise als ein Stühlchen, worauf es sich ruhte, wann es zu müd geworden war, und nichts ass es die ganze Zeit als wilde Äpfel und Birnen.

Es konnte aber die drei Raben immer nicht finden, ausser einmal waren sie über seinen Kopf weggeflogen, da hatte einer einen Ring fallen lassen, wie es den aufhob, erkannte ihn das Schwesterchen für den Ring, den es einstmals dem jüngsten Bruder geschenkt hatte.

Es ging aber immer fort, so weit, so weit, bis es an der Welt Ende kam, und es ging zur Sonne, die war aber gar zu heiss und frass die kleinen Kinder. Darauf kam es zum Mond, der war aber gar zu kalt, und auch bös, und wie er's merkte, sprach er: «Ich rieche, rieche Menschenfleisch.»

Da machte es sich geschwind fort und kam zu den Sternen, die waren ihm gut und sassen alle jeder auf Stühlchen, und der Morgenstern stand auf und gab ihm ein

Hinkelbeinchen*: «Wenn du das Beinchen nicht hast, kannst du nicht in den Glasberg kommen, und in dem Glasberg, da sind deine Brüder!»

Da nahm es das Hinkelbeinchen, wickelte es wohl in ein Tüchelchen und ging so lange fort, bis es an den Glasberg kam, das Tor war aber verschlossen. Und wie es das Beinchen hervorholen wollte, da hatte es das Beinchen unterwegs verloren. Da wusste es sich gar nicht zu helfen, weil es gar keinen Schlüssel fand, nahm ein Messer und schnitt sich das kleine Fingerchen ab, steckte es in das Tor und schloss glücklich auf. Da kam ihm ein Zwerglein entgegen und sagte: «Mein Kind, was suchst du hier?»

«Ich suche meine Brüder, die drei Raben.»

«Die Herren Raben sind nicht zu Haus», sprach das Zwerglein, «willst du aber hierinnen warten, so tritt ein.» Und das Zwerglein brachte drei Tellerchen getragen und drei Becherchen, und von jedem Tellerchen ass Schwesterchen ein bisschen, und aus jedem Becherchen trank es ein Schlückchen, und in das letzte Becherchen liess es das Ringlein fallen.

Auf einmal hörte es in der Luft ein Geschwirr und ein Geweh, da sagte das Zwerglein: «Die Herren Raben kommen heimgeflogen.»

Und die Raben fingen jeder an und sprachen: «Wer hat von meinem Tellerchen gegessen? Wer hat aus meinem Becherchen getrunken?»

Wie der dritte Rabe aber seinem Becherchen auf den Grund kam, da fand er den Ring und sah wohl, dass das Schwesterchen angekommen war. Da erkannten sie es am Ring und da waren sie alle wieder erlöst und gingen fröhlich heim.

Märchen der Brüder Grimm

* Ein Hinkelbeinchen ist ein Hühnerknöchelchen.

Das Dohlenmädchen

Es war einmal eine Frau, die hatte keine Kinder. Wo war die Arme nicht überall hingegangen, zu alten Frauen und zu Hexen in die weite Welt, nur um ein Kindchen zu kriegen, aber es nützte alles nichts. Sie betete zu Gott, er möge ihr doch ein Kind schenken, und sei es auch nur eine Dohle!

Und Gott hatte Mitleid mit ihr, und sie gebar eine Dohle. Die Mutter war glücklich, auch wenn es nur eine Dohle war. Die hatte ihr Gott geschenkt, damit auch sie unter die Leute gehen konnte und etwas hatte, was ihr lieb und heilig war.

Die Zeit verging. Die Mädchen, die im gleichen Alter waren wie die Dohle, gingen nun zum Fluss, die Wäsche waschen. Da wollte auch sie gehen und sagte zu ihrer Mutter: «Mutter, lass auch mich zum Waschen gehen!»

Da belud die Mutter den Esel mit Hemden und anderer Wäsche, setzte die Dohle darauf, und so ritt sie den Fluss hinunter, an eine Stelle, wo niemand sie sehen konnte. Sobald sie dort ankam, streifte sie ihr Dohlengewand ab und sie verwandelte sich in ein wunderschönes Mädchen. Als sie anfing, die Wäsche zu waschen, trug sie ein seidenes Kleid, als sie die Wäsche zur Hälfte gewaschen hatte, trug sie ein silbernes Kleid, und als sie die Wäsche zu Ende wusch und trocknete, trug sie ein goldenes Kleid.

Das alles beobachtete der Sohn des Zaren und wunderte sich sehr. Schnell lief er zum Zaren und sagte zu ihm: «Vater, ich will mich verheiraten und eine Dohle zur Frau nehmen.»

«Warum willst du denn eine Dohle zur Frau nehmen, wo es so viele Zarentöchter gibt?»

«Nur sie, die Dohle, möchte ich heiraten und keine andere.»

Der Zar redete und redete, aber er predigte tauben Ohren. Sie, nur sie wollte er. Die Dohle und immer nur die Dohle.

Da gab der Zar nach, was sollte er auch sonst.

Und sein Sohn brachte die Dohle ins Haus. Als sie sich schlafen legten, zog sie sich aus und da war sie das schönste Mädchen im ganzen Zarenreich. Am nächsten Morgen aber legte sie das Dohlengefieder wieder an.

Die Mutter des Zarensohns wollte sehen, wie das Dohlenmädchen aussah, und so verabredete sie mit ihrem Sohn, dass er die Tür nicht abschliessen sollte, damit sie hineinkommen und sie sehen könnte. Das tat der Sohn auch, und so kam die Mutter herein und sah ihre schöne Schwiegertochter. Da nahm sie ihr heimlich das Dohlengefieder weg und verbrannte es.

Eines Tages kam die Mutter des Mädchens zum ersten Besuch. Die Tochter, in Samt und Seide gekleidet und schön wie die Sonne, lief der Mutter entgegen und küsste und umarmte sie: «Mutter!», rief sie. «Liebe Mutter!»

Die Frau aber wehrte ab und fragte verwundert: «Aber wo ist denn meine Dohle?»

«Ich bin es, Mutter, ich bin deine Tochter, ich war eine Dohle, aber jetzt bin ich es nicht mehr.»

Nun umarmte die Mutter sie und fragte: «Gut, Tochter, aber warum hast du mir das nicht gesagt, und warum hast du nicht bei mir das Dohlengefieder abgelegt?»

Da antwortete sie: «Mutter, dir hat Gott eine Dohle geschenkt, so wie du es dir gewünscht hast. Ich aber gehöre jetzt einem anderen; ich habe mich mit dem Zarensohn verheiratet, und eine andere war es auch, die mein Dohlengefieder verbrannt hat. Hättest du das getan, wäre ich gestorben.»

Und so lebte sie mit dem Zarensohn noch lange und glücklich zusammen.

Märchen aus Serbien

Das Adlermädchen

An einem warmen Julitag stieg eine Witfrau, ich weiss nicht aus welchem Dorf, auf den Berg hinauf, um zu heuen. Sie trug in ihrem grossen Korb, den sie auf den Rücken gebunden hatte, auch ihr zweijähriges Kind. Das war ein herziges und wunderliebliches Mädchen. Während die Mutter emsig mit Heuen beschäftigt war, hüpfte das Kind bald da-, bald dorthin, um Alpenblümlein zu pflücken. Auf einmal kam ein mächtiger Adler, gleich einem fallenden Stern, auf das Kind herabgeflogen, packte die Kleine mit seinen scharfen Krallen und trug sie davon in sein Nest. Denkt euch den Schrecken, die Verzweiflung und das Weinen der unglücklichen Mutter! Aber wie sonderbar, das Kind hatte keine Angst vor dem schrecklichen Raubvogel. Es schmiegte sich zufrieden an seinen Hals, lachte und spielte mit seinen Federn. Der Adler, besiegt von den unschuldigen und anmutigen Liebkosungen der Kleinen, fasste Zuneigung zu ihr und beschloss, sie als Tochter an Kindes statt anzunehmen. Er brachte ihr Früchte und wilden Honig zu essen und zeigte ihr, wie man auf den abschüssigen Feldern der Berge herumklettern und sich festklammern müsse.

Eines schönen Tages begann der Adler für sein Pflegekind in die Dörfer tief unten im Tal oder in die Ebene hinunterzufliegen, um allerhand Wäsche und Kleidchen der Bauernmädchen zu rauben, die zum Trocknen in der Sonne hingen. Dann, als das Kind immer grösser wurde, wollte er, dass es Kleider aus Sammet und Seide anzöge.

Deshalb flog er in die Schlösser und Paläste der Königin und der Prinzessinnen, raubte dort die wundervollen Kleider und trug sie von dannen auf die unzugänglichen Höhen seiner Felshöhle. Eine Königin, der eine Menge Kleider und Schmucksachen auf diese Weise weggekommen waren, bat schliesslich ihren Sohn, jenen schrecklichen Raubvogel zu erjagen.

Der Prinz wollte zuerst seiner Mutter nicht gehorchen. Dann aber fragte er sich, neugierig geworden, wieso wohl ein Vogel dazu komme, Kleider und Juwelen zu stehlen und beschloss darum, der Sache auf den Grund zu gehen. Monate und Monate lang streifte er im Gebirge umher, ohne den Raubvogel zu finden. Schon hatte er wieder den Entschluss gefasst, sein kühnes Unternehmen aufzugeben, als er plötzlich an einem schönen Tag im Mai eine süsse Mädchenstimme hörte, die oberhalb seines Standortes sang. Sogleich kletterte er am Felsen empor und fand die junge Sängerin ganz vergnüglich im grossen Nest des Adlers sitzen. Wie überirdisch schön war sie! Sogleich ging der Jüngling auf sie zu. Sie wurden bald gute Freunde und erzählten einander ihre Erlebnisse.

Das Mädchen berichtete dem Prinzen die wunderbare Geschichte ihres Lebens in dieser Bergeinsamkeit. Dieser wollte, dass sie nunmehr in sein schönes Schloss komme und seine Gemahlin werde. Das hübsche Mädchen war damit einverstanden. Sie stiegen zusammen ins Tal und gelangten endlich zur Königsburg. Dort stellte der Prinz seine Begleiterin dem Vater vor und sie erzählten ihm, auf welch sonderbare Art sie sich gefunden hatten. Der König hiess das wunderschöne Mädchen mit einem Kuss willkommen, nannte sie Aquila oder Adler, gab seine Einwilligung zur Verlobung und traf alle möglichen Vorbereitungen für eine glanzvolle Hochzeit.

Die alte Königinmutter jedoch wollte durchaus nichts davon wissen, dass ihr Sohn eine solche abenteuerliche Vermählung eingehe und jenes wildfremde Mädchen zur Frau nehme. Sie befahl daher im Geheimen zwei Dienern, die Braut in den Fluss zu werfen. Und diese gehorchten. Aber der Adler hatte das verzweifelte Schreien des armen Mädchens gehört, das im Begriff war, im Wasser zu ertrinken. Schnell wie der Blitz flog er herbei und brachte die Ertrinkende ans Ufer. Darauf kehrte Aquila in das Schloss zurück. Am folgenden Tag heiratete der schöne Prinz seine liebliche Braut.

Um die grausame Königin zu bestrafen, zog sich der König von der Regierung zurück und überliess den Thron seinem Sohne, damit seine liebe Schwiegertochter Aquila Königin werde.

Märchen aus der Schweiz

Das Mädchen, das mit den Birnen verkauft wurde

Ein Mann hatte einen Birnbaum, der trug im Jahr vier Körbe Birnen. Einmal nun trug er nur dreieinhalb Körbe voll, der Mann aber musste dem König vier bringen. Da er nicht wusste, wie er den vierten Korb füllen sollte, legte er seine kleinste Tochter hinein und bedeckte sie mit Birnen und Blättern.

Die Körbe wurden in die Speisekammer des Königs getragen, das kleine Mädchen aber rollte zusammen mit den Birnen heraus und verbarg sich. Da steckte sie nun in der Speisekammer, und da sie nichts anderes zu essen vorfand, knabberte sie an den Birnen. Nach einer Weile bemerkten die Diener, dass der Vorrat an Birnen abnahm, und sie fanden auch die Kerngehäuse. Sie sagten: «Hier muss eine Maus oder ein Maulwurf sein, der die Birnen annagt, wir müssen einmal nachschauen.»

Und als sie zwischen den Strohmatten herumstöberten, entdeckten sie das kleine Mädchen. Sie fragten: «Was machst du denn hier? Komm mit uns, du kannst in der Küche des Königs Dienste tun.»

Sie nannten sie Birnchen, und Birnchen war so tüchtig, dass sie die Arbeiten bald besser zu verrichten wusste als die Mägde des Königs; dazu war sie so anmutig, dass sie alle Herzen gewann. Auch der Königssohn, der in ihrem Alter war, war immer mit Birnchen zusammen, und zwischen ihnen beiden entstand eine grosse Zuneigung.

Mit dem Heranwachsen des Mädchens wuchs auch der Neid der Dienerinnen. Eine Weile lang verhielten sie sich ruhig, mit der Zeit aber ersannen sie Böses. So verbreiteten sie, Birnchen habe sich gerühmt, den Schatz der Hexen zu erbeuten. Das Gerücht drang auch zu den Ohren des Königs. Der liess sie rufen und fragte sie: «Ist es wahr, dass du dich gerühmt hast, du wolltest den Schatz der Hexen rauben?»

Birnchen sprach: «Nein, Heilige Krone, das ist nicht wahr. Ich weiss von nichts.»

Doch der König liess nicht locker. «Du hast es gesagt, und du musst dein Wort halten.» Und er verwies sie so lange aus dem Schloss, bis sie ihm den Schatz brächte.

Sie ging und ging, bis es Nacht wurde. Birnchen kam zu einem Apfelbaum, verweilte aber nicht. Sie kam zu einem Pfirsichbaum, verweilte aber nicht. Sie kam zu einem Birnbaum, kletterte in die Zweige und schlief ein.

Am Morgen darauf sass ein altes Mütterchen am Fuss des Birnbaums. «Was machst du da oben, schönes Töchterlein?», fragte das alte Mütterchen.

Und Birnchen erzählte ihr von der Not, in der sie sich befand. Das Mütterchen sagte: «Hier hast du drei Pfund Schweinefett, drei Pfund Brot und drei Pfund Mohrenhirse! Geh immer weiter geradeaus!»

Birnchen dankte ihr von Herzen und setzte ihren Weg fort. Sie kam an eine Stelle, an der sich ein Backofen befand. Dort standen drei Frauen, die rissen sich die Haare aus, um den Backofen damit zu fegen. Birnchen gab ihnen die Mohrenhirse, und sie fegten den Backofen nun mit der Mohrenhirse und liessen sie vorbei.

Und sie wanderte immer weiter, bis sie an eine Stelle kam, wo drei Fleischerhunde lagen. Die bellten und fielen die Leute an. Birnchen warf ihnen die drei Pfund Brot hin, und sie liessen sie ungehindert ziehen.

Und nach langem Wandern kam sie an einen Fluss; der hatte rotes Wasser, das sah wie Blut aus, und sie wusste nicht, wie sie hinüberkommen sollte.

Das Mütterchen aber hatte ihr gesagt, sie sollte rufen:

«Wässerlein, schönes Wässerlein,
würde ich nicht so in Eile sein,
tränk ich gewiss von dir ein Schüsselein.»

Auf diese Worte hin zog sich das Wasser zurück und liess sie durchgehen.

Jenseits des Flusses sah Birnchen einen der schönsten und grössten Paläste von der Welt. Doch das Tor öffnete und schloss sich derart rasch, dass niemand einzutreten vermochte. Da schmierte Birnchen mit den drei Pfund Schmalz die Türangeln, und das Tor begann sich sanft zu öffnen und zu schliessen.

Beim Betreten des Palastes erspähte Birnchen sogleich den Schatzkasten auf einem der Tische. Sie nahm ihn an sich und wollte davoneilen, als der Kasten zu sprechen begann.

«Tor, drücke sie tot, drücke sie tot!», sagte der Kasten.

Doch das Tor erwiderte: «Nein, das tue ich nicht, denn ich bin lange Zeit nicht geschmiert worden, sie aber hat mich geschmiert.»

Birnchen kam zum Fluss, und der Kasten rief: «Fluss, ertränke sie, Fluss, ertränke sie!»

Aber der Fluss entgegnete: «Nein, ich ertränke sie nicht, denn sie hat mich ‹Wässerlein, schönes Wässerlein› genannt.»

Sie kamen zu den Hunden, und der Kasten sprach: «Hunde, fresst sie auf, Hunde, fresst sie auf!»

Aber die Hunde: «Nein, wir fressen sie nicht, denn sie hat uns drei Pfund Brot gegeben.»

Sie gelangten zum Backofen. «Backofen, verbrenne sie, Backofen, verbrenne sie!»

Aber die Frauen: «Nein, wir verbrennen sie nicht, denn sie hat uns drei Pfund Mohrenhirse geschenkt, und wir können jetzt unsere Haare schonen.»

Birnchen war schon fast in der Nähe ihres Hauses, da wollte sie, neugierig wie alle kleinen Mädchen, sehen, was in dem Kasten drin war. Sie öffnete ihn, und im Nu entwich eine Henne mit goldenen Küken. Sie trippelten so geschwind davon, dass man sie nicht einholen konnte. Birnchen lief hinter ihnen her. Sie kam zum Apfelbaum, fand sie aber nicht; sie kam zum Pfirsichbaum, fand sie aber nicht; sie kam zum Birnbaum, da sass das alte Mütterchen mit einer Gerte in der Hand und hütete die Henne mit den goldenen Küken. «Husch, husch», machte die Alte, und die Henne mit den Goldküklein schlüpfte wieder in den Kasten.

Als Birnchen auf dem Heimweg war, kam ihr der Königssohn entgegen. «Wenn mein Vater dich fragt, was du als Belohnung haben möchtest, so sagst du, du möchtest die Kiste mit Kohlen haben, die im Keller steht.»

Auf der Schwelle des Königspalastes waren die Mägde, der König und der ganze Hofstaat versammelt, und Birnchen überreichte dem König die Henne mit den Goldküklein. «Verlange, was du willst, ich werde es dir geben», sagte der König.

Birnchen bat: «Die Kohlenkiste, die im Keller steht.»

Sie brachten ihr die Kohlenkiste, sie öffnete sie, und heraus sprang der Königssohn, der sich darin versteckt hatte. Da willigte der König ein, dass Birnchen seinen Sohn heiratete.

Märchen aus Italien

Das kluge Mädchen wird Zarin

Vor langer Zeit lebte einmal ein Zar; der liess Folgendes verkünden: «Wer einen Stein so schneiden kann, dass Blut daraus fliesst, den will ich zum Ersten meines Reiches machen.»

Da kamen von allen Seiten mutige Burschen herbei, aber was sie auch versuchten, keinem gelang es, den Stein so zu schneiden, dass er blutete. Nun lebte in einem Dorf nicht weit vom Zarenpalast entfernt ein Hirtenmädchen, das jeden Tag die Ziegen hütete. Als es von der Aufgabe des Zaren hörte, verkleidete es sich als Mann, ging zum Palast, liess sich vor den Zaren bringen und sprach: «Verehrter Zar, ich werde die Aufgabe lösen.»

Sofort verbreitete sich die Nachricht, dass ein junger Mann den Stein zum Bluten bringen wolle. Die neugierigen Menschen versammelten sich auf dem grossen Platz vor dem Zarenpalast. Das Mädchen zog sein Messer hervor, um den Stein zu schneiden, dann aber wandte es sich zum Zaren und sagte: «Lieber Zar, wenn du willst, dass dieser Stein blutet, so musst du ihn erst lebendig machen.» Der Zar wunderte sich über diese Worte und sprach: «Du bist der Klügste in meinem Reich, und ich will dich zum vornehmsten Manne machen. Wenn du aber noch eine Aufgabe lösen kannst, so will ich dich in meinen Palast aufnehmen wie meinen Sohn.»

Das Mädchen sagte: «Sprecht, oh Zar, und ich will versuchen, die Aufgabe zu lösen.» Der Zar sprach: «In drei Tagen sollst du zu mir kommen, geritten und doch nicht geritten. Du musst mir ein Geschenk übergeben und doch nicht übergeben, und vor dem Palast sollen wir dich empfangen und doch nicht empfangen.»

Die Hirtin ging sogleich in ihr Dorf und gab drei Bauern den Auftrag, drei Hasen und zwei Tauben lebendig zu fangen. Die Hasen steckte sie in einen Sack, gab sie den Bauern und sprach: «Sobald ich euch ein Zeichen gebe, sollt ihr die Hasen freilassen.» Sie selbst nahm die beiden Tauben, versteckte sie in ihrem Umhang und setzte sich rittlings auf eine Ziege, so dass ihre Füsse den Boden berührten. Auf diese Weise machte sie sich auf den Weg zum Zaren und schickte jemanden voraus, um sie anzukündigen.

Der Zar zog mit seinem Gefolge vor die Stadt. Als nun das Mädchen nicht mehr weit entfernt war, befahl es den Bauern, die Hasen frei zu lassen. Kaum aber sprangen die Hasen davon, rannten auch die Diener des Zaren los, um die Hasen zu fangen, und so hatten sie die Hirtin empfangen und doch nicht empfangen.

Das Mädchen ging nun dem Zaren entgegen. Mal hob es die Füsse auf den Rücken der Ziege, mal liess es sie am Boden streifen und kam so geritten und doch nicht geritten.

Dann trat es vor den Zaren, zog die beiden Tauben aus seinem Umhang und überreichte sie ihm als Geschenk, doch bevor er sie ergreifen konnte, flogen sie auf und davon, und so hatte er ein Geschenk erhalten und doch nicht erhalten.

Der Zar freute sich über so viel Klugheit und sprach: «Du hast die Aufgabe gelöst, und von heute an sollst du bei mir im Palast wohnen und mir wie ein Sohn sein.» Die Hirtin aber flüsterte ihm ins Ohr: «Ich bin kein Bursche, ich bin ein Mädchen.» Da strahlte der Zar gleich doppelt und machte sie zu seiner Frau, und so wurde die Hirtin durch ihre Klugheit Zarin.

Märchen aus Bulgarien

Das Patengeschenk

Es lebten einst ein Bauer und seine Frau, die waren mit einem Zwerg gut befreundet. Als ihr jüngstes Kind geboren wurde, baten sie ihn, dem Kind Pate zu sein. Der Zwerg freute sich sehr, bedauerte aber, kein richtiges Geschenk für sein Patenkind zu haben. Doch er zog aus seinem Mäntelchen eine Wurzel heraus und gab sie der Bauersfrau mit den Worten: «Nehmt diese Wurzel als Geschenk, vielleicht seid ihr einmal froh darum. Wenn ihr einmal eine schlechte Ernte habt, so dass ihr über den Winter hungern müsstet, so schneidet die Wurzel in Stücke, und jeder in der Familie soll ein Stück davon essen. Dann gebt ihr dem Vieh genügend Futter, und danach müsst ihr euch im Heustock ein Loch graben. Dort legt euch hinein und deckt euch gut zu!»

Die Frau dankte für die Wurzel, dachte aber bei sich: «So einen seltsamen Rat habe ich noch nie gehört.»

Jahre später jedoch gab es eine schlechte Ernte, und noch bevor der Winter begonnen hatte, gab es kaum noch etwas zu essen für die Familie. Da tat die Bäuerin alles, wie es der Zwerg geraten hatte, und nachdem jeder ein Stück von der Wurzel gegessen hatte, legte sich die Familie in den Heustock, deckte sich gut zu und schlief ein. Und stellt euch vor: Als sie erwachten, war es schon Frühling, die Blumen fingen an zu blühen, und Menschen und Tiere hatten den schlimmen Winter gut überstanden.

Märchen aus der Schweiz

KAPITEL 4
Von hilfreichen Zwergen

Zwerge haben für Kinder eine grosse Bedeutung. Sie fühlen sich ihnen allein schon wegen ihrer Grösse verbunden, und es scheint ihnen selbstverständlich, dass die Welt mit vielen unterschiedlichen Wesen belebt ist. So berichten immer wieder Menschen davon, dass sie in ihrer Kindheit Zwerge sehen konnten. Manche hatten gar einen unsichtbaren Freund in Zwergengestalt. Je weiter sich die Kinder vom magischen Denken entfernen, umso weniger sinnvoll scheinen ihnen diese Freundschaften, bis sie als Erwachsene nur noch wehmütig daran zurückdenken. Vor längerer Zeit war es jedoch durchaus selbstverständlich, dass man versuchte, sich mit Zwergen gut zu stellen. Zum Dank sorgten sie dann dafür, dass es Mensch und Tier auf dem Hof gut ging. Zwerge sind aber nicht immer nur freundlich, es gibt auch welche, die viel Schabernack treiben. Auch von ihrem Aussehen her unterscheiden sie sich stark. Grossohrige, dünnbeinige Pixies oder langbärtige Zwerge – die Beschreibungen lassen viel Freiraum und erlauben, sich die kleinen Helfer so vorzustellen, wie es der eigenen Phantasie entspricht.

In der Eingangsgeschichte hat ein Kind einen Zwerg als Paten, und dessen Patengeschenk ist nicht nur ungewöhnlich, es rettet sogar das Leben der Familie. Der Zwerg taucht hier als Beschützer des Kindes auf und gleichzeitig als Hüter des alten Kräuterwissens.

In der Mythologie werden den Zwergen viele Künste zugesprochen. Viele dieser Künste haben mit der Verarbeitung von Metallen zu tun, weshalb das Erscheinen eines Zwergs oft auf die Entdeckung eines Schatzes hinweist. Als eine Art Trugwesen, bei dem man nicht sicher ist, ob es existiert oder nicht, begegnen Zwerge vielen Heldinnen und Helden im Traum, wie es dem Jungen im zweiten Märchen geschieht. Er darf die unterirdische Zwergenwelt besuchen und kehrt reich beschenkt mit einem goldenen Kranz der Zwergenprinzessin zurück.

Es scheint eine Regel zu sein, dass die Zwerge denen helfen, die im Gegenzug bereit sind, etwas von sich zu geben. Dieser Austausch dient als Zeichen der Freundschaft. So ist es auch beim Bergmännlein im nächsten Märchen. Wiederum ist es der Schlaf, der die Tür zur Anderswelt öffnet, und während der Vater träumt, kommt das Bergmännlein und hilft ihm. Zum Dank bittet es um ein Schälchen Milch. Es darf aber niemand nachschauen, wer die Milch wegtrinkt, sonst ist der gute Zauber vorbei.

Dem Hirten im nächsten Märchen begegnet ein Moosweiblein. Dieses geheimnisvolle Zwergenweiblein kann mit seinem Röcklein Wind machen und die Geissen herbeipfeifen, und es hilft, verlorene Tiere wiederzufinden. Jeder Hirt wünscht sich, mit diesen hilfreichen Gestalten auf gutem Fuss zu stehen.

Neben den Berg- und Mooszwergen gibt es die Hauswichtel, die manchmal ziemlichen Unfug treiben, wie die «Lutkens» im gleichnamigen Märchen. Sie machen allerlei Schabernack und niemand kann es mit ihnen aufnehmen, es sei denn, man ist ihnen wohlgesonnen. Dann helfen sie den Menschen, aber ganz sicher ist man vor ihren Spässen nie.

Das zerlumpte Braunchen im nächsten Märchen aus England treibt ziemlich schlimme Spässe. Es erinnert an einen unerlösten Geist, denn kaum wird es wahrgenommen und mit schönen Kleidern beschenkt, verschwindet es für immer.

Wo die Menschen sich mit den Zwergen gut stellen, bleibt das Glück auf dem Hof. Dort aber, wo diese böswillig vertrieben werden, zieht das Unglück ein, wie es im Märchen «Gänseblume» geschieht. Das Märchen deutet auf die Gabe der Kinder, noch Augen für die Wunder dieser Welt und die Bereitschaft zu haben, mit den unsichtbaren Wesen etwas zu teilen.

Zum Dank für ihre Hilfe möchten die Zwerge manchmal, dass man sich an sie erinnert, ihren Namen weiss oder ein Rätsel löst, wie im Märchen «Die geheimnisvollen Zahlen». Wie gut, dass ein anderer Zwerg die Antwort des Rätsels weiss und helfen kann. «Kruzimugeli» im gleichnamigen Märchen fordert seinen Preis, es sei denn, man errät, wie bei «Rumpelstilzchen», seinen Namen. Schliesslich ist es immer gut, wenn man das, was einem geholfen hat, benennen kann.

Zwerge verwandeln sich in vielerlei Gestalten, deshalb können die Menschen sie nicht immer erkennen. Dies tut der Zwerg im nächsten Märchen, als er sein Glöckchen sucht. Der Hirtenjunge, der das Glöckchen in der Hosentasche trägt, wird am Ende reich beschenkt, und wir alle wissen nun: Wenn man eine Maus, eine Ameise oder ein anderes kleines Tier sieht, so könnte dies ein verzauberter Zwerg sein.

Den Abschluss dieses Kapitels bildet ein Märchen, das von den hilfreichen Spinnerinnen erzählt, die in ihrer erdigen Zwergengestalt unter den grünen Hügeln wohnen. Sie stehen der Heldin in der Not bei, und ihre Freundschaft bleibt auch später bestehen. Auf diese Weise regen Märchen an, Augen und Herz offen zu halten – wer weiss, ob nicht doch unter Wurzeln und in Höhlen ein Zwerg in unserer Nähe lebt?

Das Erdbeerpflücken

Es war einmal eine arme Frau mit zwei Kindern. Die Mutter musste jeden Tag arbeiten gehen, um sich und die Kinder zu ernähren. Sobald im Sommer die Erdbeeren reif waren, gingen die beiden Kinder in den Wald. Sie sammelten viele Körbchen voll und verkauften sie dann im Dorf.

Als nun wieder einmal die Erdbeeren reif waren, gingen der Junge und das Mädchen, jeder mit einem Körbchen, in den Wald. Schon bald fanden sie eine schöne Stelle, wo viele Erdbeeren wuchsen. Sie halfen einander die Körbchen füllen. Dann stellten sie die Erdbeeren unter einen Strauch und sagten: «Jetzt wollen wir aber noch ein wenig spielen!» Sie sprangen herum und pflückten Blumen und als sie genug hatten, wollten sie nach Hause gehen. Doch die zwei Erdbeerkörbchen waren nicht mehr da. Sie suchten überall, konnten sie aber nicht finden.

Schliesslich schickte der Junge das Mädchen heim, er selbst wollte noch den ganzen Abend suchen.

Doch als der Abend kam, wurden ihm die Augen schwer und er legte sich ins Moos schlafen. Mitten in der Nacht wachte er auf. Der Mond schien hell und er sah etwas blitzen.

Er rieb sich die Augen, und da sah er einen Zwerg, der schleppte in jeder Hand ein volles Erdbeerkörbchen.

Der Junge sprang auf und rief: «Die hast du uns gestohlen. Stell sie schnell wieder hin, sonst verhaue ich dich!»

«Hau bitte nicht», rief da der Zwerg, «ich will dir dafür etwas zeigen.»

Der Zwerg nahm einen Hammer, ging mit dem Jungen auf einen Felsen zu und klopfte gegen die Felswand. Da öffnete sich der Berg, sie traten ein und kamen zu einer Tür. Die Tür führte in einen Saal, und dort stand in der Mitte des Raumes ein Stuhl, auf diesem sass der Zwergenkönig und sprach: «Wo kommst du her, Menschenkind?»

«Ich war beim Erdbeerpflücken, und ihr habt unsere vollen Körbchen gestohlen!»

«Ich will dir etwas geben für die feinen Beeren, komm nur mit.»

Der Zwergenkönig führte den Jungen in ein Zimmer, da war alles voller Silber, im zweiten war alles voller Gold und im dritten alles voller Edelsteine.

Jetzt sollte aber genau zu dieser Zeit die Hochzeit der Zwergenprinzessin gefeiert werden. Der Tisch wurde mit den feinsten Speisen gedeckt, es wurde getrunken und getanzt. Der Junge tanzte mit dem Zwergenmädchen, das hatte einen Kranz aus Gold und Edelsteinen im Haar.

Dann wollte er gerne einmal auf dem Königsstuhl sitzen, aber kaum setzte er sich, fiel er in einen tiefen Schlaf.

Als er wieder aufwachte, lag er im Wald unter einem Baum, die leeren Körbchen lagen neben ihm. Schnell lief er nach Hause, und die Mutter war froh, ihn wiederzusehen.

«Gut, dass du wieder da bist!», sagte sie.

«Ja, aber die Erdbeeren sind fort.»

Die Schwester schaute ihn lange an, und dann rief sie: «Aber Bruder, sag, was hast du für ein Kränzlein auf dem Kopf?»

Er fasste sich ins Haar, und da steckte der Kranz des Zwergenmädchens.

«Also habe ich nicht geträumt», sagte der Junge, und er erzählte von seinem Erlebnis in der Nacht.

«Ob das Gold und die Edelsteine wohl echt sind?»

«Wir wollen zum Goldschmied gehen und ihn fragen», sagte die Mutter, und so machten sie es auch.

Der Goldschmied wunderte sich über die Pracht und sagte: «Jedes Blättchen am Kranz ist so wertvoll, dass ich nicht genug Geld habe, es zu bezahlen.»

«Dann gebt uns so viel, wie ihr habt», sprach die Mutter. Und dann ging sie auf den Markt und kaufte Brot und Kuchen, warme Decken für den Winter und gute Schuhe für die Kinder.

Wie freuten sie sich, als die Mutter nach Hause kam.

Von diesem Tag an mussten sie nie mehr Not leiden. Vielen armen Leuten haben sie geholfen, denn sie wussten ja selbst, wie weh Hunger tut.

Märchen aus Deutschland

Das hilfreiche Bergmännlein

Es war einmal oben in den Bergen ein Mann, der war so arm, dass er oft kein Brot hatte, um seine Kinder satt zu machen. Sie hatten aber eine Geiss, die schenkte ihnen süsse Milch zur Morgen- und zur Abendsuppe.

Am Morgen, ehe die Sonne aufging, zog der Hirtenbub durch das Dorf und rief alle Geissen zusammen. Er führte sie hinauf zur Alm, wo sie lustig umhersprangen und sich an würzigen Kräutern labten.

Eines Abends kehrte der Geissbub vom Berge heim ohne das Geisslein. Zu den Kindern sagte er, er hätte gerufen und geflötet, die Geiss sei nicht gekommen. Gleich morgen wollte er sie eifrig suchen.

Die Kinder gingen traurig heim, und an diesem Abend gab es nur trocken Brot.

Früh am Morgen aber steigt der Vater auf zur Almenwiese. Er steigt und klettert, schaut hinter jeden Hügel, in jeden Graben, ruft und sucht.

«Ihr lieben Vöglein, saget an, lief meine Geiss den Berg hinan?»
«Wir haben keine Geiss gesehn, musst höher in die Berge gehn!»

Bald kommt der Abend, er hat das Tier nicht gefunden, müde sinkt er im Grase nieder und schlummert ein.

Da hört der Vater im Traum ein feines Klingen – ein kleines Männlein kommt hinter einem Fels hervor und führt an der Hand das Geisslein. Das Männlein breitet ein weisses Tüchlein aus, stellt eine Schale Milch darauf und legt drei Käslein daneben. Husch, ist es verschwunden.

Das feine Klingen weckt den Vater: Da steht die Geiss vor ihm, im Fell Muscheln und Schneckenhäuslein und meckert fröhlich.

Auf dem weissen Tuch findet der Mann Milch und Käse, die helfen ihm Hunger und Durst stillen.

Wie er sich erhebt, steht wie im Traum das Männlein da und spricht: «Nun führ die Geiss nach Haus, doch achte, dass sie nichts verliert von dem, was sie im Fell trägt. Im Stall zupfe sorgsam alles ab, es wird euch aus aller Not helfen. Jeden Abend aber stelle ein Schälchen Rahm vor die Türe. Und hüte dich, dass dich der Wunderfitz nicht sticht, wenn du aus Neugier lauschen möchtest, wer die Schale leert.»

Froh zieht der Vater heimwärts, und die Kinder laufen ihm entgegen: «Unsere Geiss ist wieder da!»

Das ist ein Jubeln, Tanzen, Springen! Und süsse Milch gibt es für die Kleinen.

Als alles still ist im Haus geht der Vater in den Stall. Er pflückt alle Muscheln, Perlen, Schneckenhäuslein aus dem Fell und legt sie in das weisse Tuch, wie ihn das Männlein geheissen.

Am frühen Morgen aber, da glänzt es wie Gold auf dem Tüchlein. Nun sind sie reich!

Sie bauen sich ein Häuschen oben in den Bergen mit einem Stall für Kühe und Ziegen, das Geisslein aber bleibt ihnen das Liebste.

So leben sie herrlich und in Freuden. Wenn abends die ersten Sterne blinken, Frau und Kinder schlafen, dann tritt der Vater vor die Tür, breitet ein weisses Tüchlein aus und stellt darauf eine Schale mit süssem Rahm. Ohne sich umzublicken geht er zurück ins Haus, damit ihn der Wunderfitz nicht steche, wie er es damals dem Männlein versprochen.

Die Schale und das Tuch aus dem Zwergenreich sind immer noch da.

Wenn ihr auf den Berg steigt, seht einmal nach!

Märchen aus der Schweiz

Das hilfreiche Moosweiblein

Vor langer Zeit hütete ein Hirtenbursche über den ganzen Sommer eine Herde Ziegen auf der Alp. Morgens sammelte er sie im Dorf ein, trieb sie dann die Wiesen hoch und abends führte er sie wieder hinab in den Stall. Einmal an einem heissen Tag aber, trieb der Westwind ein schlimmes Gewitter heran. Es donnerte und blitzte und ganze Sturzbäche mit Regen ergossen sich über Berg und Tal. Da verkrochen sich viele Ziegen ins dichteste Gebüsch, riefen jämmerlich nach dem Hirten: «Määh!» und «Bääh!». Andere sanken im nassen Boden ein oder rissen sich an spitzen Steinen und Dornen das Fell blutig. Viele verliefen sich und es wurd schon fast dunkel, als der Hirt, nass und müde, nach ihnen suchte. Es war schon fast Nacht, als er tropfnass ins Dorf kam und berichtete: «Fast alle Ziegen habe ich gefunden, nur vier nicht: die Mariebeth, die Zundelgret, der Krüschknüpfer und der Kälblistopfer – alle sind wetterwild und fürchten sich beim Gewitter. Fortgerannt sind sie, die Donnersgeissen! Hätt' ich sie bei den Ohren packen können, sie müssten ein Liedlein pfeifen. Ich musste sie suchen, mitten im Gewitter. Ich stieg die Steinplatte hinauf, dem Fuchsloch zu und den Katzengrabe hinab, bis auf das obere Buchköpfli, dann gegen das Kessiloch und bis fast zur Heidenküche. Aber kein Ziegenschwänzchen ist zu sehen. Plitschnass steige ich in Stauden und Sträuchern herum, da hin und dort hin. Keine Spur von den Geissen!

Da auf einmal steht ein Moosweiblein vor mir. Es hüpft und gümperlet wie am Schnürlchen um mich herum, schüttelt sein kurzes Röckchen und macht Sprünge wie ein Heuhüpfer. Sein Gesicht aber ist braun und runzlig, wie ein dürrer Apfelschnitz. Da nahm ich das Herz in beide Hände und frage: ‹Moosweibchen, hast du meine Geissen gesehen?› Da pfiff das Moosweiblein wie ein Mäuslein, schwenkte sein Röcklein hin und her und sprach:

‹Eins, zwei, drei – deine Geissen sind nicht heim.›

Dann pfiff es noch einmal:

‹Eins, drei, zwee – deine Geissen hab' ich gesehn.›

Und wie ein Wetterleuchten war's auf einmal verschwunden. Aber in den Stauden und im Holz sauste und brauste es, wie wenn der wildeste Wirbelwind einen Haufen Kieselsteine auseinanderschüttelt. Vor Staunen hätte ich fast meine Ziegen vergessen, aber auf einmal standen sie da, alle vier, wie hergeblasen.

Dann aber liefen wir zusammen heim, was gisch, was hesch, über Stauden und Steine.»

So berichtete der Hirt, und die Menschen im Dorf wussten: Das hilfreiche Moosweiblein hat ihm geholfen. Der Junge aber konnte die Zwergenfrau nicht mehr vergessen und er dachte oft: ‹Ja, ein Horn sollte jeder Hirt haben, womit er Wind machen könnte wie das Moosweiblein mit seinem Rock!›

Märchen aus der Schweiz

Die Lutkens

Auf dem Hof meines Grossvaters gab es einmal eine Menge Lutkens, kleine Kerlchen mit grossen Fledermausohren an den verschrumpelten Köpfchen. Diese Lutken kamen oft, um sich Küchengeräte auszuborgen. Wenn nun aber die Lutkens sprachen, so gaben sie allen Sätzen eine verneinende Form.

Sie sagten zum Beispiel: «Wir wollen nicht eure Nichtbackschüssel. Wir wollen nicht euren Nichtbacktrog. Wir werden dafür auch nicht unser Nichtbrot bringen.»

Gab man ihnen das Gewünschte aber nicht, so wollte die Arbeit an diesem Tag nicht klappen: Geschirr zerbrach, Melkeimer fielen um, und allerlei Unangenehmes mehr passierte. Gab man ihnen aber die gewünschten Geräte, so ging alles nach Wunsch.

Meistens erbaten sich die Kleinen Löffel, Gabeln, Messer und Töpfe. Gab man ihnen diese nun sauber, so bekam man sie schmutzig zurück; erhielten die Lutkens sie ungewaschen, so gaben sie sie sauber gewaschen zurück. Eines Morgens liehen sich die Lutkens einen eisernen Kessel zum Bohnenkochen aus. Sie gingen damit in die Scheune, steckten einen Stock ins Stroh, machten ein grosses Feuer und hängten den Kessel an dem Stock darüber auf. Grossvater Laschke sah das Feuer, lief erschrocken hinzu und rief: «Was macht ihr denn da? Ihr steckt mir ja die ganze Scheune in Brand! Ist das der Dank für meine Freundlichkeit?»

«Seid nicht besorgt nicht», sagten die Lutkens und lachten, «es wird nichts nicht verbrennen. Statt euch nicht irgendeinen Nichtschaden zu machen, wollen wir für euch nicht arbeiten!»

Damals war aber gerade Erntezeit. Grossvater Laschkes Leute gingen auf das Feld, um das Korn zu mähen. Doch als sie auf dem Feld ankamen, war die Arbeit bereits getan, und das Korn war so schön gemäht, wie man es sich nur wünschen konnte. Gegen Mittag kamen die Männchen wieder an die Tür und erbaten sich eine eiserne Pfanne. «Die will ich euch schon geben», sagte der Grossvater, «wollt ihr aber auch wieder für mich arbeiten?»

«Nicht heute nicht mehr», sagten die Lutkens, «wohl aber morgen nicht, wenn ihr uns ausser der Nichtpfanne auch noch Nichtgabeln und Nichtlöffel nicht leiht.»

Der Grossvater versprachs. Als man am folgenden Morgen das Korn zu Garben binden wollte, war auch das schon getan, und man brauchte die Garben nur noch in die Scheune zu fahren.

Grossvater Laschke hatte auch Hunde auf dem Hof. Vor denen fürchteten sich die Lutkens, die Hunde waren ja doppelt so gross wie sie. Deshalb riefen sie immer: «Kettet eure Nichtbeller nicht an, sie beissen uns sonst nicht!»

Einmal hatte der Grossvater sein altes Hoftor neu gestrichen. Als die Lutkens kamen und sich wie üblich etwas ausleihen wollten, blieben sie vor dem Tor stehen. Grossvater Laschke wunderte sich, warum die kleinen Leute plötzlich so schüchtern waren. Die Lutkens kicherten ängstlich und sagten: «Wir nicht trauen uns nicht. Die da mit ihren Nichtzähnen wollen uns beissen nicht!»

Dabei zeigten sie auf die weissen Spitzen der neu gestrichenen Latten. Grossvater beruhigte die Lutkens und geleitete sie in sein Haus. Die Lutkens baten um einen Nichtbacktrog, setzten sich hinein und rolle, rolle, rum – kollerten sie in dem runden Trog davon.

Am nächsten Tag brachten sie den Trog zurück und schenkten dem Grossvater einige ihrer Nichtbrote. Aber diese Brote, so gut und kräftig sie sonst schmeckten, waren grau wie Erde und steinhart. Der Grossvater hat daraufhin sein Hoftor braun gestrichen.

Im Winter sollten Bäume geschlagen werden und irgendetwas hatte wohl wieder den Unwillen der Lutkens erregt. Als die Arbeiter in den Wald kamen, waren die Bäume wohl bereits umgehauen, aber sie lagen kreuz und quer über der Strasse, und man konnte sie trotz aller Mühe nicht wegbringen. Grossvater Laschke ging hin, um die Lutkens zu beruhigen. «Wir werden die Nichtbäume nicht aus dem Nichtwege räumen, wir werden sie sogar nicht auf deinen Nichthof bringen, nur musst du den Nichtkarren und die Nichtpferde nicht in die Nähe bringen und sie da nicht stehen lassen!»

Der Grossvater tat, wie ihm geheissen, und die Lutkens führten daraufhin die Bäume weg, eine grosse Eiche ausgenommen, die liessen sie liegen. Dann standen sie im Wald und lachten die Männer bei ihren vergeblichen Mühen aus. Grossvater Laschke musste wieder ihre Wünsche erfüllen und dann räumten sie auch diesen Baum aus dem Wege.

Nun spielten aber die Lutkens immer schlimmere Streiche und die Polizei, die schon immer gegen Unfug war, wollte sie fangen. Die Lutkens aber trugen immer ein dünnes Messerchen bei sich. Kam jemand in ihre Nähe, so zitterte das Messerchen und die Lutkens waren gewarnt: Sie verschwanden in Kesseln und Kannen, in Erdlöchern oder unter Baumwurzeln. Einmal aber hatte man sie in einem Wald überrascht, der schon halb abgeholzt war. Sie assen und tranken, sangen und tanzten auf ihren Ellenbogen, die Beine in die Luft gestreckt. Die Leute wollten sie packen, aber sie griffen ins Leere. Da man sie nicht packen konnte, sollte der Pfarrer gegen sie ankommen, aber der konnte auch nichts gegen sie ausrichten.

Die Lutkens gibt es heute noch, und wenn du aber gut auskommen willst mit den Lutkens, dann mach es wie mein Grossvater Laschke.

Märchen aus Deutschland

Das zerlumpte Braunchen

In England lebte vor einigen Jahren ein Braunchen, das war das Gegenteil der sonst als hilfreich bekannten Hausgeister. Nachts, wenn der Bauer und seine Leute in ihren Betten lagen und schliefen, kam das Braunchen in die Küche und stellte alles auf den Kopf. In das Salzfass füllte es Zucker. In das Bierfass schüttete es Pfeffer. Die Asche aus dem Ofen verstreute es über den Küchenboden. Es bestrich den Herd mit Senf, schmiss die Stühle durcheinander, drehte die Tische auf den Rücken, blies das Herdfeuer aus und brachte den ganzen Haushalt durcheinander.

An den Abenden aber, an denen die Gutsleute ihm eine Schale Milch mit frischer Sahne und einen Honigkuchen bereitstellten, an diesen Abenden räumte das Braunchen die ganze Küche auf, wusch das Geschirr und putzte alles blitzsauber.

Eines Abends im Herbst war auf dem Gutshof besonders viel zu tun. Die Nacht brach herein, und die Leute arbeiteten immer noch. Plötzlich aber hörten sie in der Küche ein Geräusch. Sie schlichen vor die Küchentüre und schauten durch das Schlüsselloch.

Da sahen sie das Braunchen, ein seltsames kleines Wesen mit spitzen Ohren, über und über behaart. Es sass auf der Deckenlampe, schaukelte hin und her und sang mit trauriger Stimme:

«Weh mir, weh mir,
die Eichel ist noch nicht vom Baum gefallen,
aus der einmal die Eiche wachsen soll,
aus der einmal die Wiege gezimmert wird,
die einmal das Kind wiegen soll,
das einmal zu dem Mann werden wird,
der mich erlösen soll.»

Die Leute hörten verwundert zu und bekamen Mitleid mit dem unglücklichen Braunchen. Sie gingen zur nächsten Hühnerfrau und fragten sie um Rat. «Oh, das ist ganz einfach», sagte die weise Hühnerfrau. «Ein Braunchen, das für seinen Dienst belohnt wird, verlässt das Haus und ist erlöst. Ihr müsst ihm aber etwas wirklich Haltbares und Kostbares bereitlegen. Milch, Brei und Honigbrot gelten nicht als Lohn.»

Nun steckten die Leute die Köpfe zusammen und überlegten. Da aber das Braunchen so zerlumpt gekleidet war, nähten sie ihm einen Mantel aus feinem grünem Wollstoff und eine Kapuze dazu. Das Mäntelchen legten sie vor den Küchenherd und warteten ab. Als es auf Mitternacht zuging, kam das Braunchen wieder, und die Leute beobachteten es durch die Türritzen und das Schlüsselloch. Es sah den Mantel und die Kapuze, zog alles an und hopste und tanzte dann bis zum ersten Hahnenschrei auf einem Bein in der Küche herum.

«Ich hab einen Mantel,
ich hab eine Kapuze,
Braunchen ist schön und fein,
Braunchen wird nie wieder putzen.»

So sang es und verschwand bei Morgengrauen und ward nie mehr gesehen.

Märchen aus England

Gänseblume

Die vierblättrigen Kleeblätter sind ein wahres Zauberkraut. Sie schützen davor, in den Bann des Kleinen Volkes zu geraten, und verhelfen gleichzeitig dazu, die Unterirdischen zu sehen. Die Zaubersalbe, mit denen die Pixies ihren neugeborenen Kindern die Augenlider einreiben, soll aus zerdrückten vierblättrigen Kleeblättern zubereitet sein. Es gibt viele Geschichten über Menschen, denen, auf einem Wagen Heu oder Grünfutter sitzend, während der Heimfahrt plötzlich die Augen aufgingen. Sie sahen die Wiesen, Wälder und Felder plötzlich bevölkert mit unzähligen Kleinen Leuten; denn unter ihre Wagenladung Gras war ein vierblättriges Kleeblatt geraten.

Vor einiger Zeit lebte auf dem Bauernhof in West Buriens ein Bauer, der hatte eine wunderschöne weisse Kuh. Gänseblume hiess die Kuh, und sie hatte das ganze Jahr hindurch, von einem Kalb zum nächsten, ihr Euter voller Milch. Und diese Milch war die beste und fetteste weit und breit.

Obwohl aber Gänseblumes Euter immer prall gefüllt war, gab sie doch nie mehr als fünf Liter Milch am Tag her. Mitten während des Melkens, wenn ihr Euter noch halb voll war, stellte Gänseblume ihre Ohren wie zum Horchen spitz nach vorn, muhte leise und hielt die Milch zurück. Und wer auch immer die Kuh melkte, musste dann unverrichteter Dinge und mit halbgefülltem Eimer abziehen.

Eines Abends spät ging ein Mädchen, das auf dem Bauernhof aushalf, auf die Wiese, die Kühe zu melken. Damals aber trug man noch die Lasten auf dem Kopf, und der Milcheimer hatte scharfe Kanten.

Das Mädchen rupfte sich nach vollbrachter Arbeit einen Bund Gras ab, legte ihn auf ihren Kopf und stellte auf dieses Polster den vollen Milchkübel.

Als nun das Mädchen zum Weidezaun kam, hielt sie einen Moment an, um noch einmal nach Gänseblume zurückzuschauen. Es war dämmerig geworden. Die Stunde zwischen Tag und Nacht, doch gerade noch hell genug, um Gänseblume ganz deutlich zu sehen.

Die Kuh stand unbeweglich still auf der grünen Wiese. Um sie herum schwärmten Hunderte von kleinen Männchen. Sie streichelten und kitzelten die Kuh, kraulten und liebkosten sie, und Gänseblume muhte sanft und zärtlich.

Einer aus dem Kleinen Volk, er schien ein bisschen grösser zu sein, lag auf dem Rücken unter der Kuh. Das Mädchen erkannte sofort, dass es ein Pixie war, denn er hatte rotes Haar, das in Büscheln nach oben stand, und einen riesengrossen Mund. Der Pixie streckte seine Beine in die Luft, gerade unter das Euter der Kuh, und die anderen Kleinen kletterten der Reihe nach an seinen Beinen hinauf und melkten sich, auf den Zehenspitzen stehend, Gänseblumes Milch direkt in ihre Münder.

Lange stand das Mädchen da am Zaun und schaute den Kleinen verwundert zu. Aber es wurde dunkel, und so drehte sie sich endlich um und ging nach Hause.

Hier müsste die Geschichte enden – aber das Mädchen wurde zu Hause von der Bäuerin mit «Wo warst du die ganze Zeit» und «Wo hast du dich rumgetrieben» empfangen. Und so erzählte sie mit grossen Augen der Bauersfrau ihr Erlebnis.

«Papperlapapp», sagte die Frau und «Das glaub ich dir nicht».

Sie nahm dem Mädchen aber das Bündel Gras vom Kopf und zupfte es beim Licht der Stalllaterne auseinander. Und da, unter Gräsern und Huflattichblättern, Hahnenfuss und Butterblumen, fand sie ein vierblättriges Kleeblatt. Das überzeugte die Bäuerin zwar, aber sie beliess es nicht dabei. Sie lief ins Dorf zu ihrer Mutter, die eine weise Hühnerfrau war. Dort holte sie sich Rat. Sie war nämlich eine sparsame Hausfrau und wollte die gute Milch nicht mit den Pixies teilen.

Die weise Hühnerfrau warnte sie. «Ich weiss wohl ein Mittel, dass das ganze Kleine Volk vergrault. Es ist ein Absud aus Salz und Fisch. Diesen Geruch können sie nicht leiden. Ich fände es aber sehr unklug, die Unterirdischen zu vertreiben. Sie haben euch Glück gebracht und euer Vieh gedeihen lassen.»

Nun, die sparsam denkende Bauersfrau kochte trotzdem einen Brei aus Stockfisch, Hering und Salz und rieb Gänseblumes Euter damit ein. Ja, das Mittel wirkte. Das

Kleine Volk der Pixies floh vor dem Gestank. Gänseblume gab nun zwar ihre ganze Milch her, aber es war nicht ein Viertel von dem, was sie vorher hatte.

Jeden Abend, wenn der Mond aufging, stand Gänseblume auf der Wiese und muhte jämmerlich nach ihren kleinen Freunden. Sie magerte schrecklich ab, und nach einigen Tagen war ihre Milch ganz versiegt. Ich weiss nicht, was aus Gänseblume wurde, aber auf dem Bauernhof wollte nichts mehr glücken, seit dem Tag, an dem die Frau das Kleine Volk verjagt hatte.

Märchen aus England

Die geheimnisvollen Zahlen

Es lebte einmal ein Bauer mit Frau und Kind auf einem kleinen Hof. Es ging ihnen gut und sie mussten keine Not leiden. Doch in einem Jahr brach eine schlimme Krankheit unter den Tieren aus und alle starben. Da suchte der Bauer das letzte Geld zusammen und kaufte neue Tiere. Doch auch diese wurden krank und starben. Jetzt hatte die Familie gar nichts mehr und sie litten ständig unter grossem Hunger.

Eines Tages ging der Bauer traurig über seine Felder, da trat auf einmal ein dunkles Männlein vor ihn. «Was hast du für einen Kummer?», fragte es den Bauern.

«Ach, wie könntest du kleiner Wicht mir helfen?», sprach der Bauer und lief mit gesenktem Kopf weiter.

Das Männlein aber trippelte immer neben ihm her und schliesslich sagte es: «Ich schenke dir vier Pferde, die nichts zu fressen brauchen. Du darfst sie fünfundzwanzig Jahre haben, danach aber musst du mir eine Frage beantworten. Wenn du die Antwort weisst, gehören die Pferde dir, weisst du sie nicht, so gehörst du mir für alle Zeit.»

Der Bauer dachte nach. Fünfundzwanzig Jahre waren eine lange Zeit. «Wie lautet denn die Frage?», wollte er wissen.

Das Männlein schaute zu ihm auf und sagte: «Die Frage lautet: Was bedeuten die Zahlen Eins bis Sieben?»

Der Bauer war einverstanden mit dem Handel, das Männlein drückte ihm noch einen Beutel mit Gold in die Hand und verschwand im Wald. Als der Bauer nach Hause kam, standen schon vier prächtige Pferde im Stall.

Am nächsten Morgen spannte er die Pferde vor seinen Wagen, fuhr auf's Feld, bestellte den Acker und knallte lustig mit der Peitsche.

Die Ernte war gut und die nächste noch besser und dem Bauern und seiner Familie ging es über die Massen gut. Die Zeit verging schnell, schneller als ihm lieb war und schliesslich kam das letzte Jahr und er wurde immer trauriger. Er sprach kaum noch, ihm war ganz elend, doch er verriet niemandem seinen Kummer. Die Frau war ganz verzweifelt, denn bald sprach der Mann gar nicht mehr, dann ass er nicht mehr und als der letzte Tag gekommen war, schloss er alle Türen und Fenster und bat die Bäuerin niemanden einzulassen.

An diesem Tag tobte draussen ein schlimmes Unwetter, und mitten in Regen und Donner klopfte jemand zaghaft an die Tür. Die Bäuerin wollte in dem Wetter niemanden vor der Tür stehen lassen und so öffnete sie die Tür und staunte, denn da stand ein winziges Männchen mit einem Stock in der Hand und bat um Einlass. Die Frau liess es ein und erzählte von ihrem kranken Mann, der oben im Zimmer lag. «Lass mich zu ihm», sprach das Männlein, «vielleicht kann ich ihm helfen».

Er trat an das Bett vom Bauern, und dieser erzählte dem Männlein, was er vor fünfundzwanzig Jahren versprochen hatte.

«Aber das ist doch ganz einfach!», rief da das Männlein.

«Die Eins ist eine Schiebekarre,
die Zwei eine zweizinkige Hacke,
die Drei ein Dreibein,
die Vier ein Wagen,
die Fünf sind die fünf Finger an der Hand,
die Sechs sind die sechs Werktage in der Woche,
und die Sieben ist das Siebengestirn am Himmel.»

Der Bauer atmete erleichtert auf. Augenblicklich fühlte er sich besser. «Nun mach dir keine Sorgen mehr, alles wird gut werden», sprach das Männlein und nach diesen Worten verschwand es, als wäre es nie dagewesen.

Der Bauer aber stand auf, ging in die Küche und seine Frau weinte vor Freude darüber, dass er wieder gesund war.

Am Abend klopfte es laut an der Tür und das dunkle Männlein kam mit seinem Dreikanthut, um ihn zu holen. Doch nun kannte der Bauer das Geheimnis der Zahlen von Eins bis Sieben und er sagte sein Sprüchlein munter auf. Da schimpfte der Zwerg, holte die geliehenen Pferde und wie der Blitz flog er mit ihnen auf und davon und wurde nie mehr gesehen.

Der Bauer aber lebte glücklich bis an sein Lebensende.

Märchen aus Deutschland

Kruzimugeli

Es war einmal ein König, der wollte gerne heiraten, und zwar ein Mädchen mit pechschwarzen Haaren und ebenso schwarzen Augen. Ob es eine Prinzessin sei oder nicht, das war ihm einerlei. Da kamen nun viele Mädchen herbei, die alle gerne Königin geworden wären, doch dem König gefielen sie nicht. Bei der einen waren die Haare nicht schwarz genug, bei der anderen die Augen zu hell, kurz und gut: Er hatte an allen etwas auszusetzen.

Eines Tages kam ein Köhler mit seiner Tochter zur Burg des Königs und als sie die vielen Menschen sahen, die zum Schloss wollten, fragten sie nach dem Grund. Da hörten sie, dass der König ein Mädchen suche mit schwarzen Haaren und schwarzen Augen. Die Köhlerstochter hatte jedoch genau solche Haare und Augen, und deshalb fragte sie: «Vater, darf ich zum König gehen?»

Der Vater wurde ärgerlich und sprach: «Mir scheint, dir fehlt es an Klugheit. Der König würde dich nie zur Frau nehmen!» Das Mädchen aber bat eindringlich weiter und erklärte schliesslich: «Ich will mich nur ein wenig im Schloss umsehen.»

Da gab der Vater nach, und das Mädchen machte sich auf den Weg zum König.

Unterwegs begegnete ihm ein kleines Männlein, das rief ihr zu: «Gott zum Gruss, Mädel, wo willst du denn hin?»

«Zum Schloss will ich und Königin werden!», rief das Mädchen.

«Dann soll es auch so werden», antwortete das Männlein. «Aber sag, was gibst du mir, wenn du Königin bist?»

«Ja, was kann ich dir denn geben? Ich habe ja nichts», antwortete das Köhlermädchen.

«Du musst nach drei Jahren noch wissen, dass ich Kruzimugeli heisse. Wenn du das nicht mehr weisst, so gehörst du mir.»

«Nun, wenn du damit zufrieden bist, so will ich es mir schon merken», erwiderte das Mädchen und lief fröhlich dem Schloss entgegen.

Wie es das Männlein gesagt hatte, so geschah es. Der König sah die Köhlerstochter und wusste sogleich, dass sie die Richtige war, denn ihr Haar glänzte schwarz, und die dunklen Augen funkelten. Schon bald wurde die Hochzeit gehalten, und die junge Frau lebte vergnügt auf dem Schloss. Sie merkte kaum, wie schnell die drei Jahre vorüber gingen, und als das dritte Jahr beinahe beendet war, da hatte sie, – oh Schreck –, den Namen des Männleins vergessen. Sie wurde traurig und weinte den ganzen Tag. Der König, der sie doch so sehr liebte, versuchte alles, um sie wieder fröhlich zu sehen. Kein Fest und kein Geschenk aber konnte sie mehr erheitern, und als er fragte, warum sie so traurig sei, antwortete sie, sie könne es ihm nicht sagen.

Bald darauf ging der Jäger des Königs auf die Jagd, um Wild für die königliche Tafel zu holen. Er kam immer tiefer in den Wald hinein. Auf einmal erblickte er ein Männlein, das hatte ein Feuerchen entzündet, sprang mit wilder Freude darüber und sang immerzu:

«Wie gut ist, dass die Königin nit weiss,
Dass i Kruzimugeli heiss!»

Der Jäger wunderte sich darüber, und auf dem Heimweg begegnete er der jungen Königin, die im Schlossgarten traurig auf und ab ging und über den Namen des Männleins nachsann. Kaum aber hatte er ihr von seiner seltsamen Beobachtung erzählt, sprang sie auf vor Freude. Der nächste Tag war nämlich der letzte des dritten Jahres, da wollte das Männlein kommen und sie nach seinem Namen fragen.

Und wirklich: Am nächsten Tag kam es und fragte: «Nun, Frau Königin, weisst du meinen Namen noch? Du darfst nur dreimal raten, und wenn du ihn mir beim dritten Mal nicht genannt hast, so gehörst du mir.»

Da rief die Königin: «Nun, mir scheint, du heisst Steffel.»

Als das Männlein dies hörte, hüpfte es in die Luft und rief laut: «Nit troffa!»

Die Königin vermutete: «Heisst du vielleicht Veitl?»

Wieder hüpfte das Männlein auf und rief abermals: «Nit troffa!»

Nun aber sprach die junge Königin mit einem Lächeln: «Dann heisst du wohl Kruzimugeli!»

Als das Männlein seinen Namen hörte, raste es mit einem wilden Schrei durch die Schlossmauer ins Freie und kam niemals wieder. Von diesem Tag an lebte die junge Königin mit ihrem König noch lange froh und glücklich.

Das Loch aber, wo das Männlein durchgesaust war, soll es heute noch geben.

Märchen aus Österreich

Das verlorene Glöckchen Tingeltuu

Ein armer Hirtenjunge ging eines Morgens über die Wiese und fand ein kleines, silbernes Glöckchen im Gras. Er nahm es erfreut auf und steckte es in seine Hosentasche.

Das Glöckchen gehörte aber einem der braunen Zwerge, die dort zu Hunderten unter den Hügeln wohnten. Der Zwerg hatte es beim Tanzen verloren und dies nicht gleich bemerkt. Beim Morgengrauen war er zurück in den Berg geeilt. Später vermisste er sein Glöckchen und wurde ganz schwermütig. Das Schrecklichste, was einem Zwerg passieren kann, ist, wenn er seine Schuhe oder seine Kappe verliert. Aber auch schon das Glöckchen seiner Kappe oder etwa die Schnalle seines Gürtels zu verlieren, ist schlimm. Der Zwerg kann keinen Schlaf finden und muss suchen, bis er das Verlorene wiederfindet.

Der kleine braune Zwerg suchte überall nach seinem Glöckchen. Woher aber sollte er wissen, wo es geblieben war? Die Zwerge dürfen nur ganz selten ins helle Tageslicht treten, und auch dann dürfen sie nicht in ihrer wahren Gestalt erscheinen. Der Zwerg hatte sich schon in alle möglichen Vögel, Tiere und Menschen verwandelt und in dieser Verzauberung nach seinem Glöckchen ausgeschaut. Er hatte als Maus die Mäuse befragt und als Eidechse die Eidechsen und hatte das Glöckchen doch nicht gefunden.

«Vielleicht», überlegte der Zwerg, «hat eine Elster mein Glöckchen gefunden und in ihr Nest getragen.» Also verwandelte er sich in einen kleinen, wunderschönen Vogel und flog von Nest zu Nest, aber keiner der Vögel konnte ihm Auskunft geben.

Er wollte sich wieder auf den Heimweg machen, da klingelte es auf einmal hell und vielstimmig, denn auf einer Wiese sass der Hirtenjunge auf einem Stein und um ihn herum grasten die Schafe mit ihren feinen Glöckchen. Der kleine, schöne Vogel hörte das Geklingel, dachte an seine verlorene Glocke und sang traurig:

«Tingeltuu, tingeltuu,
höre liebes Schäfchen mein,
trägst wohl du mein Glöckelein?»

Der Junge schaute auf und lauschte dem sonderbaren Gesang, der ihn seltsam rührte, und auf einmal nahm er das Silberglöckchen hervor und fing an zu läuten.

Der Vogel in der Luft erkannte sofort sein Glöckchen Tingeltuu und zitterte vor Freude. Er verwandelte sich in eine alte, zerlumpte Frau und humpelte auf den jungen

Hirten zu. Der sass da, liess das Glöckchen erklingen und wunderte sich, wohin der schöne Vogel so plötzlich verschwunden war.

Die Alte wünschte ihm einen schönen guten Tag und sagte: «Was hast du da für ein hübsches Glöckchen! Willst du es mir nicht verkaufen?»

«Nein», antwortete der Junge, «die Glocke verkaufe ich nicht! Es gibt keine zweite von der Art. Klingele ich mit ihr, so folgen mir meine Schafe, wohin ich auch will. Und was für einen Ton sie hat! Höre nur, Mütterchen!» Er liess das Glöckchen läuten. «Hörst du, wie schön es klingt? Für nichts in der Welt gebe ich es her!»

Da zog die Alte drei blitzende Silbertaler aus ihrer Schürzentasche und reichte sie ihm, aber der Hirtenjunge wiederholte: «Nein, ich gebe das Glöckchen nicht her.»

Die alte Frau bot ihm fünf Silbertaler an, doch der Junge sprach: «Nein, das Glöckchen bleibt bei mir.»

Daraufhin zog die Alte einen weissen Stock aus ihrer Schürze und sprach: «Bitte, gib mir das Glöckchen! Ich will dir dafür diesen Stock geben. Solange du mit diesem Stock die Schafe hütest, werden sie gesund sein und dir folgen, wo immer du hingehst.»

Da griff der Junge nach dem Stock und rief: «Abgemacht! Den Stock gegen das Glöckchen!»

Die alte Frau streckte die Hand aus, nahm das Glöckchen, es klingelte einmal, und da war sie verschwunden. Der Hirtenjunge sah sich um, doch die Alte war nirgends mehr zu sehen.

Der Zwerg war glücklich über sein wiedergefundenes Glöckchen und er hielt sein Versprechen, denn Zwerge dürfen nicht lügen, sonst werden sie in eine Kröte, einen Mistkäfer oder eine Schlange verwandelt und müssen so umher wandern, bis sie wieder erlöst werden.

Der Hirtenjunge aber bestaunte seinen neuen Stab und bemerkte bald, dass tatsächlich ein Zauber auf ihm lag. Die Schafe folgten ihm, wohin er ging, waren stets gesund, und bald war er der begehrteste Schäfer weit und breit.

Märchen aus Deutschland

Habetrot mit der dicken langen Unterlippe

In England lebte eine Frau, die hatte eine hübsche Tochter, die lieber spielte als arbeitete, lieber über die Wiese ging und Gänseblümchen pflückte, als ihrer Mutter beim Spinnen zu helfen.

Die Frau liess nichts unversucht, aus ihrer Tochter doch noch eine gute Spinnerin zu machen, denn in jenen Tagen hatte ein Mädchen, das nicht fleissig spinnen konnte, keine Chance, einen Mann zu bekommen. Die Mutter redete ihrer Tochter gut zu, schmeichelte, bat, schimpfte, drohte, schlug sie gar: Es half alles nichts. Das Mädchen war und blieb, wie ihre Mutter es nannte: «Eine nichtsnutzige Transuse.» Da warf die Mutter ihrer Tochter eines Morgens sieben Bündel Flachs vor die Füsse und sprach: «Die wirst du in drei Tagen zu feinem Garn spinnen, oder es wird dir schlecht ergehen!» Das Mädchen wusste: Dieses Mal meinte die Mutter es wirklich ernst! Es setzte sich an das Spinnrad und arbeitete den ganzen Tag. Es war nicht geschickt im Spinnen, bald schon hatte es blutige Blasen an den zarten, weissen Fingern, am Ende des ersten Tages war nur wenig Garn gesponnen, und dieses war grob und voller Knoten.

Es wurde Nacht. Das Mädchen weinte sich in den Schlaf. Am anderen Morgen besah es ihr Knäulchen Garn, sprang auf und rief: «Ich kann nicht, ich will nicht, und ich mag nicht. Lieber gehe ich spazieren!»

Es lief aus dem Haus und über die Wiese. Die Tautropfen hingen an den Gräsern und glänzten in der Morgensonne. Das Mädchen ging über die Felder und dem Bach entlang. Es kam an einen Erdhügel am Bachufer und setzte sich neben einen grossen, hohlen Stein mit einem Loch in der Mitte. Dort legte es seinen Kopf in die Hände und weinte. Es sass lange da und war so in seinen Kummer versunken, dass es niemanden kommen hörte. Als es endlich aufschaute, sah es ein kleines altes Weiblein neben sich auf dem Stein sitzen. Das kleine Weiblein zog gewaschenes Flachsgarn aus dem Bachbett und breitete es zum Trocknen in der Sonne aus.

Die Alte hatte ein erdbraunes, runzliges Gesicht und grosse Ohren. Das Erstaunlichste an ihr aber war ihre riesige, lange, dicke, bis zum Kinn herunterhängende Unterlippe. Das Mädchen war ein freundliches Kind: «Guten Morgen», sagte es, und da es auch ein sehr neugieriges Mädchen war, fragte es: «Woher hast du so eine dicke, lange Unterlippe?»

«Vom Spinnen, mein Kindchen, vom Garnspinnen, mein Mädchen», sagte das Weiblein und sah das Mädchen freundlich an.

«Oh!», rief das Mädchen, «ich sollte auch spinnen. Aber ich kann es nicht und mag es nicht, und ich werde meine Arbeit nie zu Ende bringen!» Und es vertraute dem Weiblein seinen Kummer an.

«Hol mir deinen Flachs, dann werde ich für dich spinnen», bot die freundliche Alte an.

Das Mädchen rannte überglücklich nach Hause und holte die sieben Bündel Flachs.

«Wie ist dein Name, Grossmütterchen?», fragte es. «Und wo kann ich das Garn abholen?»

Das Weiblein aber verschwand wortlos mit den sieben Flachsbündeln zwischen den Büschen und Bäumen. Das Mädchen setzte sich an den Bach und wartete. Die Sonne schien warm. Es wurde schläfrig, legte den Kopf auf den hohlen Stein und schlummerte ein.

Als es wieder aufwachte, ging die Sonne schon unter. Das Mädchen rieb sich die Augen und hörte surrende Geräusche und singende Stimmen direkt unter seinem Kopf. Es schaute durch das Loch im Stein und erblickte eine tiefe, grosse Höhle. In der Höhle sassen mehrere kleine alte Weiblein und spannen. Jedes von ihnen sass auf einem weissen Stein. Einige hatten einen Platschfuss, breit wie ein Küchenbrett. Andere hatten einen Daumen, so dick, dass man drei hätte daraus machen können, und alle hatten riesenlange Unterlippen. Das kleine alte Weiblein wanderte zwischen ihnen auf und ab und gab ihnen Anweisungen. Das Mädchen legte ein Ohr auf das Loch im Stein und hörte sie raunen:

«Wie wenig doch das Mädchen weiss.
Weiss nicht, dass ich Habetrot heiss.
Wickelt um und wickelt ab,
weil ich das Garn versprochen hab!
Wickelt ab und wickelt schön,
das Mädchen muss heim zur Mutter gehn.
Wickelt schön und wickelt bald
dass Habetrot ihr Versprechen halt.»

Bald darauf kam Habetrot aus der Höhle und gab dem Mädchen sieben wundervoll gesponnene Bündel Garn in die Hände.

«Oh, Grossmütterchen, wie kann ich dir danken?», fragte das Mädchen.

«Nichts, nichts, mein Mädchen, brauchst mir nicht danken, aber erzähl der Mutter nicht, wer das Garn gesponnen hat!»

Das Mädchen tanzte und sprang mit den sieben wundervollen Bündeln nach Hause. Es war überglücklich, aber auch hungrig; schliesslich hatte es den ganzen Tag nichts gegessen.

Die Mutter lag schon im Bett und schlief. Sie hatte Blutwürste gemacht, sie zum Trocknen in den Rauchfang gehängt und war, müde von der Arbeit, früh zu Bett gegangen.

Das Mädchen legte seine Garnbündel auf den Tisch, blies das Herdfeuer an, holte die Bratpfanne herunter, machte die erste Blutwurst heiss und ass sie. Sie schmeckte vortrefflich. Es briet die zweite Wurst und ass sie, die dritte, die vierte, die fünfte… Es hatte wirklich grossen Hunger, ass die sechste und, weil sie so gut schmeckten, auch die letzte, siebte Wurst. Dann stieg es die Leiter hinauf, legte sich in sein Bett und schlief auch gleich ein.

Früh am anderen Morgen stand die Mutter auf. Sie sah die sieben wundervoll gesponnenen Garnbündel und freute sich über die Massen. Von den sieben Blutwürsten aber fand sie nur noch einen letzten Zipfel. Da ärgerte sie sich so sehr, dass sie vor die Tür lief und rief:

«Meine Tochter spann 7, 7, 7,
meine Tochter ass 7, 7, 7,
noch vor Morgengraun.»

So rief sie immerzu. Ein junger Lord ritt vorbei, hörte ihr Geschrei und fragte sie nach dem Grund. Da wiederholte die Mutter:

«Meine Tochter spann 7, 7, 7,
meine Tochter ass 7, 7, 7,

und wenn ihr es nicht glauben wollt,
ihr es gleich selber schauen sollt.»

Der junge Mann folgte ihr ins Haus, und als er das weiche, schön gesponnene Garn sah, wollte er auch die Frau sehen, die es gesponnen hatte. Als er aber die Tochter erblickte, so rosig und schön und mit zarten, weissen Händen, wollte er sie gleich zur Frau haben. Nun, der junge Mann war schön, hatte schwarze Locken und gefiel der Tochter, also war sie einverstanden.

Die Hochzeit wurde vorbereitet und der Bräutigam sprach immer wieder davon, wie sehr er sich freue, eine so fleissige Spinnerin zur Frau zu bekommen. Das machte der Braut Sorgen, und kurz vor der Hochzeit lief sie zu dem hohlen Stein am Bachufer und rief:

«Habetrot, Habetrot,
steh mir bei in meiner Not!»

Habetrot erschien und wusste schon Bescheid: «Hab keine Angst, Kindchen, hab keine Angst. Bring deinen Bräutigam her und lass uns nur machen!» Am nächsten Abend, die Sonne ging gerade unter, stand das verlobte Paar vor dem hohlen Stein. Aus der Tiefe hörten sie Habetrots Stimme:

«Wir, die wir im Finstern leben,
verborgen vor der Sonne Licht,
grau und hässlich anzusehen,
uns im Dunkeln sieht man nicht.
Sitzen Nacht für Nacht allein
auf unserm weissen Kieselstein.»

Das Lied verstummte, und Habetrot sprach: «Ich habe jemanden gebeten, zu dieser Stunde hierher zu kommen». Sie öffnete eine verborgene Tür und lud das Paar ein, einzutreten. Der junge Mann staunte nicht schlecht über die unheimliche Schar von Spinnerinnen und fragte sie gleich: «Liebe Mütterchen, wie kommt es, dass ihr so seltsam aussieht?»

Und ein Weiblein nach dem anderen murmelte und lispelte:

«Mi-mi-wi-di-sp-spin-ni.»
«Wom schpom-schpom-mon.»
«Dusch kumsch vomsch-schpunnen.»

«Vom Spinnen, vom Spinnen», übersetzte Habetrot. «Meine Schwestern waren auch einmal schöne Mädchen», fuhr sie fort. «Deine liebe Braut, junger Herr, wird auch einmal so aussehen, so hübsch sie jetzt auch noch sein mag, denn sie mag nichts lieber als Spinnen.»

Da wurde dem jungen Mann angst und bang, und er rief: «So soll sie niemals wieder spinnen!»

«Nun denn, wenn du es wünschst, so will ich mich fügen», versprach seine Braut sanft.

So hielten sie es auch, und seit jenem Abend spazierte sie mit ihrem Mann über die Wiesen, frei wie ein Vogel, und jedes Bündel Flachs, das auf ihrem Land wuchs, brachte sie der alten Habetrot zum Spinnen. Später wurde Habetrot als Schutzherrin der Spinnerinnen verehrt. Man glaubte, ein Hemd, von ihr gewoben, sei ein Schutzmittel gegen alle Arten von Krankheiten.

Märchen aus Schottland

Der Drache erwacht aus dem Winterschlaf

Es war einmal ein gelehrter Mann, der las gerade in einem Buch, als er ein kleines Ding entdeckte, das leuchtete wie ein Glühwurm. Es krabbelte auf den Tisch, und wo es ging, hinterliess es schwarze Brandspuren. Der Mann beobachtete neugierig, wie das Ding auf sein Buch kletterte, und das Buch langsam schwarz wurde. Da fiel ihm ein, dass dieses Lebewesen ein Drache sein könnte. Vorsichtig trug er es auf dem Buch vor die Tür hinaus. Das kleine Ding aber blieb sitzen, ohne sich zu bewegen.

Der Gelehrte trug das Buch mit dem Wesen wieder zurück ins Haus. Er zog seine schönsten Kleider an, ging zum kleinen Drachen zurück, verbeugte sich ehrerbietig vor ihm und trug ihn ein zweites Mal vor die Tür. Kaum war er draussen, da hob der Drache den Kopf und begann sich zu strecken. Er wurde grösser und grösser, mit einem zischenden Laut flog er vom Buch auf, und hinter ihm blieb ein leuchtender Streifen zurück. Einmal noch wandte er sich um, da war er schon riesengross. Auf einmal krachte ein schrecklicher Donnerschlag, und der Drache verwand in den Wolken.

Der Gelehrte ging zurück ins Haus und wollte nachsehen, woher der Drache gekommen war. Hin und her gingen dessen Spuren ... bis zur Bücherkiste.

Märchen aus China

KAPITEL 5
Von Drachen, Riesen, Räubern und Geistern

Die Auseinandersetzung mit einem Geschöpf, das grösser und stärker ist als der Mensch, fasziniert Kinder schon früh. Die alten Mythen und Märchen sind reich an Drachengestalten. Je nach Kulturkreis wirken sie zerstörerisch und müssen von Helden bekämpft werden, oder sie gehören, zum Beispiel im asiatischen Raum, zu den Glücksbringern und zieren die Wappen von Kaisern. So mag ein Drache für Ereignisse stehen, die das Kind als Bedrohung empfindet und auf diese Art und Weise verarbeiten möchte. Gefühle und Ängste können ins Riesige wachsen, und für das Kind ist es deshalb interessant zu hören, wie die Märchenhelden mit Riesen und anderen Bedrohungen umgehen. Räuber, Teufel und Geister gehören ebenfalls in die Kategorie der gefährlichen Symbolfiguren. Mit grosser Faszination hören die Kinder, wie die Heldinnen und Helden diese überlisten. Kinder verlangen immer wieder nach Märchen, in denen etwas Gefährliches geschieht. Ein gewisser Schauder, eine Art Vorfreude auf das Schreckliche, stellt sich vorab ein, jedoch immer in Verbindung mit der Gewissheit, dass man selber in wohliger Sicherheit ist und die Märchen zu einem guten Ende führen.

Im Eingangsmärchen erwacht ein kleiner Drache im Bücherzimmer eines alten Mannes aus dem Winterschlaf und wird gebührend in den Frühling und die Freiheit entlassen. Wer weiss, ob nicht auch in diesem Buch ein kleiner Drache schläft?

Im zweiten Märchen begegnet ein Mann einem Drachen, als er auf der Suche nach Nahrung für seine vielen Kinder ist. Der Drache erscheint ihm als Ungeheuer, das den Menschen die Lebensgrundlage raubt und sie ängstigt. Indem sich der Held dem Drachen und seiner schrecklichen Drachenmutter stellt, lernt er ihre Schwächen und seine eigenen Stärken kennen. Er kann seine Angst überwinden und die übermächtigen Gestalten überlisten, so dass sie ihm am Ende sogar zu einem neuen, besseren Leben verhelfen.

Der Held in «Die Königstochter in der Flammenburg» muss ebenfalls seine Angst überwinden. Doch er ist nicht allein, denn der geheimnisvolle Stier steht ihm zur Seite. Er spricht ihm dort Mut zu, wo der Held fast aufgeben will, und hilft ihm, mit seinen Ängsten und der Kraft der Elemente umzugehen und daran zu wachsen.

Im chinesischen Märchen «Das Auge des Drachen» zieht ein junger Mann einen kleinen Drachen gross. Beide wachsen, und ihre Freundschaft wird auch grösser.

Doch je älter der junge Mann wird, desto gieriger wird er, bis er am Ende zu viel verlangt. Der Drache verschlingt ihn symbolisch, wie die Gier den jungen Mann verschlungen hat.

Riesen sind Symbole für eine übergrosse Kraft, die, wenn sie nicht im Zaum gehalten wird, zerstörerisch wirken kann. In den alten Mythen spielen sie die Rolle der Urgewalten, die schöpferisch oder grausam sein können. Ihre Kräfte müssen schlau genutzt werden, damit sie nicht zu viel Schaden anrichten.

Der Junge im Märchen «Stompe Pilt» begegnet einem solchen Unhold, als er ganz allein die Ziegen hütet. Er lässt sich, wie es so schön heisst, «nicht bange machen» und greift auf das zurück, was er gut kann, um die gefährliche Situation zu meistern. Auch der Junge im nächsten Märchen ist ganz allein, als er auf einen Riesen trifft, und, schlau wie er ist, lässt er sich sogar vom Riesen beschützen. Doch dieser braucht selber Hilfe, und der Junge nutzt seine eigenen Kräfte, nämlich die Schlauheit und die Begabung zum Flötespielen, um den Riesen zu erlösen.

Gleich mit zwei Riesinnen muss es das Mädchen Signy aufnehmen, um den Prinzen «Lini» zu finden, der von den Riesinnen festgehalten wird. Dank ihrer Klugheit kann sie dem Prinzen helfen, sich von der Macht der Riesinnen zu befreien. In der herrlichen Geschichte vom Riesen Fin, ist es die Riesenfrau selbst, die mit Klugheit und Witz zwei Raufbolde davon abhält, zu viel Schaden anzurichten. Das Riesenkind in der Sage «Das Riesenspielzeug» muss lernen, mit seinen Kräften umzugehen und zu verstehen, dass man, auch wenn man stark und gross ist, nicht einfach über die Kleineren, hier die Menschen, bestimmen darf.

Auch die beiden Kinder im Märchen «Die Heckentür» machen etwas, was sie nicht tun sollten, und prompt verlaufen sie sich im Wald und müssen die Nacht ganz allein auf einem Baum verbringen. Doch dann kommen Räuber, und der Trick, mit dem sich die beiden retten, zaubert immer ein Lächeln auf die Gesichter der Zuhörenden.

Etwas schwieriger sind Geister und Gespenster zu fassen. Sie scheinen mit der Angst zu wachsen, und es gehört viel Mut und Humor dazu, um nicht nur die Angst, sondern auch die Geister zu vertreiben, wie es im Märchen «Die Birkennase» geschieht. Eine etwas «gruselige» Geschichte erzählt das folgende Märchen aus Japan. Hier zeigt der Held eine besondere Gabe, die ihm unverhofft zum Glück verhilft und eine ganze Gegend von Geistern erlöst.

Das Ungeheuerliche geschieht nicht immer nachts oder im dunklen Wald. Im norwegischen Märchen «Der Junge und der Teufel» kommt der Teufel am helllichten Tag daher, und nach dem Lesen dieser Geschichte weiss man auch, weshalb es gut ist, eine Nuss mit Wurmloch bei sich zu haben.

Wer nun nach all diesen Märchen noch nicht genug hat, liest das Räubermärchen am Ende des Kapitels, und irgendwann fallen auch dem tapfersten Helden und der mutigsten Heldin die Augen zu.

Stan Bolovan

Es war einmal, was einmal war, wäre es nicht gewesen, würde es nicht erzählt. Es war einmal ein Mann, Stan Bolovan hiess er, der hatte eine Frau, die immerzu traurig war, weil sie keine Kinder hatte. Und weil sie traurig war, war er es auch! So ging das eine ganze Zeit.

Als Stan einmal unterwegs war, um Getreide zur Mühle zu bringen, traf er auf einen alten Mann. «Was schaust du so traurig, Stan Bolovan?», fragte der Alte und Stan erzählte ihm von seinem grossen Wunsch.

«Wenn es weiter nichts ist», meinte der Alte, «aber bist du dir denn wirklich sicher, dass du dir Kinder wünschst?»

«Oh ja», sprach Stan, «viele Kinder!»

«Pass nur auf, dass du sie alle satt bekommst», meinte da der Alte und war auch schon verschwunden.

Verwundert machte sich Stan auf den Heimweg. Schon von Weitem hörte er Kindergeschrei und als er zum Haus kam, was sah er: Der ganze Hof, der Garten, das ganze Haus war voller Kinder, eins kleiner als das andere, ganze hundert an der Zahl. Sie sprangen und hüpften, rauften sich und schrien alle durcheinander.

«So viele Kinder?», sprach Stan zu seiner Frau und sie meinte: «Und kein einziges zu viel!» So freuten sich die zwei und zum Traurigsein hatten sie keine Zeit mehr.

Die Tage vergingen und schon bald hatten die hundert Kinder alle Vorräte aufgegessen und sie riefen: «Vater, wir haben Hunger!» Da kratzte sich Stan am Kopf und sann nach: Die Kuh war zu mager, der Garten zu klein und das Getreide aufgegessen – wie sollte er alle satt bekommen? Seine Frau aber meinte: «Wenn dir so viele Kinder geschenkt wurden, dann wirst du auch Essen für sie finden.»

So machte sich Stan schweren Herzens auf und nahm sich fest vor, voll beladen mit Essen zurückzukehren. Aber wenn man hungrig ist, ist der Weg weit. Stan wanderte und wanderte und traf schliesslich auf eine Herde Schafe und ihre Schäfer, die hatten auch ihre Not. Um Mitternacht kam nämlich immer ein schrecklicher Drache, der holte sich Milch und Schafe als Frühstück für sich und seine Mutter und die Herde wurde immer kleiner. Stan hörte sich das alles an, dachte an seine hungrigen Kinder und sprach: «Was würdet ihr mir geben, wenn ich euch von dem Drachen befreie?»

«Soviel, wie du für dich und die deinen brauchst», meinten die Schäfer.

Stan war einverstanden und nun brauchte er nur noch auf den Drachen zu warten. Damit er nicht hungrig wurde, hatten ihm die Schäfer einen kleinen Schafskäse gegeben. Um Mitternacht brach der Drache wie ein Sturm über die Herde und Stan hätte sich am liebsten versteckt, aber da fielen ihm seine hungrigen Kinder ein. Er nahm allen Mut zusammen, stellte sich vor den Drachen und rief: «Halt! Ich bin der starke Stan Bolovan, niemand ist stärker als ich!»

Der Drache schaute ihn verwundert an und sprach: «Erst musst du deine Kraft zeigen!» Da griff Stan in seine Tasche, holte den Käse heraus, drückte ihn zusammen, dass das Wasser tropfte und rief: «Kannst du Wasser aus einem Stein drücken, so wie ich?» Der Drache nahm einen Stein vom Boden auf und zerdrückte ihn zu Staub, Wasser aber kam nicht heraus.

«Hör mal», meinte der Drache, «so einen wie dich könnte meine Mutter gebrauchen. Wenn du bei uns in Dienst kommst, erhältst du für jeden Tag sieben Säcke voller Goldstücke». Das schien Stan ein gutes Angebot und er liess sich vom Drachen zur Drachenmutter führen. Diese war so alt wie die Zeit, sie stand am Feuer und ihre Augen leuchten rot wie die Glut. Der junge Mann gefiel ihr gar nicht und sie überlegte, wie sie ihn loswerden könnte.

Am nächsten Morgen erteilte sie ihm die Aufgabe, eine riesige, eisenbeschlagene Keule in die Luft zu werfen. Diese war so schwer, dass kein Mensch sie hätte heben können. Stan stellte sich davor und sprach: «Nun, eigentlich schade um diese schöne Keule.»

«Wieso schade?», wollte der Drachensohn wissen.

«Nun, wenn ich sie werfe, wird sie weit fliegen, bis hinter den Mond und du wirst sie nie wiedersehen.»

«Das schaffst du nie und nimmer», meinte der Drache.

«Doch, doch, wir müssen nur warten, bis der Mond vorbeigezogen ist, damit ich ihn nicht treffe.»

So lange wollte der Drache nun doch nicht warten und zu Hause ging er gleich zur Drachenmutter und sprach: «O weh, das ist ein starker Mann. Ich konnte ihn eben daran hindern, die Keule hinter den Mond zu werfen.»

Das fand auch die Drachin bedenklich. Am nächsten Morgen gab sie ihnen zwölf Lederschläuche, die sollten sie mit Wasser füllen und nach Hause tragen. Stan konnte schon die leeren Schläuche fast nicht tragen und als sie beim Brunnen ankamen, fing er an, die Erde rund um den Brunnen aufzuhacken.

«Was tust du da?», fragte der Drache besorgt.

«Nun ich finde es einfacher, gleich den ganzen Brunnen mitzunehmen, so müssen wir nicht immer Wasser holen gehen.»

«Halt ein!», rief da der Drache. «Dieser Brunnen steht schon so lange da, als ich denken kann. Lass mich deine Schläuche tragen.»

Stan war einverstanden und so ging der zweite Tag zu Ende.

Am dritten Tag sollten sie Holz holen und eins, zwei, drei, hatte der Drache so viele Bäume ausgerissen, wie Stan es in seinem Leben noch nie gesehen hatte. Stan kletterte daraufhin auf einen schönen Baum und band ein Seil daran fest.

«Was machst du da?», wollte der Drache wissen.

«Ich binde die Bäume zusammen, damit ich den ganzen Wald auf einmal mitnehmen kann.»

«Bitte nicht!», rief da der Drache. «Ich werde dein Holz tragen.»

Und so war auch der dritte Tag um und bei den Drachen sind drei Tage ein Jahr, also sollte Stan bald seinen Lohn bekommen. Am Abend hörte Stan, wie der Drache mit seiner Mutter sprach: «Ach weh, Mutter, gib ihm noch mehr Gold, dass wir ihn bald los sind.»

Die Drachin aber meinte: «Du musst ihn heute Nacht mit der Keule schlagen, dann sind wir ihn für immer los.»

Stan hatte alles gehört, legte seine Kleider auf das Bett, legte sich selbst darunter und fing laut zu schnarchen an. Tatsächlich kam schon bald der Drache angeschlichen und hieb mit der Keule ein paar Mal kräftig aufs Bett.

Am nächsten Morgen stand Stan Bolovan vergnügt auf und sprach: «Mir ist, als hätte mich heute Nacht ein Floh gezwickt.»

Da zitterten die beiden Drachen vor Angst. Schnell eilte die Drachenmutter, um die Säcke mit Gold zu holen, aber Stan bewegte sich nicht von der Stelle. Wie sollte er die drei Säcke Gold nach Hause tragen?

«Was stehst du noch da?», fragten die beiden Drachen besorgt.

«Ich habe mir gedacht, dass ich doch noch ein Jahr bei euch bleiben will.»

Da erschraken sie, boten Stan dreimal so viel Gold an, wenn er nur nach Hause ginge.

«Na gut», meinte Stan. «Ich sehe, dass ihr mich nicht behalten wollt, aber alleine will ich nicht zurückgehen. Dein Sohn soll mich begleiten.»

Schnell lud der Drache die Säcke voller Gold auf seinen Rücken und ging schon mal voraus, Stan hinterher.

Als sie das Haus von Weitem sahen, schaute eines der Kinder aus dem Fenster und rief: «Schaut, der Vater kommt!» Und obwohl sie eben vor Brot und Wassersuppe am Tisch gesessen hatten, kamen alle hundert Kinder hinaus, schwangen ein Messer in der einen und einen Löffel in der anderen Hand. Sie sprangen dem Vater entgegen und riefen: «Vater, wir haben Hunger!»

Das war nun zu viel für den Drachen. Er warf die Säcke auf den Boden und ging davon, so schnell er konnte, und es heisst, dass er bis heute nicht zurückgekehrt ist.

Stan Bolovan und seine Kinder aber sind von dem Tag an immer satt geworden.

Märchen aus Rumänien

Die Königstochter in der Flammenburg

Es war einmal ein armer Mann, der hatte so viele Kinder wie Löcher in einem Sieb und alle Leute in seinem Dorfe schon als Paten gehabt. Als ihm nun wieder ein Sohn geboren wurde, setzte er sich an die Landstrasse, um den ersten besten zu bitten Pate zu sein. Da kam ihm ein alter Mann in einem grauen Mantel entgegen, den bat er, und dieser war einverstanden und ging mit zur Taufe. Als Taufgeschenk übergab der alte Mann dem Vater eine Kuh mit einem Kälbchen. Das war am gleichen Tag zur Welt gekommen wie der Knabe und hatte auf der Stirn einen goldenen Stern.

Der Knabe wurde älter und grösser und auch das Kälbchen wuchs, wurde zu einem grossen Stier und der Junge führte ihn jeden Tag auf die Bergwiese. Der Stier aber konnte sprechen, und wenn sie oben auf dem Berg waren, sprach der Stier: «Bleib hier und schlafe, ich will mir meine Weide selber suchen!» Kaum war der Knabe eingeschlafen, rannte der Stier wie der Blitz fort auf die grosse Himmelswiese und frass goldene Sternblumen. Als die Sonne unterging, eilte er zurück, weckte den Jungen, und dann gingen sie nach Hause. So geschah es jeden Tag, bis der Knabe zwanzig Jahre alt war.

Da sprach der Stier eines Tages zu ihm: «Jetzt setz dich zwischen meine Hörner, ich trage dich zum König. Verlange von ihm ein sieben Ellen langes eisernes Schwert und sage ihm, dass du seine Tochter erlösen willst.»

Bald waren sie bei der Burg angekommen. Der Knabe stieg ab, ging zum König und sagte, warum er gekommen sei. Dieser gab dem Hirtenknaben das verlangte Schwert gern. Aber er hatte keine grosse Hoffnung, seine Tochter jemals wiederzusehen. Schon viele mutige Jünglinge hatten vergeblich versucht, sie zu befreien, denn ein zwölfköpfiger Drache hatte sie entführt, und dieser wohnte weit weg, wohin niemand gelangen konnte. Erstens war auf dem Weg dorthin ein hohes, unüberwindbares Gebirge, zweitens ein weites und stürmisches Meer und drittens wohnte der Drache in einer Flammenburg. Wenn es nun auch jemandem gelungen wäre, über das Gebirge und das Meer zu kommen, so hätte er doch durch die mächtigen Flammen nicht hindurchdringen können, und wäre er glücklich durchgedrungen, so hätte ihn der Drache getötet.

Als der Junge das Schwert hatte, setzte er sich dem Stier zwischen die Hörner, und im Nu waren sie vor dem grossen Gebirge. «Jetzt müssen wir wieder umkehren», sagte er zum Stier, denn es schien ihm unmöglich hinüberzukommen. Der Stier aber sprach: «Warte einen Augenblick!», setzte den Jungen auf den Boden, und kaum war das geschehen, nahm er Anlauf und schob mit seinen gewaltigen Hörnern das ganze Gebirge auf die Seite.

Nun setzte der Stier den Jungen wieder zwischen die Hörner. Sie zogen weiter und kamen zum Meer. «Jetzt müssen wir umkehren!», sprach der Junge, «denn da kann niemand hinüber!»

«Warte einen Augenblick!», sprach der Stier, «und halte dich an meinen Hörnern fest.»

Er neigte den Kopf zum Wasser und soff und soff das ganze Meer aus, so dass sie trockenen Fusses wie auf einer Wiese weiterzogen.

Nun waren sie bald an der Flammenburg. Da kam ihnen schon von Weitem eine solche Glut entgegen, dass der Junge es nicht mehr aushalten konnte. «Halte ein!», rief er dem Stier zu, «nicht weiter, sonst müssen wir verbrennen.» Der Stier aber lief ganz nahe hin und goss das Meer, das er getrunken hatte, in die Flammen, so dass sie gleich verlöschten und ein mächtiger Rauch entstand, der den ganzen Himmel verdunkelte. Da stürzte der zwölfköpfige Drache wütend aus den schwarzen Wolken hervor.

«Jetzt ist es an dir!», rief der Stier zum Jungen, «sieh zu, dass du dem Ungeheuer mit einem Mal alle Köpfe abschlägst!» Dieser nahm alle seine Kraft zusammen, fasste das gewaltige Schwert in beide Hände und versetzte dem Drachen einen so schnellen Schlag, dass alle Köpfe herunterflogen. Aber nun schlug und ringelte sich das Ungeheuer auf der Erde, dass sie erzitterte. Der Stier nahm den Drachenrumpf auf seine Hörner und schleuderte ihn so hoch hinauf zu den Wolken, bis keine Spur mehr davon zu sehen war.

Dann sprach er zum Jungen: «Mein Dienst ist nun zu Ende. Geh jetzt ins Schloss, da findest du die Königstochter, und führe sie nach Hause zu ihrem Vater!» Damit rannte er fort auf die Himmelswiese, und der Junge sah ihn nicht mehr wieder. Er fand die Königstochter, und sie freute sich sehr, dass sie von dem schrecklichen Drachen erlöst war. Sie fuhren zu ihrem Vater, hielten Hochzeit, und es war eine grosse Freude im ganzen Königreich.

Märchen aus Rumänien

Das Auge des Drachen

In China lebte am Fusse eines Berges ein junger Mann namens Tsuee Heedsi. Er besass kein Fleckchen Ackerland und lebte davon, dass er umherzog und den Leuten die Töpfe und Schüsseln flickte. Eines Tages fand er auf dem Wege einen kleinen Drachen. Er setzte ihn in eine Kiste und fütterte ihn jeden Tag. Als der Drache grösser wurde und nicht mehr in die Kiste passte, hielt er ihn in seiner Hütte. Aber nach ein paar Jahren war auch die Hütte zu klein, und da sagte Tsuee Heedsi eines Tages zu dem Drachen: «Du weisst, dass ich nur vom Töpfeflicken lebe. Jetzt bist du so gross geworden, dass ich dich nicht mehr ernähren kann. Ich werde dich zu der Höhle in den Bergen bringen!» Der Drache nickte zustimmend.

Als vielleicht ein Jahr vergangen war, wuchs vor dem Eingang der Höhle eine Ginsengpflanze. Alle wussten, was das für eine Kostbarkeit war, aber weil der Drache sie bewachte, wagte niemand sie auszugraben. Später erfuhr der Kaiser davon und wollte sie unbedingt haben. Man fand heraus, dass Tsuee Heedsi den Drachen gross gezogen hatte und drängte ihn, die Ginsengpflanze auszugraben. Andernfalls, drohte der Kaiser, sollte ihm der Kopf abgeschlagen werden. Tsuee Heedsi blieb keine andere Wahl, er nahm seinen Mut zusammen und ging hin. Schon von weitem sah er den Drachen am Höhleneingang liegen. «Drache!», sagte er. «Ich habe dich gross gezogen, rette du jetzt mein Leben und lass mich die Ginsengpflanze ausgraben!» Der Drache nickte zustimmend.

Tsuee Heedsi grub die Ginsengpflanze aus und brachte sie dem Kaiser.

Ein paar Tage später bekam die Frau des Kaisers kranke Augen. Man holte von überallher die besten Ärzte zusammen, aber je mehr sie herumdokterten, desto schlimmer wurde es, und schliesslich war die Kaiserin blind.

Jemand sagte dem Kaiser: «Augenkrankheiten kann man mit einem Drachenauge heilen. Man braucht nur einmal damit über die kranken Augen zu streichen, und schon sind sie wieder gesund.» Nun ist der Drache ein so grosses und fürchterliches Tier, dass tausend Mann nicht mit ihm fertig werden, aber da fiel dem Kaiser wieder Tsuee Heedsi ein und er schickte ihm den Befehl, er solle ein Drachenauge holen, dann würde er zum Minister ernannt werden, sonst aber würde man ihn töten.

Tsuee Heedsi hatte Angst zu sterben und er wollte auch ganz gerne Minister werden. Aber diesmal war es etwas anders als beim vorigen Mal. Da hatte er nur die Ginsengpflanze gewollt, diesmal jedoch wollte er ein Auge aus dem Körper des Drachen. Schliesslich nahm er allen Mut zusammen und ging hin.

«Der Kaiser zwingt mich, ihm ein Drachenauge zu bringen», sagte er zu dem Drachen. «Ich habe dich aufgezogen, rette du jetzt mein Leben und gib mir eines deiner Augen!» Als der Drache das gehört hatte, nickte er zustimmend und ohne sich zu rühren, liess er sich von Tsuee Heedsi das linke Auge herausnehmen. Das tat ihm so weh, dass aus dem rechten Auge eine Träne tropfte. Als der Kaiser das Drachenauge bekam, strich er der Kaiserin damit über ihr linkes Auge, sofort konnte sie mit diesem wieder sehen, dann strich er auch über ihr rechtes Auge und auch dieses wurde sofort wieder gesund. Beide Augen waren genauso wie früher. Da freute sich der Kaiser und machte Tsuee Heedsi wirklich zum Minister.

Nun führte Tsuee Heedsi ein sorgenfreies Leben und er wurde reicher und reicher und mit der Zeit veränderte sich sein Herz; es wurde hart und grausam. Er war nur noch auf sein eigenes Glück bedacht und Leben und Tod der anderen kümmerten ihn nicht. Besass jemand irgendetwas Schönes, ruhte er nicht eher, bis er es an sich gebracht hatte.

Eines Tages dachte er: «Ich muss mir auch das andere Drachenauge verschaffen!», denn so ein Drachenauge ist wirklich ein grosser Schatz. Also stieg er in eine Sänfte und liess sich auf den Berg tragen. Dort sagte er zu dem Drachen: «Drache! Ich habe dich aufgezogen, gib mir auch dein rechtes Auge!»

Der Drache nickte mit dem Kopf und schon wollte Tsuee Heedsi ihm das Auge rausnehmen, da riss der Drache sein grosses Maul auf und happs, hatte er ihn verschlungen.

Märchen aus China

Stompe Pilt

Ein Stück vom Baalsberg bei Filkestad im Willandshärad liegt ein Hügel, in dem früher ein Riese wohnte, der hiess Stompe Pilt.

Eines Tages kam ein Geisshirte mit seiner Herde auf den Hügel, wo Stompe Pilt hauste.

«Wer ist da?», schrie der Riese und fuhr aus dem Hügel heraus mit einem Flintstein in der Faust.

«Ich, wenn du es wissen willst!», rief der Hirte und trieb seine Geissen den Hügel hinauf.

«Wenn du herkommst, zerdrücke ich dich, wie ich hier den Stein zerdrücke!», schrie der Riese und zermalmte ihn zwischen den Fingern, dass es nur noch feiner Sand war.

«Und ich zerquetsche dich, dass das Wasser herausläuft, wie hier diesen Stein!», schrie der Hirte und zog einen frischen Käse aus der Tasche und drückte ihn aus, dass ihm das Wasser die Finger entlang lief.

«Hast du keine Angst?», sagte der Riese.

«Vor dir gewiss nicht!», gab der Bursche zur Antwort.

«Dann wollen wir miteinander kämpfen!», schlug der Riese vor.

«Meinetwegen», sagte der Hirte, «aber zuerst wollen wir einander schelten, dass wir richtig in Zorn kommen, denn im Schimpfen kommt der Zorn, und im Zorn kommt's dann zum Kampf.»

«Aber ich will mit dem Schimpfen anfangen», sagte der Riese.

«Meinetwegen», sagte der Bursche, «aber dann komme ich an die Reihe.»

«Einen krummnäsigen Troll sollst du bekommen!», schrie der Riese.

«Und du einen fliegenden Teufel», sagte der Hirte und schoss mit seinem Bogen dem Riesen einen scharfen Pfeil in den Leib.

«Was war das?», fragt der Riese und versuchte den Pfeil aus seinem Fleisch herauszureissen.

«Das war ein Schimpfwort!», sagte der Hirte.

«Warum hat es Federn?», fragte der Riese.

«Damit es besser fliegen kann», antwortete der Hirte.

«Und warum sitzt es fest?», fragte der Riese weiter.

«Weil es in deinem Körper Wurzel geschlagen hat», gab der Hirte zur Antwort.

«Hast du noch mehr solcher Schimpfwörter?» fragte der Riese.

«Da hast du noch eins», rief der Bursche und schoss einen neuen Pfeil auf den Riesen.

«Au, au», schrie Stompe Pilt, «bist du noch nicht soweit im Zorn, dass wir uns prügeln können?»

«Nein, ich habe dir noch nicht genug Schimpfwörter gegeben», antwortete der Hirte und legte einen neuen Pfeil auf.

«Führ deine Geissen, wohin du willst! Ich komme schon gegen deine Schimpfworte nicht an, noch viel weniger gegen deine Hiebe», schrie Stompe Pilt und sprang in den Hügel hinein.

Auf diese Art blieb der Hirte Sieger, weil er sich von dem einfältigen Riesen nicht bange machen liess.

Märchen aus Schweden

Der Riese Morgazea

Es war einmal ein kleiner Junge, der hatte keinen Vater und keine Mutter mehr. Sein bisschen Erbschaft hatte ein ungetreuer Vormund vertan. So wanderte der kleine Junge aus und hatte ausser seiner Flöte nichts im Sack und nichts in der Tasche und nicht einmal ein Stücklein Brot im Bauch. Er wanderte durch Wälder und Wiesen, und als es Abend wurde, wusste er nicht, wo er schlafen sollte. Der kleine Junge kletterte auf einen Berg und blickte sich um, ob nicht doch irgendwo ein Haus oder eine Hütte zu sehen wären. Es war sehr dunkel geworden, und er konnte nichts mehr erkennen.

Nach einiger Zeit entdeckte der Junge einen winzigen, schwachen Feuerschein in weiter Ferne. Da nahm er allen Mut zusammen und ging darauf zu. Die Nacht war schon halb vergangen, als er endlich das Licht erreichte. Es war ein grosses Feuer. Neben dem Feuer schlief ein Mann, der war so gross, wie nur Riesen gross sein können. Der Junge zögerte eine Weile und wusste nicht, was richtig war. Dann aber kroch er dicht zu dem Riesen, legte sich neben seine Beine und schlief ein. Am anderen Morgen erwachte der grosse Mann und war erstaunt, als er den kleinen Jungen dicht neben seinen Beinen entdeckte.

«Na, so was», rief er. «Woher kommst du denn?»

«Ich bin dein Sohn», erwiderte der Junge. «Du hast mich heute Nacht geboren.»

«Wenn das wahr ist», sagte der Riese, «will ich dich bei mir behalten und ernähren, und du sollst meine Schafe hüten. Überschreite aber niemals die Grenze meines Landes. Du würdest es bereuen.»

Der Junge führte die Herde auf die Weide und hütete sie dort. Als es Abend wurde, trieb er die Schafe zurück und half dem Riesen beim Melken. Sie richteten das Abendbrot und setzten sich ans Feuer.

«Wie ist dein Name, Vater?», fragte der Junge.

«Morgazea», sagte der Riese.

«War es dir nicht einsam, so allein an diesem Ort?»

«Weisst du nicht, dass auch der Bär nicht aus eigenem Willen tanzt?»

«Ja, das ist wahr. Aber warum bist du immer so traurig? Erzähl mir aus deinem Leben, Vater.»

«Was würde es nützen? Wenn ich dir meine Geschichte erzählte, würdest auch du traurig werden.»

«Oh, sorge dich nicht. Ich möchte deine Geschichte hören. Bist du nicht mein Vater, und bin ich nicht dein Sohn?»

«Ja, wenn du es wirklich wissen willst, so hör zu: Wie ich schon sagte, heisse ich

Morgazea und mein Vater ist ein Kaiser. Ich war auf dem Weg zum Süssen-Milch-See, er liegt nicht weit von hier, und wollte eine der weissen Feen, die dort wohnen, heiraten. Aber auf dem Weg dorthin sprangen drei tückische Elfen hinter einem alten Kirschbaum hervor und raubten mir meine Seele. Seither hause ich an diesem einsamen Ort, hüte meine Schafe und habe keinen Wunsch mehr. Die Elfen sind, so reizend sie aussehen, doch so boshaft, dass sie sich an jedem, der nur einen Schritt in ihr Land setzt, bitter rächen. Daher warne ich dich, die Grenzen nicht zu überschreiten; leicht könnte dir sonst das gleiche Schicksal widerfahren.»

«Gut, Vater, ich werde aufpassen», sagte der Junge, dann streckten sich beide aus und schliefen ein.

Bei Sonnenaufgang stand der Junge auf, führte die Herde auf Morgazeas trockene Weiden und trieb sie in der Abenddämmerung wieder heim. Am dritten Tag aber setzte er sich unter einen Baum in den Schatten und spielte seine Flöte, aber eines der Schafe sprang über die Hecke auf die grüne Blumenwiese im Land der Elfen, und ein zweites und ein drittes folgten ihm. Der Junge war so in sein Flötenspiel vertieft, dass er nichts bemerkte, bis beinahe die halbe Herde im Elfenland weidete. Er sprang auf, stieg flötenspielend über die Hecke und wollte die Schafe zurücktreiben, doch plötzlich sah er vor sich drei wunderschöne tanzende Mädchen. ‹Ich muss weiterspielen›, dachte der Junge erschrocken und blies so schnell und wild er konnte.

Die Mädchen konnten nicht genug davon bekommen und tanzten und tanzten, bis der Abend dämmerte.

«Nun lasst mich gehen!», rief er schliesslich. «Der arme Morgazea wird halb verhungert sein. Ich werde morgen kommen und wieder spielen.»

«So geh, Flötenspieler, geh», riefen die Elfen, «aber bedenke, auch wenn du dein Versprechen brichst und nicht wiederkommst, du kannst uns nicht entrinnen!»

Morgazea molk die Schafe. Sie gaben mehr Milch als sonst, aber der Junge sagte ihm nicht, dass er mit seiner Herde im Land der Elfen gewesen war, denn er wollte den Riesen nicht beunruhigen, und er ass mit grossem Hunger sein Abendbrot. Kaum schien das erste Tageslicht, trieb der Junge seine Schafe wieder auf die Elfenwiese. Er setzte seine Flöte an, und schon erschienen die drei Elfenmädchen und tanzten, und sie tanzten, bis der Abend kam. Plötzlich aber liess der Junge seine Flöte aus den Fingern gleiten und trat wie versehentlich darauf. Wenn du das Geschrei gehört hättest, das er nun anstimmte, wie er weinte und klagte, seine Hände rang und jammerte, nun hätte er sein Allerliebstes verloren – er hätte auch dir leid getan. Voller Mitleid streichelten und trösteten ihn die Elfen, aber umsonst.

«Niemals wieder finde ich so eine Flöte», klagte er. «Keine andere Flöte klingt so süss und rein wie meine Flöte. Sie war aus dem Herz eines alten Kirschbaums geschnitten!»

«In unserem Garten steht ein alter Kirschbaum», riefen die mitleidigen Elfen. «Komm mit uns, dann kannst du dir eine andere Flöte schnitzen.»

Sie gingen alle in den Elfengarten, und als sie vor dem alten Kirschbaum standen, erklärte der Junge den Elfen: «Wenn ich ihn mit der Axt schlage, könnte ich sein Herz spalten, aber dann wäre das Holz verdorben. Ich will nur einen tiefen Riss in die Rinde schlagen, gerade gross genug, dass ihr eure Finger hineinstecken könnt, dann reisse ich ihn auseinander und beschädige das Herzholz nicht.»

Die Elfen waren damit einverstanden und dachten an nichts Böses. Sie steckten ihre Finger in den Schnitt, der Junge zog schnell die Axt aus der Spalte, und siehe da – alle ihre Finger steckten fest wie in einem Schraubstock. Umsonst schrien sie vor Schmerzen und versuchten, sich zu befreien. Sie waren gefangen, und der Jüngling blieb trotz allen Bittens und Flehens kalt wie Stein. «Gebt mir Morgazeas Seele wieder!», sagte er ungerührt.

«O gut, wenn du sie unbedingt haben willst, sie ist in der Flasche dort auf dem Fensterbrett», sagten die Elfen und hofften nun wieder freizukommen. Aber sie täuschten sich.

«Ihr habt so vielen Menschen ein Leid angetan», sagte der Junge unerbittlich, «nun sollt ihr selbst ein bisschen leiden. Morgen früh werde ich euch wieder befreien.»

Er ging heimwärts und nahm seine Schafe und die Flasche mit Morgazeas Seele mit. Morgazea stand am Feuer und wartete, und als der Junge näherkam, rief er: «Wo warst du so lange, weisst du...»

«Schau, was ich hier habe», sagte der Junge und erzählte von seinem Abenteuer.

Der Riese sprang in die Luft vor Freude. So hoch sprang er, dass die falsche Seele, die die Elfen ihm gegeben hatten, aus seinem Mund flog und seine wahre Seele, die fest verschlossen in der Flasche sass, an ihre Stelle sprang. Nun konnte Morgazea wieder lachen, und er lachte so wild und so laut, dass er ganz ausser Atem kam.

Als er sich etwas beruhigt hatte, rief er: «Ob du nun wirklich mein Sohn bist oder nicht, ist mir egal. Ich habe meine Seele wieder, und nur dir, mein lieber Sohn, habe ich sie zu verdanken! Ich stehe tief in deiner Schuld, sag mir, was ich dir Gutes tun kann?»

«Lass mich für immer dein Sohn sein.»

Die Nacht verbrachten Morgazea und sein Sohn mit Feiern und Gesang; denn sie waren zu glücklich, um zu schlafen. Als der Tag graute, machten sie sich auf, die Elfen zu befreien. Wie sie nun aber den Garten der Elfen erreichten, riss Morgazea den alten Kirschbaum mit den Wurzeln aus und trug Baum und Elfen auf seinen Schultern davon – bis sie in das Königreich seines Vaters gelangten. Im Königreich der Riesen freuten sich alle sehr, den verloren geglaubten Morgazea wiederzusehen. Morgazea aber deutete auf den Jüngling, der ihm mit seiner Schafherde gefolgt war, und sagte: «Dieser hier ist mein Sohn. Er hat mich gerettet.»

Was mit den Elfen geschah, weiss ich nicht. Der Junge aber blieb bei seinem Vater, dem Riesen Morgazea.

Märchen aus Rumänien

Lini, der Königssohn

Es waren einmal ein König und eine Königin in ihrem Reich. Der König hiess Ring; wie aber seine Königin geheissen hat, weiss man nicht. Sie hatten einen Sohn Namens Lini, welcher schon frühzeitig vielversprechende Anlagen zeigte und für den wackersten Kämpen angesehen wurde.

Eines Tages begab sich der Königssohn mit den Hofleuten seines Vaters auf die Jagd. Als sie einige Tiere und Vögel erlegt hatten und sich auf den Heimweg machen wollten, fiel plötzlich ein so dichter Nebel ein, dass die Hofleute den Königssohn aus den Augen verloren. Sie suchten lange nach ihm, konnten ihn aber nicht finden und kehrten endlich ohne ihn nach Hause zurück.

Als sie in die Halle des Königs kamen, erzählten sie, dass sie Lini aus den Augen verloren und nicht wieder hätten finden können. Der König war über diese Nachricht sehr betrübt und schickte am nächsten Tage viele Leute aus, um nach seinem Sohne zu suchen. Dieselben suchten den ganzen Tag hindurch bis zum Abend, fanden ihn aber nicht; und so geschah es drei Tage hindurch, immer vergebens; Lini konnte nicht gefunden werden. Darüber wurde der König von solchem Kummer ergriffen, dass er sich ins Bett legte wie ein kranker Mensch. Er liess auch verkündigen, dass derjenige, welcher seinen Sohn finden und ihn zurückbringen würde, die Hälfte seines Reiches erhalten solle.

Es wohnte auch ein alter Mann mit seinem alten Weibe in einer schlechten Hütte; diese hatten eine Tochter, welche Signy hiess. Signy hörte von dem Verschwinden des Königssohnes und von der Belohnung, die sein Vater demjenigen versprochen habe, der Lini finden würde. Da ging sie zu ihren Eltern und bat sie um Reisekost und neue Schuhe; dann machte sie sich auf den Weg, um den Königssohn zu suchen. Von der Wanderung der Signy ist nur zu berichten, dass sie nach mehrtägigem Marsche gegen Abend zu einer Höhle kam; sie ging in dieselbe hinein und sah darin zwei Betten; über das eine war eine silberdurchwobene, über das andere eine golddurchwobene Decke gebreitet. Sie sah sich nun besser darin um und entdeckte, dass der Königssohn in dem Bette lag, über welches die golddurchwobene Decke gebreitet war. Sie wollte ihn wecken, aber es gelang ihr nicht. Da bemerkte sie, dass einige Runen in das Bettgestell eingeritzt waren, konnte dieselben aber nicht deuten. Sie ging hierauf zum Eingang der Höhle zurück und verbarg sich hinter der Türe.

Sie war kaum in dieses Versteck gekommen, als sie draussen ein starkes Gedröhne hörte und gleich darauf zwei ungeschlachte Riesinnen in die Höhle treten sah. Beim Eintritte sagte die eine von ihnen: «Pfui der Teufel! Es riecht nach Menschen in unserer Höhle.»

Die andere aber meinte, der Geruch komme von Lini, dem Königssohne. Hierauf gingen sie zu dem Bette, in welchem der Königssohn schlief, riefen zwei Schwäne, die Signy früher nicht bemerkt hatte, herbei und sagten zu denselben:

«Singet, singet, meine Schwäne,
dass Lini erwache!»

Da sangen die Schwäne, und Lini erwachte. Die jüngere Riesin fragte ihn sogleich, ob er nicht etwas speisen wolle. Er sagte Nein. Da fragte sie ihn, ob er sie nicht zum Weibe haben wolle. Er verblieb hartnäckig bei seinem Nein. Da schrie sie auf und sagte zu den Schwänen:

«Singet, singet meine Schwäne,
dass Lini einschlafe!»

Die Schwäne sangen und er schlief ein. Hierauf legten sich die beiden Riesinnen selbst in das Bett, über welches die silberdurchwobene Decke gebreitet war, und schliefen die Nacht hindurch.

Als sie des Morgens erwachten, weckten sie Lini und boten ihm Speise an; er aber wollte nicht davon essen. Sodann fragte ihn die Jüngere wieder, ob er sie nicht zum Weibe haben wolle. Er verneinte es jedoch wie früher. Hierauf schläferten sie ihn wieder auf dieselbe Weise ein wie zuvor und verliessen die Höhle. Als sie schon eine Weile fort waren, kam Signy aus ihrem Versteck hervor und weckte den Königssohn, indem sie dasselbe sagte wie die Riesinnen. Sie begrüsste ihn und er nahm ihren Gruss freundlich auf und fragte sie, was es Neues gebe. Signy erzählte ihm nun alles der Wahrheit gemäss, und auch von dem grossen Kummer, welchen sein Vater über sein Verschwinden empfinde. Hierauf fragte sie ihn, was sich mit ihm zugetragen habe. Er erzählte ihr, dass er kurz nach seiner Trennung von den Hofleuten seines Vaters zwei Riesinnen begegnet und von diesen in ihre Höhle mitgenommen worden sei. Die eine von ihnen habe ihn zwingen wollen sie zu heiraten, wie sie ja selbst gehört hätte, er aber habe niemals einwilligen wollen.

«Nun sollst du», sagte Signy, «wenn die Riesin dich heute Abend wieder fragt, ob du sie zum Weibe haben willst, deine Einwilligung dazu geben unter der Bedingung, dass sie dir sage, was auf den Betten geschrieben stehe und was sie den Tag über treiben.»

Dies schien dem Königssohne ein vorzüglicher Rat zu sein. Er brachte hierauf ein Spielbrett herbei und lud das Mädchen ein, mit ihm zu spielen; sie sassen dann bis abends beim Brettspiel. Als es jedoch anfing dunkel zu werden, schläferte Signy den Königssohn wieder ein und begab sich in ihr Versteck.

Bald hörte sie die Riesinnen herbeikommen und in die Höhle traben. Sie zündeten Feuer an, und die ältere begann die Vögel zuzubereiten, welche sie mitgebracht hatten, während die jüngere zu dem Bette ging, Lini weckte und ihn fragte, ob er nicht Speise zu sich nehmen wolle.

Er antwortete diesmal mit Ja. Als er mit seiner Mahlzeit fertig war, fragte sie ihn, ob er sie nicht heiraten wolle. Er entgegnete, dass er es tun wolle, wenn sie ihm sagen würde, was die Runen bedeuten, die auf den Betten eingeritzt seien.

Sie sagte, es stehe auf den Betten geschrieben:

«Renne, renne, Bettchen mein,

renne, wohin man will!»

Er zeigte sich über diese Mitteilung sehr erfreut, sagte aber doch, dass sie noch mehr tun und ihm sagen müsse, was sie den Tag über draussen im Walde treiben. Die Riesin erzählte ihm, dass sie Tiere und Vögel jagen, wenn sie aber dazwischen eine kleine Frist haben, sich unter einer Eiche niedersetzen und einander ihr Lebensei zuwerfen.

Er fragte, ob sie dabei vorsichtig umgehen müssten.

Die Riesin sagte, dass das Ei nicht zerbrechen dürfe, denn sonst müssten sie beide sterben.

Der Königssohn sagte, dass sie gut getan habe, ihm alles dies mitzuteilen; aber er wolle doch noch bis morgen ruhen; sie antwortete darauf, er möge seinen Willen haben und schläferte ihn sodann ein.

Des Morgens weckte sie ihn und bot ihm Speise an, die er auch dankbar annahm. Dann fragte ihn die Riesin, ob er nicht heute mit ihnen in den Wald hinauskommen wolle, er antwortete aber, dass er lieber zu Hause bleibe. Hierauf nahm die Riesin von ihm Abschied, und nachdem sie ihn eingeschläfert, verliessen die beiden Weiber die Höhle. Als sie schon eine Weile fort waren, trat wieder Signy zu dem Bette und weckte den Königssohn. Sie bat ihn aufzustehen: «Und wir werden jetzt», sagte sie, «in den Wald hinausgehen, dahin wo die Riesinnen sind. Nimm deinen Speer mit dir, und sowie sie anfangen, einander ihr Lebensei zuzuwerfen, schleudere ihn auf das Ei; aber es gilt dein Leben, wenn du nicht triffst.»

Dem Königssohn schien dies ein vorzüglicher Rat zu sein, und sie stiegen nun beide in das Bett hinein und sagten die Worte:

«Renne, renne, Bettchen mein,
renne in den Wald!»

Da rannte das Bett mit beiden fort und blieb erst stehen, als sie draussen im Walde in die Nähe einer Eiche kamen. Sie hörten hier ein lautes Lachen. Signy bat nun den Königssohn, auf die Eiche hinauf zu klettern, und dies tat er auch. Er sah die beiden Riesinnen unter dem Baume sitzen; die eine von ihnen hatte ein goldenes Ei in der Hand und warf es der anderen zu. In demselben Augenblicke schleuderte der Königssohn den Spiess ab und derselbe traf das Ei, sodass es zerbrach. Gleichzeitig sanken auch die Riesinnen tot zu Boden und Geifer trat aus ihrem Munde.

Der Königssohn stieg nun sogleich von der Eiche herab und fuhr mit Signy im Bette auf dieselbe Weise in die Höhle zurück, wie sie gekommen waren. Sie nahmen hierauf alle Kostbarkeiten, welche sich in der Höhle befanden, und füllten damit die beiden Betten. Sodann bestiegen sie jedes ein Bett und sprachen die Bettrunen, worauf die Betten mit ihnen und allen Kostbarkeiten zur Hütte der alten Leute rannten. Der alte Mann und das alte Weib empfingen sie mit Freuden und baten sie, bei ihnen zu bleiben. Sie nahmen auch die Einladung an und blieben hier die Nacht über.

Frühmorgens ging sodann Signy zum König, trat vor ihn hin und begrüsste ihn. Der König fragte sie, wer sie sei. Sie sagte, dass sie die Tochter des alten Mannes von der kleinen Hütte sei, und fragte, welche Belohnung er ihr geben würde, wenn sie seinen Sohn wohlbehalten zurückbringen könne.

Der König sagte, dass er darauf wohl nicht zu antworten brauche, da sie ihn gewiss nicht finden werde, nachdem dies keinem von seinen Leuten gelungen sei.

Signy fragte weiter, ob er ihr nicht dieselbe Belohnung geben wolle, die er anderen versprochen habe, falls sie ihn doch fände.

Der König sagte, dass sie dieselbe Belohnung erhalten würde.

Signy kehrte hierauf in die Hütte zurück und bat den Königssohn, ihr nach der Halle des Königs zu folgen; dies geschah denn auch und sie führte ihn hinein zum König.

Der König empfing seinen Sohn mit Freuden und hiess ihn sich zu seiner Rechten setzen und alle seine Erlebnisse erzählen von dem Tage an, wo ihn die Hofleute auf der Jagd verloren hatten.

Der Königssohn setzte sich auf den Hochsitz neben seinen Vater und lud Signy ein, sich auf seine andere Seite zu setzen; hierauf erzählte er die Geschichte, wie sie sich ereignet hatte, und dass dieses Mädchen ihm das Leben gerettet habe, da sie ihn aus den Händen der Riesinnen befreite.

Sodann stand Lini auf, trat vor seinen Vater hin und bat ihn, zu erlauben, dass er dieses Mädchen zu seinem Weibe nehme. Der König gab mit Freuden seine Einwilligung dazu und liess sogleich ein grosses Hochzeitsfest veranstalten, zu welchem er alle Häuptlinge seines Reiches einlud. Die Hochzeit dauerte eine ganze Woche; nachdem dieselbe vorüber war, kehrten alle Gäste wieder nach Hause zurück, und alle priesen den König wegen seiner Gastfreundschaft, denn er hatte alle mit kostbaren Gaben beschenkt.

Der Königssohn und Signy aber lebten lange zusammen und liebten einander sehr. Damit ist diese Geschichte zu Ende.

Märchen aus Island

Der bärenstarke, riesengrosse Held Fin

Sicher habt ihr schon vom tapferen, siegreichen, berühmten, riesigen Helden Fin gehört. Er lebte in Irland und war dort als gefürchteter Kämpfer bekannt. Eines Tages wollte er einen Riesen-Damm von Irland nach Schottland bauen. Er steckte mitten in der Bautätigkeit, als er hörte, dass der Riese Cucullin ihn besuchen und herausfordern wollte. Cucullin war ein ungeheuer grosser Riese. Wenn er aufstampfte, erbebte das Land, und mit seinen Händen konnte er einen Blitzschlag aufhalten, zusammenquetschen und in die Hosentasche stecken. Gegen alle anderen Riesen hatte Cucullin schon im Zweikampf gewonnen, nur Fin war noch übrig geblieben. Als Fin also hörte, dass Cucullin im Anmarsch war, machte er sich doch ein wenig Sorgen. Er überlegte hin und her und dachte schliesslich, dass er am besten schnell nach Hause gehen und sich mit seiner guten Frau Oona beraten sollte. Er riss eine Kiefer aus der Erde, brach ihr Wurzeln und Äste ab, machte sich einen ordentlichen Wanderstock daraus und begann mit dem Heimweg. Fin und seine Frau lebten damals auf der Spitze des Berges Haudrauf, gegenüber dem Hügel Dusselundmehr, Ost-Ost-Süd gelegen, und Fin eilte in grossen Schritten zum Berg Haudrauf und begrüsste seine Frau.

«Grüss dich, Oona, wie geht es denn so?», rief er und streckte den Kopf zur Tür hinein.

«Hallo Fin, mein Held, willkommen zu Hause!», antwortete Oona und gab Fin einen so schmatzenden Kuss, dass sich das Wasser am See unten am Fuss des Berges Haudrauf kräuselte.

«Was führt dich so früh nach Hause?», wollte Oona wissen. Fin mochte nicht so recht zugeben, dass er sich vor Cucullin fürchtete, aber schliesslich erzählte er Oona von seiner Sorge: «Es ist dieser Cucullin. Er sucht mich, und er ist entsetzlich stark. Wenn er stampft, wackelt die Erde, und er trägt immer einen Blitz, flach wie ein Pfannkuchen, in seiner Hosentasche.» Nach diesen Worten steckte Fin seinen Daumen in den Mund und lutschte daran. Nun müsst ihr wissen, dass Fins Daumen kein gewöhnlicher Daumen war. Wann immer er in die Zukunft sehen wollte, lutschte er daran. «Er kommt! Was soll ich nur machen? Wenn ich weglaufe, muss ich mich schämen, und mein Daumen sagt mir, dass er mich dann doch irgendwann findet.»

«Du sollst nicht an deinem Daumen lutschen! Doch sag mir: Wann wird er hier sein?»

«Morgen nachmittag.»

«Nun, mach dir keine Sorgen. Ich finde einen besseren Ausweg als du mit deinem klugen Daumen.»

Das beruhigte Fin ein wenig, denn er kannte die Klugheit seiner Frau. Oona ging zum Gipfel des Berges Haudrauf. Gegenüber auf dem Berg Dusselundmehr wohnte nämlich ihre Schwester Granua, und sie beschloss, mit dieser ein Schwätzchen zu halten.

«Granua», rief sie, «bist du zu Hause?»

«Nein, ich pflücke Blaubeeren!»

«Dann steig auf den Berg und sag mir, was du siehst.»

«Gut», rief Granua und bald darauf hörte man: «Ach du Schreck! Ich sehe ein Gebirge von einem Riesen daherkommen.»

«Das ist Cucullin», rief Oona. «Er kommt, um Fin zu verprügeln. Was sollen wir nur machen?»

«Ich rufe ihn zu mir und halte ihn ein wenig auf. Aber mir ist die Butter ausgegangen. Bitte wirf mir ein Fass Butter herüber.»

Oona füllte einen grossen Bottich mit frischer Butter und wollte ihn auf den anderen Berg zu ihrer Schwester werfen, doch sie vergass, den «Wirf und Ziel»-Zauberspruch zu sagen. Da fiel der Bottich runter ins Tal in den grossen Sumpf von Augur. Oona ärgerte sich so sehr, dass sie den Bottich in Stein verwandelte. Er liegt immer noch dort unten, und jeder kann sehen, wie wahr diese Geschichte ist.

«Macht nichts», rief Granua ihrer Schwester zu. «Ich koche Cucullin ein Süppchen aus Heidekraut und Küchlein aus Eichenrinde, aber lange werde ich ihn damit nicht zurückhalten können.»

Während Oona nach Hause ging, pfiff Granua dreimal mit dem Finger im Mund und heizte kräftig ein, so dass viel Rauch aus dem Schornstein stieg, damit Cucullin wusste, dass er in ihrem Haus erwartet wurde.

Oona aber ging zu ihren Nachbarn und lieh sich einundzwanzig Eisenplatten aus. Dann knetete sie eine riesige Menge Brotteig, formte zweiundzwanzig Brotfladen und legte in einundzwanzig davon eine Eisenplatte. Sie heizte den Riesenofen ein, und als die Brote fertig gebacken waren, legte sie diese auf den Tisch. Schnell nahm sie einen grossen Topf Milch und machte frischen Käse, aus dem noch die Molke tropfte.

In der Zwischenzeit sass Fin auf dem Berg Haudrauf und wusste nicht mehr weiter, denn, ob ihr es glaubt oder nicht: Er fürchtete sich vor dem Kampf gegen Cucullin, diesem Berg von einem Riesen mit einem Blitz in der Hosentasche. Heimlich lutschte er noch einmal an seinem Daumen, und da war es gewiss: Cucullin würde sehr bald kommen. Fins weissagender Daumen irrte sich nie. Schnell eilte Fin zu Oona, und diese drückte ihm einen Käse in die Hand und verriet ihm genau, was er nun als Nächstes machen sollte. Sie holte eine Wiege hervor und altes Bettzeug und befahl: «Du legst dich in die Wiege, damit es aussieht, als wärst du unser Sohn. Du darfst aber kein Wort sagen.» Fin hatte keine Lust, sich in die Wiege zu legen, schliesslich war er ein grosser Held, aber was blieb ihm anderes übrig? Bald sah man Cucullin durch das Tal stiefeln. Er wäre eigentlich ein gewöhnlicher Riese gewesen, hätte er nicht seinen Kraftfinger gehabt. Im Mittelfinger seiner rechten Hand steckte nämlich seine ganze Riesenkraft. Mit diesem Finger klopfte er schon bald an die Tür und rief: «Wohnt hier der bärenstarke, riesengrosse Held Fin?»

«So ist es», rief Oona und öffnete die Tür. «Tritt nur herein. Mein Mann ist aber nicht zu Hause, er ist auf der Suche nach Cucullin. Ich hoffe, er wird ihn nicht finden, denn er würde ihn vernichten.»

«Ich selber bin Cucullin», rief der Riese erbost, «und ich suche Fin schon die ganze Zeit, um ihn zu zerquetschen!»

Da lachte Oona und sagte: «Hast du Fin jemals gesehen? Nein? Ja, dann hast du keine Ahnung davon, wie wie stark er ist. Nimm meinen Rat an und bete Tag und Nacht darum, dass er dich nie erwischt. Sonst könnte dies nämlich ein schwarzer Tag für dich werden. Aber – könntest du mir einen Gefallen tun? Der Wind bläst immer zur Haustür rein, bitte dreh doch unser Haus ein wenig, damit es nicht mehr so zieht.»

Das war selbst für Cucullin eine ungewöhnliche Bitte, aber er zog kurz an seinem Kraftfinger, so dass es knackte, ging vor die Tür und drehte das Haus auf die andere Seite.

«Ich danke dir», sagte Oona, «aber hör mal: Da mein Mann gerade nicht da ist, könntest du doch eben jenen Felsen da vorne aufbrechen, damit ich an die Quelle komme, die darunter liegt.»

Cucullin schaute kurz auf den Felsen, zog an seinem rechten Mittelfinger, liess ihn dreimal knacken und schlug den Felsen entzwei. Als Oona dieses Kraftstück sah, wurde ihr doch ein wenig mulmig. Die Felsspalte bekam übrigens später den Namen «Schauermannsschlucht». Oona bat Cucullin an den Tisch und sagte: «Komm, iss zum Dank ein wenig von meinen Brotfladen.» Mit diesen Worten legte sie die Fladen mit den Eisenplatten vor Cucullin hin, und da dieser ein ordentlicher Fresssack war, stopfte er sich zwei, drei gleichzeitig in den Mund und biss kräftig zu. Da hörte man ein Krachen und Knacken, dass es bis ins Tal hinunter donnerte. Cucullin sprang auf und rief: «Was für ein Brot hast du mir da gegeben? Davon fallen mir ja alle meine Zähne aus!»

«Ach», entschuldigte sich Oona, «es tut mir leid, dass du mein Brot nicht essen kannst! Fin isst das jeden Tag. Und du solltest nicht so schreien, sonst weckst du das Kind auf, das in der Wiege schläft.»

Während dieser ganzen Zeit lag Fin in der Wiege und schwitzte vor Angst. Jetzt aber rief er mit weinerlicher Stimme: «Mutter, gib mir etwas zu essen!» Schnell nahm Oona den zweiundzwanzigsten Brotfladen, den ohne Eisenplatte, ging zur Wiege und gab Fin das Brot in die Hand. Fin, der ein guter Esser war, schlang das Brot in einem Haps runter. Dann kletterte er aus der Wiege und fragte Cucullin: «Bist du stark?»

«Donner und Hundezahn!» rief Cucullin. «Was bist du für ein grosser Bursche von einem Sohn, und eine mächtige Stimme hast du auch.»

Fin nahm nun den Käse hervor und sprach: «Bist du so stark, dass du Wasser aus einem Stein pressen kannst?», und er drückte dabei auf den Käse, so dass das Wasser herauslief.

Cucullin liess seinen Finger dreimal knacken, nahm einen Stein und zerquetschte ihn zu Sand, doch Wasser kam nicht heraus.

«Ha!», rief da Fin. «Du bist ein armer Wicht. Geh lieber wieder nach Hause, bevor mein Papa kommt, sonst zerquetscht er dich mit seinem kleinen Finger.» Nach diesen Worten kletterte er wieder in die Wiege.

Cucullin bekam es langsam mit der Angst zu tun, und er sprach: «Bevor ich gehe, möchte ich aber gerne sehen, was für Zähne der Kleine hat, dass er solches Brot essen kann.»

«Aber natürlich», sagte Oona, «aber seine Zähne sitzen weit hinten, du musst den Finger tief in seinen Rachen hineinstecken.»

Fin öffnete den Mund, und Cucullin wunderte sich, was für kräftige Zähne Fins Sohn schon hatte. Auf einmal jedoch schrie er laut auf und lief brüllend aus dem Haus! Fin hatte nämlich zugebissen, und von dem starken Riesenfinger war nur noch die Hälfte übriggeblieben.

So siegte Fin dank seiner schlauen Frau über den starken Cucullin. Da es aber auch heute noch donnert und blitzt und da manchmal die Erde bebt, ist wohl der Kraftfinger des Riesen Cucullin wieder nachgewachsen.

Märchen aus Irland

Das Riesenspielzeug

Im Elsass auf der Burg Nideck, die an einen hohen Berg gelehnt bei einem Wasserfall liegt, lebten vor langer Zeit Riesenritter. Einmal ging das Töchterchen eines der Riesen neugierig spazieren und kam auf ein Feld. Dort arbeiteten Bauern mit Hacken und Schaufeln, und einige hatten ein Pferd vor den Pflug gespannt. Das Riesenmädchen blieb verwundert stehen und freute sich über die winzigen Gestalten, die vor seinen Füssen hin und her liefen.

«Ei», sprach das Riesenkind, «das lustige Spielzeug nehme ich mit.»

Es kniete nieder, breitete seine Schürze aus, klaubte mit seiner riesigen Hand alles auf, was auf dem Feld stand und legte es in die Schürze: die Bauern, den Pflug und die Pferde.

Nun lief die Riesentochter nach Hause, und mit einem Schritt war sie schon oben auf dem Felsen, wohin wir lange klettern müssten.

Ihr Vater, der Riesenritter, sass am Tisch, als sie hereinkam.

«Ei, mein Kind», sprach er, «was bringst du da, was dir solche Freude macht?»

Die Riesentochter machte geschwind ihre Schürze auf, und der Vater schaute hinein.

«Was hast du darin, was so herumzappelt?»

«Ach Vater, ein lustiges Spielzeug. So etwas Schönes habe ich noch nie gehabt!»

Darauf nahm sie eins nach dem andern heraus und stellte es auf den Tisch: den Pflug und die Bauern mit ihren Pferden. Sie lief um den Tisch herum, schaute freudig auf die Gestalten, die erschrocken hin und her gingen und klatschte vor Freude in die Hände.

Der Riesenvater aber sprach: «Kind, da hast du ja etwas angestellt! Das ist kein Spielzeug. Geh schnell, und trag es wieder hinunter ins Tal!»

Das Riesenkind weinte und wollte das schöne Spielzeug nicht hergeben, doch der Vater sprach: «Der Bauer ist kein Spielzeug. Sammle alles vorsichtig wieder ein und lege es dahin zurück, wo du es hergenommen hast.»

Da half alles Weinen nichts, sie musste die Bauern, den Pflug und die Pferde wieder in ihre Schürze packen und auf das Feld bringen, von wo sie sie hergenommen hatte.

Sage aus Deutschland

Die Heckentür

Es war einmal eine Frau, die hatte zwei Kinder. Einen Jungen und ein Mädchen. Eines Tages ging sie auf die Reise und sagte zu ihnen: «Hört, Kinder, ich reise fort und ihr bleibt allein daheim. Darum passt bloss gut auf die Heckentür auf.»

Sie meinte damit, dass sie aufpassen sollten, dass sich kein Dieb durch die Heckentür reinschleiche. Sie war schon eine Weile fort, da bekamen die beiden Langeweile, und der Bruder sagte zur Schwester: «Komm, wir wollen ein wenig hinaus in den Wald, und die Heckentür nehmen wir mit, dann ist es gut!»

Da waren sie zufrieden, und sie gingen hinaus in den Wald. Aber wie sie da herumliefen, verirrten sie sich und die Nacht überfiel sie, sodass sie wohl sahen, sie würden nicht mehr heimkommen, und vor Angst kletterten sie auf einen Eichbaum, um dort bis zum Morgen zu bleiben, damit sie nicht von den wilden Tieren zerrissen würden.

Eine Zeitlang haben sie da gesessen, da kommen Diebe und schleppen einen Haufen Geld heran, den wollen sie zählen. Da halten sich die Kleinen ganz still im Baum, damit sie nicht von den Männern bemerkt werden.

Aber endlich kann sich der Bruder doch nicht mehr ruhig halten und er sagt zur Schwester: «Ich muss etwas Kleines machen.»

«Na, so mach doch!»

Da tut er's, aber die Diebe zählen ihr Geld ruhig weiter und sagen: «Es ist ein wenig Regen, der fällt.»

Wieder nach einer Weile sagt der Bruder zur Schwester: «Ich kann's nicht länger halten, ich muss etwas Grosses machen.»

«Na, dann mach doch!»

Da tut er's, aber die Diebe zählen ruhig weiter und sagen: «Es ist ein wenig Mist von den Vögeln, die im Baume sitzen.»

Nun sitzen sie wieder lange still, da sagt auf einmal der Bruder: «Ich kann die Heckentür nicht mehr halten.»

«So wirf sie hinab!», sagt die Schwester.

Da wirft er sie hinab, und sie fällt mitten unter die Diebe, und die laufen eiligst davon und rufen: «Die Wolken fallen vom Himmel, die Wolken fallen vom Himmel!»

Nun war es aber schon fast Morgen geworden, und da stiegen Bruder und Schwester hinab vom Baume und nahmen die Heckentür und das Geld, das die Diebe dagelassen hatten, dazu und kamen glücklich wieder nach Hause.

Die Mutter ging ihnen entgegen und jammerte und schalt, dass sie nicht auf die Heckentür aufgepasst hätten und nun Diebe dagewesen wären und alles mitgenommen hätten.

Die Kleinen aber erzählten alles, wie es ihnen im Walde ergangen war, und da war sie froh. Und von dem Geld kaufte sie neue Kleider und neues Gerät dazu, und es blieb noch so viel übrig, dass sie ihr Leben lang alle drei daran genug hatten.

Märchen aus Deutschland

Die Birkennase

Am nördlichen Rand des grossen Waldes lebte einst ein altes Ehepaar in seiner kleinen Hütte. Eines Tages sagte der alte Mann zu der alten Frau: «Röste mir Zwieback, denn ich will morgen in den Wald gehen, um zu jagen.»

«Im Wald sind die Waldgeister», erwiderte die Frau. «Wenn du dahin gehst, um zu jagen, werden sie dich auffressen. Dafür will ich dir keinen Zwieback rösten.»

«Waldgeister hin, Waldgeister her,» brummte der Mann. «Ich will morgen zur Jagd gehen!»

«Du wirst nicht gehen!», sagte sie.

«Und ob ich gehen werde!», rief er. So stritten sie den ganzen Abend lang. Am nächsten Morgen fragte der alte Mann seine Frau: «Nun, hast du mir den Zwieback geröstet?»

«Nein», antwortete sie, «und ich werde es auch nicht tun. Du sollst nicht jagen gehen.»

«Und ich werde doch gehen,» versetzte er.

Und sie stritten wieder den ganzen Vormittag lang. Es war bereits Nachmittag, als er sich endlich auf den Weg machte. Er wollte zu seinem Jagdhäuschen gehen, das weit drinnen im Wald lag und von dem aus er früher oft wochenlang gejagt hatte. Er beeilte sich, denn der Weg war weit, doch es begann bereits zu dämmern, und er hatte das Jagdhäuschen noch immer nicht erreicht. Am Ende behält meine Frau recht, dachte er. Wenn es dunkel wird, beginnen die Waldgeister zu jagen. Ich muss sehen, dass sie mich nicht erwischen.

Nach einer Zeit erblickte er in der Ferne ein kleines Licht. Unzweifelhaft kam es von seiner Jagdhütte. Fein, dachte er, da ist noch ein Jäger. Nun können wir die Nacht zu zweit verbringen und sind so noch sicherer vor den Waldgeistern. Doch er war vorsichtig: Ehe er die Hütte betrat, spähte er durchs Fenster hinein. Was aber erblickte er da? Im Scheine eines kleinen Feuers sassen zwei riesige Waldgeister mit langen, nackten Armen und langen, nackten Beinen. Der eine zog einem schwarzen Tier das Fell ab, der zweite einem roten. Entsetzt prallte der Mann zurück. Dabei trat er aus Versehen auf einen Birkenast, und das Holz krachte unter seinen Füssen.

«Hu!», rief der eine Waldgeist. «Was war denn das?»

«Ich weiss auch nicht, was das war», erwiderte der andere zitternd.

«Gibt es denn etwas, das grösser ist als wir, hier in diesem Wald?», fragte der erste wieder. Nein, das gab es nicht, die beiden schüttelten den Kopf.

«Gibt es denn etwas, das stärker ist als wir, hier in diesem Wald?», fragte der zweite. Nein, das gab es auch nicht, wieder schüttelten beide den Kopf.

«Weshalb haben wir dann solche Angst?», meinte der erste wieder. «Vielleicht war es ja nur ein Birkenast, der geknackt hat.»

«Ein Birkenast? Hör mir auf damit, ich schlottere vor Angst!», rief der zweite.

Der alte Mann hatte das alles mit angehört. Die haben ja noch mehr Angst als ich, dachte er. Und gleich sollen sie sich noch mehr fürchten! Er nahm ein Stück Birkenrinde, rollte es zusammen und steckte es an seine Nase. Dann trat er ans Fenster, stiess es auf und brüllte, so laut er konnte: «Huu! Die Birkennase kommt zu Besuch! Huuuu!»

«Aaaaah!», schrien die Waldgeister. Voller Schreck sprangen sie auf, hängten die Türe der Hütte aus und liefen schreiend in den Wald hinaus. Noch lange hörte der alte Mann ihre Schreie und ihr Getrappel durch den Wald hallen. Er lachte leise, hängte die Türe wieder ein und verbrachte dann die Nacht ganz friedlich in seiner Hütte. Ob er dann am nächsten Tag noch gejagt hat, weiss ich nicht. Aber er brachte am Abend seiner Frau zwei Felle heim, ein schwarzes und ein rotes, und sagte: «Siehst du! Und du wolltest mich nicht jagen gehen lassen!»

Märchen aus Sibirien

Der Junge, der Katzen malte

Vor langer, langer Zeit lebte einmal in einem kleinen Dorf ein armer Bauer mit seiner Frau. Sie hatten sehr viele Kinder und hatten Mühe, sie jeden Tag satt zu bekommen.

Der älteste Sohn musste seinem Vater zur Hand gehen und jeden Tag schwere Arbeit tun, während seine kleinen Schwestern, kaum dass sie laufen konnten, der Mutter im Haus helfen mussten. Das jüngste Kind aber, ein kleiner Junge, war so schwach und zart, dass niemand daran glaubte, dass er einmal stark genug für die Feldarbeit sein würde. Was sollte nun aus dem Jungen werden? Zum Bauern war er nicht geboren, aber er war klug, klüger als seine Geschwister und so beschlossen seine Eltern, ihn zum Priester zu bringen. Eines Tages nahmen sie ihn mit, gingen mit ihm zum Tempel und baten den alten Priester, ihren Sohn als Schüler anzunehmen und aus ihm einen guten Priester zu machen.

Der Junge lernte sehr schnell und er gehorchte fast immer. Er hatte nur einen einzigen Fehler: Er zeichnete immer Katzen. Er zeichnete sie hierhin und dorthin, und auch dahin, wohin Katzen nun wirklich nicht gezeichnet werden sollten. War er allein, so zeichnete er die Katzen sogar auf die Seitenränder der Bücher des alten Priesters, er zeichnete sie auf die alten Wandschirme des Tempels, an die Mauer und sogar an die Säulen.

Eines Tages, als der Junge wieder einmal eine grosse Katze auf einen Wandschirm gemalt hatte, sagte der alte Priester traurig zu ihm: «Mein Junge, du kannst nicht länger bei mir im Tempel bleiben. Du wirst nie ein guter Priester werden. Vielleicht wirst du aber einmal ein berühmter Maler. Zum Abschied will ich dir noch einen guten Rat geben, den du nie vergessen solltest: Übernachte nicht unter einem grossen Dach, halte dich an ein kleines!»

Der Junge traute sich nicht, den Priester zu fragen, was der Ratschlag bedeutete. Er schnürte traurig sein Bündel und zog in die Welt hinaus.

Nach Hause konnte er nicht mehr, der Vater würde ihn bestimmt bestrafen wegen seines Ungehorsams. Also wanderte er lange und weit, bis er endlich hinter einem Dorf auf einem Hügel einen grossen Tempel sah. Der Junge freute sich und dachte: ‹Dort leben bestimmt viele Priester und ich kann fragen, ob sie mich als Schüler oder Gehilfen nehmen.›

Was er aber nicht wusste, war, dass dieser Tempel schon vor längerer Zeit geschlossen werden musste, weil ein böser Geist dort sein Unwesen trieb. Alle Priester waren geflohen. Einige tapfere Ritter hatten schon versucht, den Geist zu vertreiben, aber sie wurden nie mehr wiedergesehen.

Als der Junge im Dorf ankam, war es bereits dunkel, und alle Leute waren schon ins Bett gegangen. Im grossen Tempel aber sah er ein kleines Licht. Der kleine Junge konnte nicht wissen, dass der Geist immer ein Licht anzündete, um einsame Wanderer anzulocken.

Der kleine Junge ging sogleich zum Tempel und klopfte an. Niemand antwortete ihm. Er klopfte wieder und wieder, alles blieb still. Zuletzt stiess er gegen die Tür und öffnete sie leise. Er ging hinein und sah eine Lampe brennen, aber er konnte nirgendwo einen Priester entdecken. Er setzte sich hin und wartete in der Hoffnung, das gleich jemand kommen würde. Da bemerkte er, dass alles voller Staub und Spinnweben war. Er wunderte sich, dass die Priester alles so verstauben liessen, und dachte bei sich: ‹Hier können sie wirklich einen Gehilfen brauchen.› Doch dann sah er etwas, das sein Herz vor Freude hüpfen liess: Einige grosse Wandschirme standen in der Tempelhalle, so gross, dass man ganz wunderbar einige grosse Katzen darauf malen konnte.

Obwohl er müde war, suchte er nach einem Malkasten mit Tusche. Als er endlich einen fand, begann er sogleich, grosse, übermannsgrosse Katzen zu malen, so grosse, wie er sie noch nie hatte malen können. Als er fertig war, wurde er müde. Er wollte sich gerade neben dem Wandschirm niederlegen, als ihm der Ratschlag des alten Priesters einfiel: «Übernachte nicht unter einem grossen Dach, halte dich an ein kleines!» Der Junge sah sich um. Der Tempel war wirklich sehr gross und er bekam nun doch ein klein wenig Angst in der dunklen Halle. So beschloss er, den Ratschlag seines Lehrers zu beherzigen und ein kleines Plätzchen zum Schlafen zu suchen. Tatsächlich fand er direkt neben der Tempelhalle einen kleinen Verschlag. Er schlüpfte hinein, schob den Riegel von innen vor und schlief sogleich ein.

Mitten in der Nacht erwachte er von einem fürchterlichen Lärm. Ein Schreien und Kreischen war zu hören. Es hörte sich an wie ein verzweifelter Kampf. Der Lärm war so schrecklich, dass der kleine Junge sich nicht traute, sich zu bewegen. Er hielt den Atem an, als er sah, wie das Licht im Tempel erlosch. Der Lärm wurde noch schrecklicher, ein Pfeifen und Schnauben war zu hören, und schliesslich erzitterte der ganze Tempel.

Der kleine Junge wagte sich nicht zu bewegen, bis am Morgen die Sonne durch die Ritzen von seinem kleinen Verschlag schien. Er stand vorsichtig auf, schob den Riegel zurück, machte die Tür ganz langsam auf und spähte hinüber in die Halle. Das erste, was er sah, war das rote Blut, das den Fussboden der Halle in grossen Lachen überall bedeckte. Und dann zuckte er zusammen, denn in der Mitte der Halle lag eine riesige Ratte tot in ihrem Blut, eine Geisterratte, grösser als eine Kuh! Wer konnte diese Ratte getötet haben? Kein lebendes Wesen war zu sehen. Alles war ganz still.

Er schaute sich um, und plötzlich sah der kleine Junge, dass die Schnauzen all der Katzen, die er am Abend vorher auf die Wandschirme gemalt hatte, rot waren. Nun erkannte er, dass die riesige Ratte von den Katzen getötet worden war, die er gestern überall gross an die Wandschirme gemalt hatte. Wie froh war er, dass er auf den Rat des alten Priesters gehört hatte – es hatte ihm das Leben gerettet.

Der kleine Junge wurde später ein berühmter Maler. Einige der Katzen, die er in jener Nacht gemalt hatte, zeigt man in dem Tempel noch heute den Pilgern und Wanderern.

Märchen aus Japan

Der Junge und der Teufel

Es war einmal ein Junge, der lief am Weg entlang und knackte Nüsse. Da fand er eine, die war wurmstichig und hatte ein Loch. Genau in diesem Moment begegnete ihm der Teufel.

«Ist es wahr», fragte der Junge, «was man sagt, dass der Teufel sich so klein machen kann, wie er will, sodass er sogar durch ein Nadelöhr passt?»

«Ja», antwortete der Teufel.

«Oh! Bitte lass mich einmal sehen, ob du in das kleine Loch hier in der Nuss kriechen kannst!», rief der Junge.

Da machte sich der Teufel ganz klein und kroch durch das winzige Loch in die Nuss hinein.

Kaum war er drin, nahm der Junge ein Hölzchen und schloss das Loch fest zu. «Nun hab' ich dich!», sagte er und steckte die Nuss in die Hosentasche.

Er lief eine Weile und kam an einer Schmiede vorbei. Er ging hinein zum Schmied und bat ihn, ihm die Nuss entzweizuschlagen.

«Ja, das ist leicht getan», sprach der Schmied.

Er nahm seinen kleinsten Hammer, legte die Nuss auf den Amboss und schlug zu; aber die Nuss blieb ganz.

Da nahm er einen etwas grösseren Hammer, aber die Nuss blieb ganz.

Da nahm er noch einen grösseren, aber die Nuss blieb immer noch ganz.

Das gefiel dem Schmied gar nicht. Er nahm den grössten Hammer und sprach: «Warte nur, gleich habe ich dich!», und schlug mit aller Kraft zu.

Da zerplatzte die Nuss mit einem lauten Knall, dass das Dach der Schmiede abflog, und es krachte, als ob die Hütte umstürzen wollte.

«Ich glaube, der Teufel war in der Nuss!», sagte der Schmied.

«Ja, er war drin», sagte der Junge und trollte sich zufrieden davon.

Märchen aus Norwegen

Räubermärchen

Vor langer Zeit lebte einmal ein Räuberhauptmann mit seinen zwölf Räubern. Nach einem Raubzug sassen sie abends am Lagerfeuer, assen sich satt und tranken ein Glas nach dem andern. Dem Räuberhauptmann aber wurde langweilig und er rief: «Wer erzählt mir ein Märchen?»

«Ich!», rief der erste der Räuber und er begann: Vor langer Zeit, lebte einmal ein Räuberhauptmann mit seinen zwölf Räubern. Nach einem Raubzug sassen sie abends am Lagerfeuer, assen sich satt und tranken ein Glas nach dem andern. Dem Räuberhauptmann aber wurde langweilig und er rief: «Wer erzählt mir ein Märchen?»

«Ich!», rief der zweite der Räuber und er begann: Vor langer Zeit, lebte einmal ein Räuberhauptmann mit seinen zwölf Räubern. Nach einem Raubzug sassen sie abends am Lagerfeuer, assen sich satt und tranken ein Glas nach dem andern. Dem Räuberhauptmann aber wurde langweilig und er rief: «Wer erzählt mir ein Märchen?»

«Ich!», rief der dritte der Räuber und er begann: Vor langer Zeit, lebte einmal ein Räuberhauptmann mit seinen zwölf Räubern. Nach einem Raubzug sassen sie abends am Lagerfeuer, assen sich satt und tranken ein Glas nach dem andern. Dem Räuberhauptmann aber wurde langweilig und er rief: «Wer erzählt mir ein Märchen?»

Und so erzählt man weiter, bis alle eingeschlafen sind.

Märchen aus Tschechien

Der Hirt und die Fee

Auf der Insel Veglia hütete einmal ein Hirt seine Schafe. Um die Mittagszeit legte er sich an einem Wiesenrand nieder und schlief ein. Als er wieder auferwachte, sah er, dass viele weisse Wäschestücke zum Trocknen auf der Wiese ausgebreitet waren. Da sie bereits trocken waren, hob er sie sorgfältig auf und trug sie in seine Hütte. Als er wieder zu seinen Schafen zurückkam, erschien auf einmal ein Mädchen, das die Wäsche suchte. Schnell holte der Hirt diese und übergab sie dem Mädchen mit einem freundlichen Lächeln.

«Was wünschst du für deine Hilfe?», fragte das Mädchen, es war nämlich eine Fee.

Der Hirt lächelte und wusste keinen Wunsch zu nennen. Da schaute das Mädchen auf die Herde und sprach: «Geh zu deinen Schafen und sage: Joina biala, joina ciarna!»

Dann verschwand es spurlos, als wäre es nie da gewesen. Der Hirt ging zu seinen Schafen, und kaum hatte er die Zauberworte ausgesprochen, da hörte er es von allen Seiten blöken: «Bäh, bäh, bäh!», und je öfter er die Worte der Fee aussprach, umso mehr Schafe versammelten sich um ihn. Da stieg er mit seiner Herde auf einen Berg, und was sah er dort? Viele Schafe, weisse und schwarze, die sprangen aus dem Meer und kamen zu ihm. So hatte der Hirt bald die grösste Herde weit und breit und lebte dank der Fee zufrieden und glücklich bis an sein Lebensende.

Sage aus Italien

KAPITEL 6
Von Begegnungen mit Feen und Meerfrauen

Feen sind aus der Märchenwelt nicht wegzudenken. Sie erscheinen als Patinnen an der Wiege der kleinen Heldinnen und Helden, und ihre Gaben wenden das Schicksal meist zum Guten. Oft treten sie zu dritt auf, was ihre Verbindung zu den Schicksalsgöttinnen aufzeigt, die den Lebensfaden spinnen, messen und schneiden. Nur wenige Menschen können ihre Welt besuchen, denn sie leben in der Anderswelt, in die man nur mit einem Zauberspruch oder einer Tarnkappe hineinfindet. In besonderen Momenten zeigen sie sich den Helden oder Heldinnen im Märchen und begleiten sie ein Stück auf ihrem Weg. Sie sind jedoch nicht nur geheimnisvoll, sie haben auch Humor und bringen unerwartete Wendungen in die Schicksale der jungen Menschen.

Auch die Wasserfrauen wachen über das Leben der Mädchen und Jungen in diesen Märchen. Sie sind überall da, wo das lebendige Wasser seine Schätze bereithält und die jungen Menschen auf dem Fluss des Lebens Hilfe brauchen.

Oft ist es eine kleine freundliche Tat wie in der Eingangssage, die eine Fee dazu bringt, einen jungen Menschen zu beschenken. In dieser Geschichte lässt sie ihre Gabe aus dem Meer entsteigen und verbindet damit die Kraft der Feen und Meerfrauen.
Auch der Prinz im zweiten Märchen wird mit guten Gaben beschenkt, aber auch mit Eselsohren, und erst am Ende lässt sich erkennen, welche Stärke er dadurch gewonnen hat.

Im tschechischen Märchen «Die Waldfee» begegnet das arme Mädchen der Fee im Wald. Diese lehrt es nicht nur das Tanzen und hilft ihr spinnen, sondern gibt ihr auch ein wertvolles Geschenk mit. Wäre die Neugier des Mädchens nicht so gross gewesen, so wäre es noch reicher geworden. Das Märchen «Der verhexte Ring» ist bei grösseren Kindern beliebt. Mit viel Schalk wird hier mit dem Thema Schimpfworte umgegangen. Das folgende Märchen erzählt, wie die Geige zu den Menschen kam. Die Fee taucht in der Not im dunklen, kalten Verlies auf und bringt Musik und Hoffnung zum jungen Helden. Ein wenig hoffnungslos ist auch der jüngste der drei Brüder in «Die Fee der Feen», denn statt einer schönen Braut bringt er eine Eule nach Hause, und natürlich weiss er nicht, dass sie eine Fee ist. Auf seiner Suchwanderung findet er zu seinen Stärken, die durch die Zauberdinge der Riesen symbolisiert werden.

«Katrin Knack-die-Nuss» im gleichnamigen Märchen muss ebenfalls ihre Talente entdecken, denn zu Hause kann sie nicht mehr bleiben. Gemeinsam mit ihrer verzauberten Schwester macht sie sich auf den Weg und soll in einem Schloss einen Prinzen bewachen, der jede Nacht in die Feenwelt entschwindet. Das erinnert an das Märchen «Die zertanzten Schuhe» der Brüder Grimm. In der hier vorliegenden Fassung aus Flandern ist es eine Fee, die dem jungen Helden hilft, damit er die zwölf Prinzessinnen, die jede Nacht in der Anderswelt tanzen, erlösen kann. Die Bilder der Mädchen oder auch der Prinzen, die für die Eltern nicht erreichbar sind, weil sie in einer anderen Welt leben, erinnern stark an die Zeit der Pubertät. So leben diese halbwüchsigen Kinder nachts in ihrer geheimen Welt auf, während sie den Tag erschöpft verschlafen.

Der Schlaf ist eine Zeit, in der viele besondere Begegnungen und Wahrnehmungen möglich sind, und oft weiss der Träumende nicht mehr, was wirklich geschehen ist und was nicht. Auch dem Jungen in «Die drei Schwanenfrauen» ergeht es so. Als er aufwacht, ist er am Grunde des Sees und die Schwanenfrauen, die auch hier ihre Dreizahl haben, wachen über sein Schicksal. Das arme Mädchen im nächsten Märchen hat ebenfalls eine Schicksalsfrau, die über sein Leben wacht, denn die Flussmutter ist seine Patin.

Manchmal brauchen aber auch die Meerfrauen Hilfe. Das nächste Märchen erzählt von der alten Frau, die das kleine Meermädchen hütet und zum Dank von der Meerfrau Geschenke erhält; nicht nur, dass sie nie mehr hungern muss, sie hat vor allem neue Freunde gewonnen. Hans, der junge Fischer im letzten Märchen, erhält ein Geschenk, und zwar von der Königin der Meere, nämlich eine grosse weisse Muschel, die drei Wünsche erfüllt. Wie gut, dass er weise damit umzugehen weiss.

Der Prinz mit den Eselsohren

Es war einmal ein König, der war sehr traurig, weil er keine Kinder hatte; und er liess drei Feen rufen, sie sollten ihm helfen, dass die Königin ihm einen Sohn schenkte. Die Feen versprachen ihm, seine Wünsche zu erfüllen, und sagten ihm, sie würden bei der Geburt zugegen sein. Nach neun Monaten wurde dem Königspaar ein Sohn geboren, und die Feen schenkten dem Kind ihre Gaben.

Die erste Fee sprach: «Du sollst der schönste Prinz der Welt werden.»

Die zweite Fee sprach: «Du sollst zudem sehr tugendsam und verständig werden.»

Die dritte Fee ärgerte sich, dass die beiden ersten schon so viele gute Gaben ihr vorweggenommen hatten, es wollte ihr nichts Besseres mehr einfallen, und darum rief sie: «Aber dir sollen Eselsohren wachsen, damit du nicht stolz und hochmütig werden kannst.»

Der König war ausser sich und bat sie, diesen Wunsch zurückzunehmen. Wie konnte einer mit Eselsohren dereinst König werden. Aber die drei Feen gingen fort und bald darauf wuchsen dem Prinzen Eselsohren.

Nun beschloss der König, dass keiner erfahren durfte, dass der zukünftige König Eselsohren habe, darum liess er eine Mütze anfertigen, die dem Prinzen fest auf dem Kopf sass und auch die Ohren verdeckte. Er legte sie Tag und Nacht nicht ab.

Der Prinz wurde von Tag zu Tag schöner, und niemand am Hof wusste, dass er Eselsohren hatte. Aber schliesslich kam er in das Alter, da er rasiert werden musste, zudem war es nötig, ihm einmal die Haare zu schneiden. Da liess der König einen Barbier rufen und sagte zu ihm: «Du sollst den Prinzen rasieren, aber wenn du auch nur einem Menschen sagst, was du unter seiner Kappe gesehen hast, so musst du sterben.»

Der Barbier hatte grosse Lust zu erzählen, was er gesehen hatte, aber die Angst, sterben zu müssen, liess ihn schweigen. Eines Tages ging er zur Beichte und sagte zu seinem Beichtvater: «Ich habe ein Geheimnis, das drückt mich so sehr, weil mich der König töten lässt, wenn ich es jemandem anvertraue, aber wenn ich es niemandem anvertraue, gehe ich unter der Last des Geheimnisses zugrunde. Sage mir, Vater, was soll ich tun?» Der Beichtvater antwortete ihm, er soll in ein Tal gehen, dort ein Loch graben und das Geheimnis so oft da hineinsprechen, bis er von der Last befreit sei, und dann das Loch mit Erde wieder zuschütten. Die Erde würde es dann schon bewahren. Der Barbier tat es; und nachdem er das Loch zugeschüttet hatte, ging er erleichtert nach Hause zurück.

Nach einiger Zeit wuchs an der Stelle, wo der Barbier das Loch gegraben hatte, Schilfrohr, und wenn die Hirten mit ihren Herden vorüberkamen, schnitten sie das Rohr und machten sich Flöten daraus; und wenn sie auf den Flöten spielten, so erklangen Stimmen, die sagten: «Prinz mit den Eselsohren – Prinz mit den Eselsohren.»

Da verwunderten sich alle sehr, und die Neuigkeit verbreitete sich in der ganzen Stadt, sodass sie sogar dem König zu Ohren kam. Er befahl, dass einer der Hirten mit seiner Flöte zu ihm kommen solle, um auf seiner Flöte zu spielen. Wirklich erklangen immer dieselben Melodien und Stimmen, und was der Hirte auch zu spielen versuchte, alle bekannten Lieder übertönten die Worte: «Prinz mit den Eselsohren.»

Auch der König selbst spielte, und bei jedem Mal hörte er wieder die Stimmen.

Da liess der König den Barbier rufen und wollte ihn richten lassen, aber der junge Prinz bat für sein Leben, zog seine Mütze ab und rief: «So mögen denn alle wissen, dass ich Eselsohren habe, und es nicht nur im Geheimen flüstern. Ich kann trotzdem ein guter König sein.»

Doch siehe, als er seine Mütze abgezogen hatte und der ganze Hof rings um ihn versammelt war, sahen alle, dass er gar keine Eselsohren mehr hatte.

Wie gross war da die Freude des Königs, der Königin und des jungen Prinzen. Von dem Tag an hörte man auch die Worte «Prinz mit den Eselsohren» aus dem Schilf nicht mehr.

Märchen aus Portugal

Die Waldfee

Betuska war ein kleines Mädchen, sie lebte mit ihrer Mutter in einer kleinen Hütte am Waldesrand, und sie hatten zwei Ziegen.

Vom Frühjahr bis zum Herbst hütete Betuska die Ziegen im Birkenwald. Wenn sie das Haus verliess, legte ihr die Mutter ein Stück Brot und eine Spindel in die Tasche. Einen Spinnrocken hatten sie nicht, den Flachs wand die Mutter dem Mädchen um den Kopf. «Nun sei fleissig und spinn die Spindel voll!»

So war es jeden Morgen. Betuska nahm die Tasche, und fröhlich singend hüpfte sie hinter den Ziegen zum Birkenwald. Dort begannen die Tiere zu weiden.

Das Mädchen setzte sich an einen Baum, zog mit der linken Hand das Werg vom Kopf und drehte mit der rechten die Spindel, dass sie über den Boden schwirrte.

Dazu sang sie, dass es durch den ganzen Wald hallte.

Wenn die Sonne am höchsten stand, legte sie die Spindel beiseite und gab den Ziegen einen Bissen Brot, dann sprang sie in den Wald, um Beeren zu suchen.

O wie gut schmeckten die Waldbeeren! Hatte sie sich satt gegessen, verschränkte sie die Arme, sang und tanzte. Die Sonne lachte ihr zu, und die Ziegen freuten sich: «Wir haben eine lustige Hirtin!»

Nach dem Tanz ging sie wieder fleissig ans Spinnen, und abends brachte sie die volle Spindel zur Mutter heim.

Eines Tages aber nach ihrem Mittagsmahl stand plötzlich, wie aus dem Boden gewachsen, eine wunderschöne Jungfrau vor ihr. Sie trug ein weisses Kleid, dünn wie Spinngewebe, und ihr langes goldenes Haar schmückte ein Kranz von Waldblumen. Das Mädchen war starr vor Schreck. Die Jungfrau aber lächelte ihr zu: «Betuska, tanzt du gerne?»

Da verlor die Hirtin die Angst. «Ach ja, am liebsten möchte ich den ganzen Tag lang tanzen!»

«So komm und tanz mit mir! Ich werde es dich lehren.»

Die holde Frau fasste das Mädchen bei den Händen und begann den Reigentanz. Über ihnen erschallte so liebliche Musik, dass Betuska das Herz im Leibe lachte. Die Musikanten in bunt schillernden Fräcklein sassen auf den Birkenzweigen: Lerche und Nachtigall, Fink und Stieglitz, Amsel und Drossel, Kuckuck und Siebenstimmer.

Betuskas Wangen glühten, ihre Augen leuchteten, sie vergass Arbeit und Ziegen und sah nur ihre Tänzerin. So zart und leicht drehte sich die Waldfee, dass sich das Gras unter ihren Füssen nicht neigte, und Betuska wurde nicht müde bis zum Abend.

Als die Sonne hinter dem Wald versank, verstummte die Musik, und die schöne Jungfrau verschwand, wie sie erschienen war. Da fühlte das Mädchen den ungesponnen Flachs auf ihrem Kopf und sah die Spindel im Gras liegen. Schnell legte sie beides in die Tasche, rief die Ziegen herbei und trieb sie heim.

Unterwegs machte sie sich bittere Vorwürfe, dass sie sich von der Fee hatte betören lassen. Die Ziegen hörten keinen fröhlichen Gesang und sahen sich um, ob die Hirtin ihnen denn noch folgte.

Auch die Mutter wunderte sich und fragte die Tochter, ob sie krank sei.

«Ach nein, liebe Mutter, mir fehlt nichts, nur meine Kehle ist trocken», erklärte das Mädchen und ging Spindel und Flachs verstecken.

Am nächsten Tag wollte sie das Versäumte nachholen, der Mutter aber erzählte sie kein Wort von ihrem Erlebnis.

Am anderen Tag sang und spann Betuska wieder in gewohnter Weise bei den Ziegen im Birkenwald. Die Sonne zeigte Mittag an. Die Hirtin fütterte die Ziegen mit Brot und sammelte Erdbeeren. «Ach, heute darf ich nicht tanzen!», seufzte sie.

«Und warum darfst du nicht?», ertönte eine liebliche Stimme, und die schöne Jungfrau stand vor ihr, als wäre sie aus den Wolken gefallen.

Betuska erschrak und schloss die Augen, um die Tänzerin nicht zu sehen, doch diese wiederholte die Frage.

«Ach verzeiht, schöne Frau», sprach da das Mädchen. «Wenn ich meine Spindel nicht vollspinne, wird die Mutter mich schelten. Ehe die Sonne untergeht, muss ich nachholen, was ich gestern versäumt habe.»

«Komm nur tanzen», sprach die Jungfrau, «wenn die Sonne untergeht, wird dir geholfen sein.»

Sie schürzte ihr Gewand und fasste das Mädchen bei den Händen.

Die Spielleute in den Birkenzweigen fingen an zu musizieren und die schöne Frau tanzte noch reizender als zuvor. Betuska konnte die Augen nicht von ihr wenden, sie vergass die Ziegen und ihre Arbeit.

Als abends die Musik verstummte, nahm die Fee den Flachs, schlang ihn um ein Birkenstämmchen und liess die Spindel über den Boden schwirren. Ehe die Sonne hinter dem Wald versank, war aller Flachs abgesponnen, auch der vom Vortag.

«Merke dir meine Worte, liebes Kind», sprach die Jungfrau, «hasple auf und murre nicht!»

Damit reichte sie dem Mädchen die volle Spindel und verschwand, als hätte die Erde sie verschlungen. Hasple auf und murre nicht ...

Betuska war zufrieden und sang, sodass die Ziegen munter vorwärts schritten.

Die Mutter empfing sie verdriesslich: «Warum hast du gestern deine Spindel nicht vollgesponnen?»

«Verzeiht, Mutter, ich habe ein wenig getanzt», sprach Betuska und gab ihr die übervolle Spindel. «Seht nur, ich habe alles nachgeholt.»

Wieder schwieg sie über ihr Abenteuer im Wald.

Am dritten Tag stand mittags die schöne Jungfrau wieder da, umfasste Betuska und drehte sich mit ihr im Reigentanz bis zum Abend. Wie von selbst sprangen ihre Füsse zur lieblichen Musik. Die Sonne ging unter, und der Flachs war nicht gesponnen. Weinend schlug das Mädchen die Hände zusammen. Was würde die Mutter sagen?

«Gib mir deine Tasche», sprach die schöne Jungfrau, «ich will dir ersetzen, was du heute versäumt hast.»

Die Fee wurde für einen Augenblick unsichtbar, dann gab sie der Hirtin die Tasche mit den Worten zurück: «Nimm, aber erst zu Hause schau hinein.»

Fort war sie, wie vom Wind verweht.

Auf dem Heimweg konnte Betuska nicht singen, denn immerfort musste sie an die Tasche denken; sie war so leicht als ob nichts darin sei. ‹Ob die Waldfrau mich etwa betrogen hat? Ich muss sogleich hineinschauen!›

Gedacht, getan.

Wie erschrak aber das Mädchen, als sie die Tasche voller Birkenlaub fand. Zornig warf sie die Blätter heraus, doch dann dachte sie: ‹Den Rest will ich den Ziegen einstreuen›, und liess etwas Laub zurück. Zögernd ging sie nach Hause.

Auf der Schwelle wartete voller Sorge die Mutter. «Um Himmels Willen, was für Garn hast du mir gestern nach Hause gebracht, Mädchen?»

«Warum denn?», fragte Betuska ängstlich.

«Heute früh begann ich aufzuhaspeln, ein Strang, zwei Stränge, drei Stränge, ich hasple und hasple, die Spindel bleibt voll! ‹Welcher böse Geist hat das gesponnen!›, rufe ich erzürnt – in dem Augenblick verschwindet das Garn von der Spindel, als wäre es weggeblasen. – Sag mir doch, was das bedeutet!»

Da erzählte Betuska von der schönen Jungfrau und vom Tanz unter den Birken. «Das war eine Waldfrau!», rief die Mutter. «Um Mittag und um Mitternacht treiben sie ihr Wesen. Mit Mädchen haben sie Erbarmen und beschenken sie oft reich. Warum hast du mir das nicht gesagt? Hätte ich nicht gemurrt, so wäre jetzt die ganze Stube voller Garn.»

Da erinnert sich das Mädchen an die Tasche. Es könnte doch vielleicht noch etwas unter jenem Laub sein. Sie nimmt Spindel und Flachs heraus, schaut hinein, schaut noch einmal – «Sieh nur, Mutter!», ruft sie.

Das Birkenlaub hat sich in Gold verwandelt, in reines Gold. Ein Glück, dass sie die Tasche nicht ganz ausgeleert hat!

Früh am anderen Morgen gingen sie zu der Stelle, wo Betuska das Laub weggeworfen hatte, doch auf dem Weg fanden sie nur welkes Birkenlaub.

Der Reichtum aber, den die Hirtin nach Hause gebracht hatte, war auch so gross genug. Sie kauften ein Bauerngut mit viel Vieh. Betuska bekam schöne Kleider und genug zu essen, sie brauchte nicht mehr Ziegen hüten.

Allein, wie reich und glücklich sie jetzt war, nichts mehr hat ihr so viel Vergnügen bereitet wie der Tanz mit der Waldfrau. Oft, oft ging sie hinaus zum Birkenwald und wünschte sich die schöne Jungfrau herbei.

Doch sie sah sie niemals wieder.

Märchen aus Tschechien

Der verhexte Ring

Mitten auf einer schönen Wiese lag einmal ein grosser Kuhfladen. Da kamen drei Feen vorbei und die eine sagte zu den anderen: «Ich wünsche, dass dieser Kuhfladen zu einem schönen jungen Mädchen wird.» Die zweite sprach: «Das Mädchen soll einen wertvollen Ring tragen.»

Die dritte aber rief: «Und ich werde diesen Ring verzaubern, so dass jeder, der ihn trägt, nur ein einziges Wort sprechen kann: Merda!*».

Und tatsächlich: Der Kuhfladen verwandelte sich in ein hübsches Mädchen. Es stand da in herrlichen Kleidern und einem Diadem auf der Stirn, und sah aus wie eine Prinzessin. Zufrieden gingen die Feen davon und liessen das Mädchen allein auf der Wiese.

Bald darauf kam der König vorbei. Er sah die schöne junge Frau auf der Wiese und lobte ihre Schönheit und ihre Sanftmut, doch das Mädchen antwortete auf alle Fragen nur mit einem Wort: «Merda!» Der König wunderte sich, doch die junge Frau gefiel ihm so gut, dass er sie mitnahm in seine Kutsche und in sein Schloss brachte. Er stellte sie seiner Mutter vor und auch dieser gefiel das Mädchen, doch auf ihre Fragen antwortete es immer nur mit einem Wort: «Merda!» Das gefiel der Königinmutter gar nicht. «Dem Mädchen fehlt es an richtiger Erziehung», meinte sie. Doch der König, fand, die hübsche junge Frau könnte ja das anständige Reden noch lernen. Kurzum: Der König wollte das Mädchen heiraten und bald darauf gab es ein prächtiges Fest und die Schöne von der Wiese wurde Königin.

Am Sonntag nach der Hochzeit wollte der ganze Königshof in die Kirche zur Messe gehen. Alle Menschen in der Kirche staunten über die Schönheit der jungen Königin und die Männer machten ihr Komplimente. Doch das einzige, was sie antworten konnte war: «Merda!»

Bevor der Gottesdienst begann, kam der Kirchenhelfer mit dem Klingelbeutel und ging von einem Gast zum anderen. Diese sollten dort ihre Spende für die Kirche hineinwerfen. Die junge Königin hatte jedoch kein Geld bei sich und so nahm sie den wertvollen Ring vom Finger und warf ihn in den Beutel. Der Pfarrer aber hatte genau gesehen, wie die Königin ihren Ring in den Klingelbeutel warf. Schnell gab er dem Kirchendiener einen Wink und dieser übergab ihm den Beutel. Der Pfarrer suchte, fand den Ring und dachte:«Der ist gerade gut genug für mich», und steckte ihn an den Finger. Er seufzte glücklich, stieg auf die Kanzel, wandte sich den Kirchenbesuchern zu und wollte seine Predigt sprechen. «Meine geliebten Mitmenschen», wollte er sagen, doch stattdessen konnte er immer nur ein Wort sagen: «Merda! Merda! Merda!» Das war nun wirklich unerhört. Die Kirchengänger standen bald auf und verliessen unter Protest die Kirche und auch der König und die Königin stiegen in ihre Kutsche und fuhren nach Hause in ihr Schloss. Doch oh Wunder: Von diesem Tag an konnte die junge Frau ganz lieblich sprechen und kein einziges Mal hörte man mehr das Wort «Merda!».

Märchen aus Italien

* Merda, ital. Scheisse

Die Erschaffung der Geige

Es war einmal ein armer Mann mit seiner Frau, die hatten keine Kinder und hätten so gerne welche gehabt. Eines Tages ging die Frau in den Wald, dort begegnete ihr eine Fee, die sprach: «Geh nach Hause, schlage einen Kürbis auf und giesse Milch hinein, dann trinke sie. Du wirst einen Sohn gebären, der glücklich und reich sein wird.» Die Frau tat, wie ihr geheissen und nach neun Monaten gebar sie einen schönen Knaben. Das Glück der Frau dauerte nicht lange, sie wurde krank und starb. Der Vater zog den Knaben alleine auf, doch als dieser zwanzig Jahre alt wurde, starb auch der Vater. Nun war der junge Mann ganz allein auf dieser Welt und er sagte zu sich: «Was soll ich noch hier? Ich ziehe in die weite Welt und suche mein Glück.» Und er machte sich auf und ging von Dorf zu Dorf und von Stadt zu Stadt. Eines Tages kam er zum Schloss des Königs, dort sah er in einem Fenster das schönste Mädchen stehen, das er je gesehen hatte. Jetzt war es um ihn geschehen und er sann Tag und Nacht darüber nach, wie er die schöne Königstochter gewinnen könnte. Der König aber hatte im ganzen Land kundgetan, dass er nur dem Mann seine Tochter zur Frau gebe, der etwas zustande bringe, was noch nie jemand auf der Welt gesehen habe. Viele Männer hatten schon ihr Glück versucht, aber sie wurden alle vom König abgewiesen, denn sie hatten nichts zustande gebracht, was es nicht schon vordem gab.

Als der Jüngling das hörte, ging er zum König: «Ich will deine Tochter zur Frau haben, sag mir, was ich tun soll.»

Der König erzürnte und sprach: «Hast du nicht gehört, dass nur der meine Tochter zur Frau erhält, der etwas zustande bringt, was noch nie jemand auf der Welt gesehen hat? Weil du so dumm gefragt hast, sollst du in den Kerker.»

Die Wärter des Königs ergriffen den Jüngling und warfen ihn in ein dunkles Verlies. Kaum hatten sie die Türe geschlossen, wurde es hell und die Feenkönigin Matuya erschien.

«Sei nicht traurig. Durch meinen Rat bist du in diese Welt gekommen und durch meinen Rat sollst du auch die Königstochter gewinnen. Hier hast du einen kleinen Kasten und einen fein gebogenen Stab, reiss mir jetzt die Haare aus und spanne diese auf das Kästchen und den Stab.»

Der Jüngling tat, wie ihm geheissen, und als er mit seiner Arbeit fertig war, nahm die Fee das Kästchen und sprach: «Dies ist eine Geige, mit der du die Menschen glücklich oder traurig stimmen kannst, ganz wie du es willst.»

Dann lachte sie in das Kästchen und weinte und liess dabei ihre Tränen hineintropfen. Bevor sie verschwand, sagte sie noch: «Streich jetzt mit dem Bogen über die Haare auf dem Kästchen.»

Der Jüngling tat es und da ertönte eine Melodie so voller Sehnsucht und Traurigkeit, dass die Wärter tief in ihren Herzen berührt wurden, und sie liefen zum König und erzählten ihm von der sonderbaren Musik.

Der König liess den Jüngling zu sich kommen und er musste für ihn spielen. Da nahm er seine Geige und begann zu spielen. Der König wurde vergnügt wie noch nie in seinem Leben, und dann spielte der Jüngling eine Melodie, in der das Weinen und Lachen der Fee Matuya zu hören war. Es war das schönste Liebeslied, das man je gehört hatte. Der König hielt sein Versprechen und gab seine Tochter dem jungen Mann zur Frau, und sie lebten in Glück und Freude miteinander.

Märchen der Sinti und Roma

Die Fee der Feen

Vor langer Zeit lebte einmal ein grosser und mächtiger Kaiser, der hatte drei Söhne. Als diese alt genug waren, um zu heiraten, rief der Vater sie eines Tages zu sich und sprach: «Liebe Söhne, ihr seid nun alt genug, um euch eine Braut zu suchen. Nehmt euren Bogen, spannt ihn und dort, wo euer Pfeil niederfällt, sollt ihr euer Glück finden.» Da nahm jeder der drei Söhne seinen Bogen, spannte ihn und schoss. Der Pfeil des Ältesten traf das Dach vom Kaiserpalast im Nachbarreich. Der Pfeil des zweiten Sohnes traf das Schlosstor eines benachbarten Grafen. Der Pfeil des Jüngsten aber flog geradewegs in den Himmel und verschwand schliesslich in einem Wald am Horizont. Der älteste Bruder machte sich auf die Suche nach seinem Pfeil und brachte die Tochter des Kaisers als Braut mit. Der zweite ritt zum Schloss des Grafen und führte dessen Tochter heim. Auch der jüngste Bruder zog aus, seinen Pfeil zu suchen. Er irrte lange durch die Welt, bis er endlich den grossen Wald erreichte. Er suchte rechts, er suchte links und hielt nach allen Seiten Ausschau und endlich sah er seinen Pfeil im Wipfel einer hohen Eiche, aber so hoch, so hoch, dass er nicht wusste, wie er ihn herunterholen sollte. Mit aller Kraft kletterte er den Baum hoch, höher und höher, bis in die Krone hinauf und da steckte sein Pfeil neben einer kleinen Höhle im Stamm der Eiche.

Er zog den Pfeil aus dem Holz, hielt ihn in der Hand und dachte an die weite Reise, die er ganz vergeblich unternommen hatte. Langsam kletterte er vom Baum herunter und wollte gerade auf den weichen Boden springen, als auf einmal eine Nachteule aus der Baumhöhle flatterte und sich auf seinen Schultern niederliess. Erschrocken wollte der junge Mann die Eule verscheuchen, doch je mehr er sich wehrte, umso fester hielt sich die Eule mit ihren Krallen an seinen Schultern fest. Schliesslich gab er entmutigt auf und beschloss, mit der Nachteule auf den Schultern zu seinem Vater zurückzukehren.

Kaum war er ein paar Schritte gegangen, kamen sechs weitere Eulen und umflatterten ihn den ganzen Weg.

Am Palast angekommen, schlich er heimlich in sein Zimmer und schloss die Tür hinter sich. Da flogen die sechs Eulen oben auf den Schrank, während es sich die siebente auf dem Bett bequem machte. Der junge Mann war so müde, dass er sich nicht einmal mehr die Mühe machte, die Eule vom Bett zu verscheuchen. Erschöpft fiel er in einen tiefen Schlaf.

Als er am nächsten Morgen die Augen aufschlug, war da keine Eule mehr. Neben ihm in seinem weichen Bett mit den seidenen Vorhängen lag eine wunderschöne Fee, und um das Bett standen sechs Dienerinnen, die fragten nach ihren Wünschen. Der junge Mann kam aus dem Staunen nicht mehr heraus und so schnell es ging, führte er die Fee in den grossen Saal, um seinem Vater die wunderschöne Braut vorzustellen. Alle bewunderten die zarte, himmelsgleiche Gestalt, und bald wurde Hochzeit gefeiert.

Das junge Paar lebte glücklich, doch niemals konnte der Sohn des Kaisers vergessen, dass seine Frau in Eulengestalt zu ihm gekommen war. Eines Tages lud der Kaiser zu einem Fest ein und als alle beim Tanzen waren, ging der Prinz heimlich in seine Gemächer, nahm die Federkleider und warf sie ins Feuer. Dann kehrte er in den Festsaal zurück. Bald zog der Geruch der verbrannten Federn über den Palast und eine der Dienerinnen hob den Kopf und rief: «Herrin, Herrin! Wir sind verraten!»

Sogleich verliess die Fee mit ihren Gefährtinnen den Saal. Sie verwandelten sich in Tauben und die siebente rief dem Prinzen zu: «Du warst undankbar und hast mich verraten. Nun sollst du mich nicht wiedersehen, es sei denn, du findest mich im Palast der Feen, und das ist noch keinem Menschen auf der Welt gelungen.» Nach diesen Worten erhoben sich die Tauben, flogen dem Himmel zu und waren schon bald verschwunden.

Am nächsten Morgen verabschiedete sich der junge Mann in der Frühe von seinem Vater und machte sich auf die Suche nach seiner Frau. Er ging lange, er ging weit, er ging über Hügel und durch Täler und das Herz schmerzte ihm vor Sehnsucht nach der Fee, doch nirgends fand er eine Spur von ihr.

Eines Tages kam er in ein Tal, seine Füsse schmerzten von der langen Reise und er war so müde, dass er sich unter einen alten Baum legte, um sich auszuruhen. Bald war er tief eingeschlafen. Auf einmal weckten ihn Stimmen. Da sah er drei Riesen, die stritten heftig miteinander. Er trat auf sie zu und fragte: «Warum streitet ihr euch?»

«Ach», sagte der Älteste, «unsere Eltern sind gestorben und haben uns drei Dinge überlassen und wir können uns nicht einigen, wem sie gehören sollen. Es sind ein Paar Stiefel, eine Mütze und eine Peitsche.»

«Wegen solch lumpiger Sachen wollt ihr euch streiten?», wunderte sich der junge Mann.

«Das sind keine lumpigen Sachen. Es sind Zauberdinge. Wer die Stiefel trägt, kann damit trockenen Fusses durch das Meer laufen, wer die Mütze auf den Kopf setzt, wird unsichtbar, und wer mit der Peitsche knallt, verwandelt seine Feinde in Felsen.»

«Das sind wirklich kostbare Dinge», sprach der Jüngling. «Wenn ihr wollt, kann ich euch helfen. Seht ihr die drei Berge dort hinten? Wer zuerst einen der Gipfel erreicht, soll die drei Wunderdinge bekommen.»

Die drei Riesen waren einverstanden. Sie übergaben dem jungen Mann die Zauberdinge und machten sich in Riesenschritten auf zu den Bergen.

Dem Prinzen aber wurde die Zeit lang. Er schlüpfte in die Stiefel, um zu sehen, ob sie passten. Dann setzte er sich die Mütze auf den Kopf und zum Zeitvertreib schlug er einmal mit der Peitsche. In diesem Moment waren die drei Riesen an den Bergen angekommen und wurden augenblicklich in grosse Felsen verwandelt, man kann sie heute dort noch sehen.

Mit der Mütze war der Prinz nun unsichtbar und mit den Zauberstiefeln hatte er im Nu tausend Schritte gemacht. Er durchquerte Flüsse und Seen, Wüsten und Meere, bis er zu einem hohen Berg kam, dessen Spitze die Wolken berührte.

Auf einmal bemerkte er sieben Tauben, die zogen in der Luft ihre Kreise und verschwanden in den Wolken. Da wusste er, welche Richtung er einschlagen musste. Er bestieg den Berg und kam zu einem Felsengewölbe. Dort ging er unbemerkt hindurch und stand auf einmal vor einem riesigen Palast, umgeben von einem prächtigen Garten. Zwischen den Blumen und Kräutern sah er die Fee mit ihren Gespielinnen spazieren und ein kleiner Knabe begleitete sie und versuchte, Schmetterlinge zu fangen.

Da fühlte sich der Prinz so unsagbar froh und das Herz wurde ihm schwer, weil er nicht wusste, wie er sich zeigen sollte, denn noch war er unsichtbar. Er folgte ihnen durch den Garten und in einem Moment hob er ein wenig die Zaubermütze. Da rief der Junge: «Mutter, der Vater ist da!»

Die Fee seufzte und sprach: «Du träumst. Niemals wird er uns finden.»

Da hob der Prinz die Mütze abermals und der Junge rief: «Mutter, schau doch: Vater ist da!»

Und als die Fee ihre Augen hob, nahm der Prinz die Mütze ab und mit Freuden schlossen sich alle in die Arme.

«Wie konntest du uns finden?», wollte die Fee wissen und er erzählte alles, was er erlebt hatte.

So lebten sie glücklich zusammen im Feenpalast. Nach einiger Zeit bekam der Kaiserssohn jedoch Sehnsucht nach dem Vater und sie machten sich auf den langen Weg nach Hause.

Der Vater war inzwischen alt und schwach geworden und freudig begrüsste das Volk den Prinzen, der dem Kaiser auf den Thron folgte.

Der junge Kaiser und die Schönste der Feen lebten lange und glücklich und wir, die wir die Geschichte kennen, haben auch ein Stück von ihrem Glück bekommen.

Märchen aus Rumänien

Katrin Knack-die-Nuss

Vor Zeiten gab es da wie in vielen Ländern einen König und eine Königin. Der König hatte eine Tochter Anne, und die Königin hatte eine mit Namen Katrin, aber Anne war viel hübscher als die Tochter der Königin. Gleichwohl liebten sie einander wie richtige Schwestern. Die Königin war neidisch, dass des Königs Tochter hübscher war als ihre eigene, und sie sann darüber nach, wie sie ihre Schönheit zerstören könnte. Deshalb fragte sie die zauberkundige Hühnerfrau um Rat, und die sagte ihr, sie solle das Mädchen am nächsten Morgen zu ihr schicken, bevor sie etwas gegessen habe.

Zeitig am anderen Morgen also sagte die Königin zu Anne: «Meine Liebe, geh zur Hühnerfrau in der Schlucht und bitte sie um ein paar Eier.»

Da machte sich Anne auf, aber als sie durch die Küche kam, sah sie eine Brotkruste, nahm sie und kaute sie beim Gehen.

Als sie zu der Hühnerfrau kam, bat sie um Eier, wie sie geheissen worden war. Die Hühnerfrau sagte zu ihr: «Heb den Deckel von diesem Topf hier und sieh, was geschieht.»

Das Mädchen tat's, aber es geschah nichts. «Geh heim zu deiner Mutter und sag ihr, sie soll die Tür ihrer Speisekammer besser verschlossen halten», sagte die Hühnerfrau.

Sie ging also nach Hause zu der Königin und erzählte ihr, was die Hühnerfrau gesagt hatte. So wusste die Königin, dass das Mädchen etwas gegessen hatte, und sie passte am nächsten Morgen auf, und schickte sie ohne Essen fort. Aber die Prinzessin sah Leute aus dem Dorf neben der Strasse Erbsen pflücken, und weil sie sehr freundlich war, sprach sie mit ihnen und nahm sich eine Handvoll Erbsen und ass sie unterwegs.

Als sie zu der Hühnerfrau kam, sagte die: «Heb den Deckel von dem Topf und sieh, was geschieht.»

Anne hob also den Deckel hoch, aber es geschah nichts. Da war die Hühnerfrau recht ärgerlich und sagte zu Anne: «Sag deiner Mutter, der Topf kocht nicht, wenn das Feuer aus ist.»

Anne ging also nach Hause und erzählte es der Königin. Am dritten Tag ging die Königin selbst mit dem Mädchen zu der Hühnerfrau. Als nun Anne diesmal den Deckel von dem Topf hob, da fällt ihr eigener hübscher Kopf herunter, und wupps ist ein Schafskopf darauf gesprungen. Nun war die Königin also recht zufrieden und ging nach Hause zurück.

Ihre eigene Tochter Katrin aber nahm ein feines Leinentuch und wickelte es ihrer Schwester um den Kopf, nahm sie an der Hand, und die beiden machten sich auf, ihr Glück zu suchen. Sie gingen und gingen und gingen, bis sie zu einem Schloss kamen. Katrin klopfte ans Tor und bat um ein Nachtlager für sich und für ihre kranke Schwester. Sie gingen hinein und sahen, dass es das Schloss eines Königs war. Der hatte zwei Söhne, und einer von ihnen lag krank auf den Tod, und keiner konnte herausbekommen, was ihm fehlte. Und das Seltsamste war, wer auch immer bei ihm in der Nacht wachte, verschwand und wurde nie mehr gesehen. Da hatte nun der König demjenigen einen Scheffel Silber versprochen, der mit ihm aufbleiben würde. Nun war Katrin ein sehr mutiges Mädchen, und so sagte sie, sie wolle bei ihm sitzen und wach bleiben.

Bis Mitternacht ging alles gut. Als es aber zwölf Uhr schlug, erhob sich der Prinz, kleidete sich an und schlich die Treppe hinunter. Katrin folgte, er aber schien sie nicht zu bemerken. Der Prinz ging zum Stall, sattelte sein Pferd, rief nach seinem Hund, sprang in den Sattel, und Katrin schwang sich behänd hinter ihn. Der Prinz und Katrin hinter ihm ritten dahin durch den Wald, und als sie hindurch kamen, pflückte Katrin Nüsse von den Bäumen und füllte damit ihre Schürze. Sie ritten und ritten, bis sie zu einem grünen Hügel kamen. Der Prinz hielt hier das Pferd an und sprach:

«Öffne dich, öffne dich, Hügel grün,
und lass den jungen Prinzen
mit Pferd und Hund hinein»

Und Katrin fügte hinzu: «Und mit der Dame hinter ihm.»

Gleich öffnete sich der grüne Hügel, und sie schritten hinein. Der Prinz betrat eine grossmächtige Halle, die war strahlend hell erleuchtet, und viele schöne Feen umringten den Prinzen und führten ihn hinweg zum Tanz. Inzwischen verbarg sich Katrin unbemerkt hinter der Tür. Von da sah sie den Prinzen tanzen und tanzen und tanzen, bis er nicht mehr länger tanzen konnte und auf eine Polsterbank niederfiel. Da fächelten ihn die Feen so lange, bis er sich wieder erheben und weitertanzen konnte.

Zuletzt krähte der Hahn, und der Prinz hatte es höchst eilig, aufs Pferd zu kommen. Katrin sprang hinter ihm auf, und sie ritten nach Hause. Als die Morgensonne am Himmel aufging, kamen die Leute des Königs herein und fanden Katrin am Feuer sitzen und ihre Nüsse knacken. Katrin sagte, der Prinz habe eine gute Nacht gehabt, aber sie würde keine zweite Nacht wach bleiben, wenn sie nicht einen Scheffel Gold bekäme.

Die zweite Nacht verging wie die erste. Der Prinz stand um Mitternacht auf und ritt fort zu dem grünen Hügel und dem Feenball, und Katrin folgte ihm, und als sie durch den Wald ritten, sammelte sie Nüsse. Dieses Mal beobachtete sie nicht den Prinzen, denn sie wusste, er würde tanzen und tanzen und tanzen. Aber sie sah, wie ein Feenkind mit einem Zauberstab spielte, und erlauschte, was die eine Fee sagte: «Drei Schläge mit diesem Stab würden Katrins kranke Schwester so hübsch machen, wie sie vorher war.»

Da rollte Katrin dem Feenkind Nüsse hin und rollte weiter Nüsse hin, bis das Feenkind hinter den Nüssen hertapste und den Stab fallen liess. Katrin hob ihn auf und steckte ihn in ihre Schürze. Und beim Hahnenschrei ritten sie wieder nach Hause. Sobald Katrin heimgekommen war, eilte sie in ihr Zimmer und berührte Anne dreimal mit dem Zauberstab. Da fiel der widerliche Schafskopf ab, und sie war wieder die richtige hübsche Anne.

Katrin willigte nur ein, auch die dritte Nacht über zu wachen, wenn sie den kranken Prinzen heiraten könne. Alles war wie in den ersten beiden Nächten. Diesmal spielte das Feenkind mit einem Vöglein, und Katrin hörte, wie eine der Feen sagte: «Drei Bissen von diesem Vöglein würden den kranken Prinzen so gesund machen, wie er nur je gewesen ist.»

Katrin rollte alle Nüsse dem Feenkind hin, bis es das Vöglein fallen liess, und da steckte Katrin es in ihre Schürze.

Beim Hahnenschrei machten sie sich wieder auf den Weg.

Aber anstatt wie gewöhnlich ihre Nüsse zu knacken, rupfte Katrin diesmal das

Vöglein und kochte es. Bald erhob sich da ein sehr würziger Duft.

«Oh!», sagte der kranke Prinz. «Ich wollte, ich hätte ein Stückchen von diesem Vöglein.»

Da gab ihm Katrin einen Bissen von dem Vöglein, und er richtete sich auf den Ellenbogen auf. Nach einer Weile rief er wieder: «Oh, hätte ich doch noch einen Bissen von diesem Vöglein!»

Da gab ihm Katrin noch einen Bissen, und er setzte sich in seinem Bett auf. Dann sagte er wieder: «Oh, hätte ich doch nur einen dritten Bissen von diesem Vöglein!»

Da gab ihm Katrin einen dritten Bissen, und er stand auf und war gesund und kräftig. Er kleidete sich an und setzte sich nieder zum Feuer, und als am nächsten Morgen die Leute hereinkamen, fanden sie da Katrin und den jungen Prinzen, wie sie miteinander Nüsse knackten.

Inzwischen hatte sein Bruder Anne gesehen und sich in sie verliebt, wie es jeder tat, der ihr liebes schönes Gesicht sah. So heiratete nun der kranke Sohn die gesunde Schwester und der gesunde Sohn die kranke Schwester, und alle lebten sie glücklich und gut und starben glücklich und gut und tranken niemals aus einem trockenen Hut.

Märchen aus England

Die zwölf Prinzessinnen

Vor langer, langer Zeit herrschte einmal ein mächtiger König. Er hatte zwölf Töchter, eine hübscher als die andere. Die Schönste von allen aber war die jüngste Prinzessin. Ihre Wangen waren wie die Morgenröte, ihre Locken wie Gold und ihr Lächeln wie der Sonnenaufgang.

Dem alten König machten seine vielen Töchter grosse Sorgen, denn sie wollten morgens nicht aufstehen. Sie gähnten immerzu und hatten blasse Wangen. Überdies hatten sie alle über Nacht ihre seidenen Schuhe zerrissen, so dass die Zehen daraus hervorschauten. Vergebens fragte der König, wo sie gewesen seien, doch die Prinzessinnen sagten kein Sterbenswörtchen. Da liess der König ihr Zimmer mit drei goldenen Schlössern und drei silbernen Riegeln sichern. Am nächsten Morgen aber waren die Töchterchen wieder blass und schläfrig, und aus den neuen Schuhe guckten Zehen und Fersen heraus.

Schliesslich liess der König im ganzen Land verkünden, er werde eine seiner Töchter und dazu das halbe Königreich demjenigen geben, der seine Töchter nachts bewachen könne. Viele Prinzen wollten diese Aufgabe erfüllen, und sie wurden in das Zimmer der Prinzessinnen geführt. Am nächsten Morgen jedoch war der junge Mann jeweils spurlos verschwunden. Binnen kurzer Zeit verschwanden so elf Prinzen. Die Prinzessinnen aber hatten wiederum jede Nacht ihre Schuhe zerrissen und wandelten schläfrig durch das Schloss.

Um das Schloss herum war ein prächtiger Garten angelegt. Dort arbeitete ein Gärtnerbursche und pflegte die wundervollen Rosenbüsche. Eines Tages war er dabei, die Rosen zu begiessen, als hinter einem Strauch eine Fee hervortrat. Sie trug ein grünes Kleid, das glänzte wie die Blätter der Rosen, und trug eine Krone aus Blüten im Haar.

«Wer seid ihr?» fragte der Gärtner verwundert.

«Ich bin eine Fee und bin gekommen, um dich zu belohnen, weil du so gut für den Garten sorgst», sagte sie. «Ich will dir zwei Zaubersträucher schenken, einen Rosen- und einen Jasminstrauch. Pflanze sie vor deinem Fenster ein, bearbeite den Boden mit einer goldenen Harke und begiesse die Sträucher mit einer silbernen Giesskanne. Wenn sie dann gross sind, werden sie dir jeden Wunsch erfüllen.»

Der Gärtnerbursche bedankte sich höflich und tat, wie die Fee ihn geheissen hatte. Sieben Tage lang begoss er die Sträucher mit einer silbernen Giesskanne und harkte den Boden mit einer goldenen Harke, während die Prinzessinnen immer noch müde und mit kaputten Schuhen durch das Schloss stolperten.

Als die beiden Zaubersträucher hoch genug gewachsen waren, bat der Gärtnersbursche den Rosenstock:

«Schöner, duftender Rosenstock,
mach mich unsichtbar!»

Aus dem Strauch erklang ein Summen, und plötzlich schwebte von einem Zweiglein eine rosafarbene Blüte herab. Der Bursche steckte sie ins Knopfloch und beugte sich über den Brunnen wie über einen Spiegel, um sich anzusehen. Aber er schaute vergebens ins Wasser, denn er war unsichtbar geworden. Da es gerade zu dunkeln begann, schlüpfte er ins Schlafzimmer der zwölf Prinzessinnen und wartete, bis der König die Tür mit drei goldenen Schlössern und drei silbernen Riegeln verschlossen hatte. Kaum war das geschehen, sprangen die Prinzessinnen aus den Betten, schlüpften in die neuen, seidenen Schuhe, zogen mit Edelsteinen bestickte Kleider an und stellten sich hintereinander in eine Reihe, von der ältesten bis zur jüngsten. Mit einem Zweiglein aus Diamanten berührte die erste die Mauer in einer Ecke des Raumes, eine Wand öffnete sich und gab den Weg in ein gläsernes Treppenhaus frei, und die Prinzessinnen trippelten eine nach der anderen die Treppe hinunter. Der Gärtnerbursche schlich hinterher, aber aus Angst, die Öffnung in der Wand könnte ihm vor der Nase zufallen, trat er in der Eile der jüngsten Prinzessin auf das Kleid.

«Jemand ist hinter uns her!», rief sie. «Es ist mir einer auf das Kleid getreten.» Die älteste Prinzessin beruhigte sie: «Sicher bist du an einem Stein hängen geblieben.»

Das gläserne Treppenhaus führte in einen Zauberwald. Dort wuchsen diamantene Sträucher, Bäumchen mit Rubinzweigen und Farne mit Saphiren. Als die Prinzessinnen mit dem unsichtbaren Gärtnerburschen den Wald durchschritten hatten, kamen sie an einen kleinen See, an dessen Ufer zwölf Boote mit seidenen Baldachinen warteten. In jedem Boot sass ein schöner Prinz, der half einer Prinzessin beim Einsteigen und ruderte sie über das Wasser. Nur die jüngste Prinzessin musste selbst rudern, denn es waren nur elf Prinzen da. Also sprang der unsichtbare Busche schnell zu ihr ins Boot, und sie musste mit aller Kraft rudern, um sich und ihren unsichtbaren Gast über den See zu bringen. Schliesslich erreichten sie einen Palast, und Diener reichten Getränke in Seerosenkelchen herum. Wer aus einem solchen Kelch nur ein Tröpfchen getrunken hatte, vergass sofort die ganze Welt und tanzte und tanzte bis zum Morgengrauen. Jede Prinzessin hatte ihren Tänzer, nur die Jüngste tanzte allein. Da fasste sie der Gärtnerbursche um die Taille und wirbelte mit ihr im Kreis herum, dass ihre Röcke nur so flogen.

«Schwesterchen, Schwesterchen, jemand tanzt mit mir!», rief die Prinzessin erstaunt, aber die anderen beachteten ihre Worte nicht. So durchtanzte der Bursche mit der Prinzessin die ganze Nacht. Als der Morgen dämmerte, verabschiedeten sich die Prinzessinnen, kehrten ins Schloss zurück und schlüpften schnell in ihre Betten. Der Gärtnerbursche aber hatte sich auf dem Rückweg durch den Zauberwald ein Zweiglein mit Rubinen, eines mit Diamanten und eines mit Saphiren gepflückt.

Am nächsten Morgen waren die Prinzessinnen wieder sehr müde und ihre Schuhe vom Tanzen so zerrissen, dass die Zehen daraus hervorschauten. Der Gärtnerbursche aber band einen wunderschönen Blumenstrauss, in den er auch die drei Zweiglein mit den Edelsteinen steckte, und überreichte ihn der jüngsten Prinzessin. Als diese die Zweiglein in dem Strauss entdeckte, rief sie erschrocken: «Schwestern, ach Schwestern, der Gärtner kennt unser Geheimnis.» Die Prinzessinnen wurden blass. Sie befürchteten, der Gärtnerbursche würde alles dem König erzählen. In Eile berieten sie, was sie tun sollten.

«Wir nehmen ihn mit ins Zauberschloss und geben ihm aus dem Kelch zu trinken. Dann vergisst er alles, und so wirst du auch einen Tänzer haben», schlug die älteste Prinzessin vor. Der unsichtbare Bursche hatte alles mit angehört. Er lief zum Jasminstrauch und bat:

«Schöner, duftender Jasminenstrauch,
verwandle mich in einen Prinzen!»

Als er sich über den Brunnen beugte, glaubte er seinen Augen nicht zu trauen. Was für ein hübscher junger Prinz aus ihm geworden war! Sogleich liess er sich beim König melden und bat, man möge ihm erlauben, über Nacht die Prinzessinnen zu bewachen. Der jüngsten Prinzessin aber gefiel der junge Mann sehr, und als abends die Schlafzimmertür mit den drei goldenen Schlössern und den drei silbernen Riegeln versperrt wurde, führte sie ihn über die geheime Treppe ins Zauberschloss. Dort wollte sie ihm den Kelch geben, doch der junge Mann kam ihr zuvor und gab ihr schnell einen Kuss. Da erbebte die Erde, und das Schloss mit See und Zauberwald verschwand, als habe man es mit einem Zauberstab berührt. Vor dem staunenden Burschen aber standen die Prinzen und Prinzessinnen und dankten ihm, dass er sie vom Zauber befreit hatte.

Nun bekam jede der Prinzessinnen ihren Prinzen zum Mann, der Gärtnerbursche aber wurde König und heiratete die jüngste der Königstöchter. Gern hätte er sich bei der Fee bedankt, doch er sah sie niemals wieder.

Märchen aus Flandern

Die drei Schwanenfrauen

Ein Knabe ruderte auf einem weiten See, da sah er drei schöne weisse Schwäne auf dem Wasser. Er hatte seine Freude daran, ihnen nachzurudern, und da sich die Schwäne wohl nach ihm umschauten, ihm aber immer wieder auswichen, machte ihn das Rudern mit der Zeit müde, denn es war um die Mittagsstunde, und die Sonne schien heiss vom Himmel.

Bald wurde der Knabe so schläfrig, dass er die Ruder einzog, den Kopf auf die Arme legte und einschlief.

Wie lange er wohl geschlafen hatte? Nun, er wusste es nicht mehr und auch nicht, was ihm dabei geschehen war, denn beim Erwachen befand er sich in einem gläsernen Palast. Durch das Glas sah er seltsame Wasserpflanzen leise schwanken und um sie her buntschillernde Fischlein schwimmen.

Er rieb sich die Augen und überlegte. War er am Ende eingeschlafen und in den See gestürzt? Es musste wohl so sein, aber er lebte ja, und schön war es hier unten in dem gläsernen Bau. Wunderbar, wie das alles glitzerte und schimmerte in dem seltsamen grünlichen Licht!

Da traten drei weissgekleidete Mädchen an sein Lager und begrüssten ihn freundlich. Die erste sprach: «Sieh, wir sind die drei Schwäne, denen du gefolgt bist. Im

Schlaf bist du ins Wasser gefallen, und wir haben dich in unseren Palast geholt, sonst wärst du wohl ertrunken.» Die zweite brachte ihm Speise und Trank. Die dritte trug eine goldene Harfe herbei, der sie liebliche Musik entlockte.

Es gefiel dem Knaben gar wohl da unten auf dem Grunde des Sees. Ein Tag um den anderen verging, und die drei schönen weissgekleideten Mädchen waren seine munteren Gespielinnen.

Eines Tages aber war er ganz allein. Da kam das Heimweh über ihn, er weinte und rief nach seiner Mutter. Plötzlich stand eine alte Frau vor ihm. «Schlafe nur», beruhigte sie ihn, «wenn du erwachst, sollst du wieder bei deiner Mutter sein.» Und bald fiel der Knabe in einen tiefen Schlaf.

Als er die Augen aufschlug, lag er am Ufer des Sees. Sogleich lief er nach Hause, und die Freude des Wiedersehens war gross. Doch die Tage auf dem traumhaft schönen Grunde des Sees konnte er nie vergessen. Oft stand er am Ufer und schaute nach den drei Schwänen aus, aber sie kamen nicht wieder.

Märchen aus Deutschland

Das Geschenk der Flussmutter

Ein armes Mädchen ging einmal an den See, setzte sich an der Flussmündung ans Ufer und begann, bitterlich zu weinen. Es war siebzehn Jahre alt, Vater und Mutter waren gestorben, und die Wirtsleute, bei denen es im Lohn stand, waren böse und hartherzig. Es weinte sich die Augen aus und vergass vor Kummer alles um sich her. Plötzlich berührte jemand seine Schulter. Es sah auf und erblickte eine Frau in einem ungewöhnlichen Gewand. Goldenes Haar hatte sie und braune Augen. Ihre Schürze war mit weissen Kieselsteinen gefüllt. Freundlich lächelnd sprach die Fremde zu dem Mädchen: «Weine nicht, mein Kind. Auf schlechte Tage folgen gute.»

Sprach's und schüttete dem Mädchen die Kieselsteine aus ihrer Schürze in den Schoss.

«Geh jetzt nach Hause», sprach sie, «und lege die Kieselsteine in deine Truhe. Aber erzähle niemandem von mir und lasse auch niemanden die Steine sehen. Nur jenem, der morgen kommen und um dich freien wird, darfst du alles sagen.»

Anfangs erschrak die Waise und brachte kein Wort hervor. Dann lächelte sie scheu und fragte: «Um mich freien? Ich bin so arm, dass mich keiner nehmen wird.»

«Warte ab bis morgen. Meinen Worten kannst du trauen, ich habe noch keinen betrogen.»

Nun fragte die Waise: «Wer bist du denn, da du weisst, was morgen sein wird?»

«Wer ich bin und woher ich alles weiss, kann ich dir nicht sagen. Ich wohne dort, wo Sonne, Mond und Sterne von unten nach oben schauen und Bäume und Berge verkehrt herum stehen. Bei uns herrscht weder Hitze noch Kälte, wir kennen nicht Leid noch Schmerz, wir haben keine bösen Wirtsleute, bei uns braucht niemand zu weinen und sein Los zu beklagen.»

«Woher bist du so überraschend gekommen?», fragte das Mädchen, das sich ein Herz gefasst hatte.

Die Fremde antwortete lächelnd: «Ich werde ebenso schnell gehen, wie ich gekommen bin.»

Mit diesen Worten entschwand sie im See.

Jetzt erriet die Waise, wer die Frau war, und flüsterte: «Dann bist du also die Flussmutter!»

Doch die sonderbare Frau war bereits fort. Wären nicht die weissen Kieselsteine in ihrem Schoss, sie würde glauben, geträumt zu haben.

Das Mädchen ging nach Hause, holte die Truhe hervor und tat die Kieselsteine hinein. Anderntags kam tatsächlich ein Sohn reicher Eltern angefahren und begehrte das Mädchen zur Frau. Die junge Braut hatte derweil vergessen, was ihr am Vortag begegnet war. Erst als der Bräutigam zum Aufbruch rüstete, fiel es ihr wieder ein. Sie führte ihn zu der Truhe, hob den Deckel, und siehe da, ein gutes Drittel der Truhe war mit Silberstücken gefüllt. Der junge Mann umarmte seine Braut und sprach: «Was bedeutet schon Geld! Davon habe ich schon immer mehr als genug besessen. Nicht über dein Silber freue ich mich, sondern weil dich die Flussmutter beschenkt hat. Nur denen tut sie Gutes, die ein lauteres Herz haben. Solchen Menschen gelingt alles, sie bringen nicht nur sich selbst, sondern auch ihren Mitmenschen Glück.»

Seine Worte trafen ein. Die beiden heirateten und führten ein glückliches Leben. Ihr Reichtum mehrte sich von Tag zu Tag. Die arme Waise war nun die freigiebigste und freundlichste Frau weit und breit. Sie half allen, niemand verliess ihren Hof mit leeren Händen, und für alle Waisenkinder sorgte sie wie eine leibliche Mutter.

Märchen aus Estland

Das kleine Meermädchen

Eine uralte Frau lebte in einer Hütte am Ufer des pazifischen Ozeans. Sie war sehr alt, und die Hütte, in der sie lebte, verfiel. Die arme Frau wollte sie jedoch nicht verlassen, denn sie hatte keine Kinder, die sie hätten aufnehmen können, und sie wusste nicht wohin. Auch arbeiten konnte sie nicht, weil sie zu alt und zu schwach war. Sie suchte ihre Nahrung in den Felsen der Küste, wo sie in den Vogelnestern Eier fand. Sie fischte auch kleine Fische und sammelte Muscheln, die das Meer auf den Sandstrand warf. Wenn der Sturm wütete, hatte die arme Alte nichts zu essen, denn dann wagte sie nicht, ihre Hütte zu verlassen. Aber sie wusste, dass sie, sobald das schöne Wetter zurückgekehrt war, viele Muscheln und auch Holzstücke finden würde, die ihr zum Feueranzünden dienen konnten.

Eines Nachts wütete ein schweres Unwetter. Es goss in Strömen, der Wind blies mit aller Gewalt, und das Meer wurde von riesigen Wellen bewegt. Die Alte fasste sich mit

Geduld und dachte an den folgenden Tag; dann würde sie grosse Mengen Muscheln und kleine Fische heimtragen. Der Wind wehte und der Regen fiel bis zum Morgen.

Sobald die Ruhe zurückgekehrt war, verliess die Alte ihre Hütte, um sich an den Strand zu begeben. Aber die Wellen waren noch so hoch, dass die Frau sich fragte, wie sie wohl an das Ufer des Meeres gelangen könne. Und doch erreichte sie den Strand und begann, kleine Fische aufzulesen, als eine ungeheure Woge sich über sie ergoss. Sie wurde umgeworfen und bis aufs Mark durchnässt.

Die arme Frau glaubte, sie sei verloren. Sie legte ihre Hände auf den Sand, um zu versuchen, sich festzuklammern. Da fühlte sie, wie sich etwas bewegte, etwas, was sehr dick und sehr gross war. Als das Meer sich zurückgezogen hatte, sah die arme Alte, was ihre Hand festhielt: Es war eine Muschel, so gewaltig gross, wie sie noch keine gesehen hatte. Da freute sich die arme Frau, denn sie sagte sich, dass diese Muschel sie auf lange Zeit mit Nahrung versorgen würde und dass sie sich satt essen könne. Mit grosser Mühe schleppte sie die dicke Muschel bis zu ihrer Hütte. Dann sammelte sie die gefundenen Fische in einem Korb und trug sie nach Hause. Dort angelangt sah sie, dass die Muschel leicht geöffnet war, sie öffnete sie vollständig und fand in ihrem Inneren ein kleines Kind.

Es war ein kleines Mädchen, ganz lebendig und sehr hübsch. Seine Haut sah aus wie Perlmutter, so schimmernd und durchsichtig war sie. Seine Augen waren grün wie das Meer, und seine Haare waren so lang, dass der Körper des Kindes über und über von ihnen bedeckt war. Die alte Frau betrachtete dieses kleine Wesen und fragte sich, wie das wohl möglich sei, dass ein kleines Kind in einer Muschel versteckt liege. Bewundernd betrachtete sie das Kindlein und wagte nicht, es aus der Muschel herauszunehmen. Sie schob die langen Haare beiseite; da sah sie, dass der Leib der Kleinen in einem Fischschwanz endete.

Die alte Frau war ganz verwirrt und fragte sich, was sie wohl tun könne. Sie ging zu einer Nachbarin, die eine Hexe war, und brachte ihr die Muschel mit dem kleinen Mädchen. Die Hexe sah sich das Kind genau an; dann erklärte sie, es sei die Tochter der Meerkönigin, die es in der Muschel versteckt hätte, damit die Seehunde es nicht zu Gesicht bekämen, denn sie hätten es sofort verschlungen. Dann riet sie der Alten, das kleine Mädchen so nahe wie möglich ans Meer zu bringen, es sorgfältig auf einen grossen, flachen Felsen zu legen, auf dem die Wellen sich brechen, und geduldig abzuwarten. Die Alte tat genau, was ihr die Hexe geraten hatte. Sie trug das kleine Mädchen, das immer noch in der Muschel versteckt war, und legte es auf einen Felsen, dem Meer so nahe wie möglich. Und schnell verbarg sie sich hinter dem Felsen, um zu sehen, was geschehen würde. Nach einer Weile hörte sie ihren Namen flüstern. Sie lauschte aufmerksam, und da sie leise gerufen wurde, trat sie aus ihrem Versteck hervor und sah am Ufer des Meeres eine Frau von grosser Schönheit, deren lange, mit Perlen geschmückte Haare den ganzen Körper einhüllten. Aber sie bemerkte, dass diese Frau keine Beine hatte und dass ihr Leib in einem Fischschwanz endete. Die Frau machte der armen Alten ein Zeichen und sie trat näher. Da sagte die Meerfrau, das kleine Mädchen sei ihr Kind; ein Seehund, der sie heiraten wollte, hätte ihren Mann getötet, und damit der Seehund ihr Kind nicht fände, hätte sie es in der grossen Muschel versteckt. Dann kam sie aus dem Meer, schob sich auf den Felsen und gab dem kleinen Mädchen die Brust. Als die Kleine satt war, bat die Frau mit den langen, perlengeschmückten Haaren die Alte, das Kind in ihrer Hütte zu verbergen, aber es ihr jeden Tag ans Ufer des Meeres zu bringen, damit sie es nähren könne. Als Dank, sagte sie, bekäme sie so viele Fische und Muscheln, wie sie nur brauchen könne.

Da trug die Alte das kleine Mädchen in ihre Hütte, und jeden Tag brachte sie es ans Ufer des Meeres. Die Frau mit den langen Haaren liess sich ans Ufer gleiten und nährte das Kind. Die Alte fand neben den Felsen so viele kleine Fische und Muscheln, dass sie nicht alle mitnehmen konnte.

Das kleine Mädchen wurde ein grosses Mädchen, und als es stark genug war, um gut zu schwimmen, begleitete es seine Mutter, und beide verschwanden in der Tiefe des Meeres.

Manchmal setzte sich die Alte auf den Felsen am Ufer; dann stieg das junge Mädchen aus dem Wasser, um sie zu streicheln und ihr Perlen und Muscheln zu schenken. So blieb die arme Alte nie lange ohne Nahrung, denn immer hatte sie genügend Fische und Muscheln, die ihr ihre Meerfreundinnen brachten.

Märchen aus Chile

Die Muschel des Überflusses

Nicht immer hat es in der Nordsee so viele Fische gegeben wie jetzt. Es gab eine Zeit, da war nicht ein einziger Fisch mehr im Wasser. Die Fischer hatten alle weggefangen. Was sollten sie nun tun? An der Küste ernährten sich doch alle vom Fischfang. Zum Glück lebte zu dieser Zeit ein junger starker Fischer namens Hans. Seine Augen waren blau wie das Meer, und sein Haar war gelb wie Stroh. Doch das wichtigste war: In seiner Brust schlug ein gutes Herz. Hans konnte es nicht mit ansehen, wenn die Leute darbten und die Kinder hungerten. Und so machte sich der Bursche eines Tages auf und ging zu dem ältesten und weisesten Fischer. Dieser Fischer hatte viele Meere durchquert, daher wusste er auch viel. Hans traf ihn, wie er sich vor seiner Hütte sonnte, und er fragte ihn: «Sage mir, Vater: Was muss ich tun, damit es wieder Fische gibt?»

«Da kannst du nur wenig tun, mein Sohn. Hier könnte einzig die Königin der Meere helfen. Sie allein gebietet über die Tiere des Meeres und vermag uns Fische im Überfluss zu schicken.»

«Und wie kann ich zu ihr kommen?»

«Schwer ist es, zu ihr zu gelangen. Du musst kühn sein, wenn du sie finden willst. Durch Stürme und Wogen musst du rudern bis in die Mitte des Meeres. Dort kannst du nach ihr rufen. Wenn dir aber dein Herz auch nur für einen Augenblick in Furcht erzittert, wird die Königin deinem Ruf nicht folgen, ja, sie wird dich sogar ertrinken lassen. Darum überleg's dir gut, ehe du ausziehst!»

«Ich habe nichts zu verlieren», sprach Hans fest, dankte dem Alten für seinen Rat und lief ungeduldig zu seinem Boot. Er stiess es ins Meer, schwang sich hinein, packte die Ruder und trieb sein Boot voran. Er ruderte unermüdlich. Immer höher und höher türmten sich die Wellen vor ihm. Sie warfen das Boot wie einen Holzspan hin und her. Bald schleuderten sie es auf einen Schaumkamm, bald zogen sie es tief hinab. Doch sein Herz erbebte nicht, er führte unerschrocken die Ruder. Er verspürte weder Müdigkeit noch Hunger oder Durst, nicht Hitze noch Kälte. So ruderte er unablässig einen ganzen Tag und eine ganze Nacht.

Allmählich besänftigten sich die Wellen. Sie wurden kleiner, und gegen Morgen verschwanden sie ganz. Das Wasser lag ruhig wie ein Teich. Daran erkannte Hans, dass er in der Mitte des Meeres angelangt war. Hans zog die Ruder ein, neigte sich über Bord und rief mit lauter Stimme:

«Komm hervor, Königin der Meere,
es ruft dich Hans, der Fischer!»

Die spiegelglatte Oberfläche kräuselte sich leicht, und aus dem Wasser tauchte eine schöne Meerfrau mit einer Krone auf dem Kopf auf.

«Du bist ein kühner und unerschrockener Bursche, Hans, und ich bin bereit, dir jeden Wunsch zu erfüllen», sagte die Königin der Meere.

Hans verneigte sich vor ihr und sprach: «Ich habe nur einen einzigen Wunsch: Schicke Fische in unser Meer! Es gibt keinen einzigen Fisch mehr zu fangen, und die Leute an der Küste hungern.»

«Das ist dein einziger Wunsch?»

«Ja!»

«Der ist leicht zu erfüllen. Warte!»

Und die Königin verschwand in der Tiefe. Kurze Zeit danach tauchte sie wieder empor. In ihrer Hand schimmerte eine grosse weisse Muschel. Die Königin reichte sie Hans und sprach: «Das ist die Muschel des Überflusses. Wo sie ist, dahin ziehen auch die Fische. Du brauchst sie nur in dein Netz zu legen, dann fängst du alle Fische des Meeres auf einmal. Das kann aber nur dreimal geschehen, denn nur dreimal ist es erlaubt, die Muschel aus dem Wasser zu ziehen. Das dritte Mal zerfällt sie in tausend Stücke.»

«Ich danke dir», rief Hans.

«Dann also glückliche Heimfahrt und reichen Fang!», rief ihm die Königin zu und versank in den Wellen. Der junge Fischer betrachtete die weisse Muschel, legte sie behutsam auf den Boden seines Bootes und ruderte der Heimatküste zu.

Während des Ruderns sah er, das ganze Fischschwärme herbeiströmten und dem Boot unaufhaltsam folgten. «Aha», dachte Hans, «jetzt könnte ich die Fische auf einmal fangen, sie verkaufen und damit der reichste Mann der Welt werden. Doch das könnte ich nur zweimal tun. Das dritte Mal würde die Muschel zerfallen. Das Meer würde aufs Neue ohne Fische sein. Und wieder müssten die Leute hungern. Wie soll ich's am besten machen?»

Doch er überlegte nicht lange. Je näher er der Küste kam, desto entschlossener wurde er: «Die Muschel des Überflusses darf nicht mehr aus dem Wasser an die Luft, damit sie nicht zerfällt und wir die Fische für immer verlieren. Sie muss in unserem Meer bleiben und sie zu uns locken.» Kurz vor dem Strand liess Hans die Ruder sinken, griff nach der weissen Muschel und liess sie ins Wasser gleiten. Die Wellen schlossen sich über ihr, und bald versank ihr Perlmutterglanz in der düsteren Tiefe.

Hans seufzte erleichtert und griff erneut zu den Rudern. Schnell trieb er sein Boot dem Ufer zu, denn er hatte den Menschen frohe Botschaft zu bringen.

Seitdem gibt es in der Nordsee immer Fische.

Sage aus Deutschland

Was die Äffchen sagen

Die Äffchen, die kleinen Schwarzmäuler, sitzen nachts dicht aneinandergekauert auf den Palmblättern und schlafen. Wenn es regnet, frieren sie und ihre Jungen schreien und wimmern vor Kälte. Und die Affenmütter weinen auch. Dann sagen die Affenväter: «Morgen bauen wir uns ein Haus!» Und alle sagen: «Ja, morgen!»

Morgens aber scheint die Sonne, und es ist warm, und die Affenjungen springen vergnügt von Baum zu Baum. Dann sagen die Affenväter: «Wollen wir jetzt das Haus bauen?» Der eine antwortet: «Ich will erst essen». Der andere sagt: «Ich auch.» Schliesslich essen sie den ganzen Tag und denken nicht mehr an das Haus. Nachts aber, wenn es regnet und sie frieren, dann fällt es ihnen wieder ein, und sie sagen: «Morgen müssen wir ganz gewiss unser Haus bauen», und so machen sie es alle Tage.

Märchen aus Südamerika, Yanomami

KAPITEL 7
Vom Hunger und vom Naschen

Neben dem Spielen ist das Essen ein zentraler Teil in der Kindheit. Auch das Ernten oder das gemeinsame Zubereiten der Mahlzeiten ist wichtig und natürlich das Warten auf das Essen, wenn der Magen schon knurrt. Der Hunger treibt die Helden in den Märchen in die Welt hinaus, und auf der Suche nach Nahrung erleben sie vielfältige Abenteuer. Darüber hinaus gibt es über die Dinge, die man essen kann, viel Sonderbares zu berichten: Es gibt Wunderbohnen und Zaubermandeln, Pfannkuchen, die davonspringen können, und Rüben, die so riesig sind, dass nur eine ganze Familie sie gemeinsam aus der Erde ziehen kann. In diesem Kapitel finden sich auch die Kettenmärchen, die kleine Kinder so sehr lieben. Mit Eifer helfen sie, alle Figuren im Märchen aufzuzählen, bis die Geschichte zu Ende ist.

Manchmal bestimmen der Hunger und das Naschen den Tag, wie bei den Äffchen in der Eingangsgeschichte, und wie es sich bei einem Tiermärchen gehört, kann man eigene Charakterzüge in den Figuren wiedererkennen. So ist es auch im zweiten Märchen und viele werden sicher sogleich an das tägliche Tischdecken erinnert, dem sich Kinder so gerne entziehen möchten. Die Botschaft, dass es die Hilfe von allen braucht, um gemeinsam geniessen zu können, wird auch im dritten Märchen vermittelt, denn nicht nur die Grossen und Starken, auch die Kleinen tragen mit zum Gelingen bei.

Das Mädchen im bekannten Grimm'schen Märchen «Vom süssen Brei» bekommt ein Geschenk, um den Hunger zu stillen, nämlich ein Zaubertöpfchen. Doch wehe, wenn man das Zauberwort nicht mehr weiss, dann kocht das Töpfchen, bis die ganze Stadt im Brei versinkt.

Im nächsten Märchen kochen zwei besondere Gestalten: eine Maus und ein Würstchen, und das Mäuschen lernt, dass man beim Kochen ganz gut aufpassen muss. Das Küken im folgenden Märchen aus Burma hat jedenfalls nicht so gut aufgepasst; denn es läuft dem hungrigen Kater direkt vor die Füsse. Als es ihm einen leckeren Kuchen verspricht, diesen dann aber ganz allein auffisst, kann es nur durch eine ungeahnte Wendung gerettet werden. Der hungrige Schüler im gleichnamigen Märchen hat ebenfalls grosse Kuchenlust. Er nascht und nascht und rechnet und lernt vor allem eines: Wenn alles aufgegessen ist, bleibt am Ende nichts mehr übrig. Der Junge im Märchen «Küchenschabe zu verkaufen» ist auch immer hungrig und um das zu ändern, setzt er eine ungewöhnliche Idee gleich in die Tat um.

«Jaakske mit der Flöte» im nächsten Märchen hungert ebenfalls, denn er bekommt so wenig Brot, dass sein Magen ständig knurrt. Aber wo Not ist, da sind auch Helfer, man muss sie nur erkennen, und so erhält er ein Zauberding, das ihm hilft, zu seinem Recht zu kommen.

In der folgenden Geschichte sorgt ein magisches Töpfchen dafür, dass eine alte Frau nicht mehr hungern muss. Doch bald wird die alte Frau gierig und so bringt das Töpfchen am Ende etwas nach Hause, das ganz und gar unappetitlich ist.

Nun folgt das Kettenmärchen vom dicken Pfannkuchen, der ganz flink aus der Pfanne springt und Abenteuer erlebt. Wer kann das Sprüchlein bis zum Ende aufsagen? Und wer so lieb bittet, wie die Kinder zu Beginn des Märchens, dem backt die Mutter vielleicht auch einen Pfannkuchen.

Im nächsten Märchen personifiziert sich der Hunger in der Figur des Bumbrlik, der alles verschlingt. Nichts scheint ihn aufhalten zu können, bis das alte weise Mütterchen dem Schrecken ein Ende bereitet und alle aus dem Ungetüm herauspurzeln.

Der Hunger treibt die Menschen zu ungewöhnlichen Taten, wie in der Geschichte «Vom dem Breikessel». Da die Eltern mit dem Breikessel aus dem Haus rennen, bleibt das Mädchen ganz allein zurück und, wie im Märchen davor, ist es eine gute Alte, die Rat weiss, damit alles zu einem guten Ende kommt.

Viele Menschen wünschen sich ein Tischlein-deck-Dich, wie im Grimm'schen Märchen, und im folgenden Märchen aus der Schweiz kann sich dank einer Zauberbohne die ganze Familie satt essen. Neben zaubernden Bohnen gibt es auch verzauberte Mandeln. Die Zaubermandel kann sprechen, wie die Bohne im vorherigen Märchen, nur dass sie auch im Bauch noch spricht. Wer traut sich jetzt noch eine Mandel zu essen?

Die Menschen hungern jedoch nicht nur nach Nahrung, sie brauchen auch Märchen für den Geschichtenhunger, und wie dies alles angefangen hat, das kann man im letzten Märchen nachlesen.

Das Huhn, die Ente und die Maus

Es waren einmal ein Huhn, eine Ente und eine Maus, die gingen draussen hinter dem Hof spazieren. Da fand das Huhn ein paar Weizenkörner. Voller Freude rief es seinen Gefährten zu: «Ich habe Körner gefunden, hab Körner gefunden! Die Körner müssen zu Mehl vermahlen werden, wer bringt sie zur Mühle?»
«Ich nicht», sagte die Ente.
«Ich auch nicht», sagte die Maus.
Das Huhn brachte die Körner selber zur Mühle und liess Mehl daraus mahlen.

«Wer bringt nun das Mehl nach Hause?», fragte das Huhn.
«Ich nicht», sagte die Ente.
«Ich auch nicht», sagte die Maus.
Da brachte das Huhn das Mehl selber nach Hause.

«Wer knetet einen Teig aus dem Mehl?», fragte das Huhn.
«Ich nicht», sagte die Ente.
«Ich auch nicht», sagte die Maus.
So knetete das Huhn selber den Teig.

»Wer heizt nun den Backofen, bis er glühend heiss ist?», fragte das Huhn.
«Ich nicht», sagte die Ente.
«Ich auch nicht», sagte die Maus.
Das Huhn heizte selber den Backofen, bis er glühend heiss war.

«Und wer schiebt das Fladenbrot in den Ofen?», fragte das Huhn.
«Ich nicht», sagte die Ente.
«Ich auch nicht», sagte die Maus.
Das Huhn schob selber das Brot in den Ofen.

Als es schön braun gebacken war, legte das Huhn das Fladenbrot auf die am Boden ausgebreitete Tischdecke und fragte: «Wer wird nun das Brot essen?»
«Ich», sagte die Ente.
«Ich auch», sagte die Maus.
«Nein!», rief da das Huhn.
«Ihr habt nicht gearbeitet und werdet auch kein Brot essen!»

Märchen aus Tadschikistan

Die Rübe

Der Grossvater pflanzte eine Rübe und sprach: «Wachse, mein Rübchen, wachse, werde süss und gross!» Das Rübchen wuchs und wurde süss und fest und riesengross. Der Grossvater ging in den Garten, um die Rübe zu ziehen. Er zog und zog, konnte sie aber nicht herausziehen.

>Da rief er die Grossmutter.
>Die Grossmutter fasste den Grossvater,
>Grossvater fasste die Rübe.

Sie zogen und zogen, aber herausziehen konnten sie die Rübe nicht.

>Da rief die Grossmutter das Enkelchen.
>Das Enkelchen fasste die Grossmutter,
>die Grossmutter fasste den Grossvater,
>Grossvater fasste die Rübe.

Sie zogen und zogen, aber herausziehen konnten sie die Rübe nicht.

    Da rief das Enkelchen das Hündchen.
    Das Hündchen fasste das Enkelchen,
    das Enkelchen fasste die Grossmutter,
    Grossmutter fasste den Grossvater,
    Grossvater fasste die Rübe.

Sie zogen und zogen, aber herausziehen konnten sie die Rübe nicht.

    Da rief das Hündchen das Kätzchen.
    Das Kätzchen fasste das Hündchen,
    das Hündchen fasste das Enkelchen,
    das Enkelchen fasste die Grossmutter,
    Grossmutter fasste den Grossvater,
    Grossvater fasste die Rübe.

Sie zogen und zogen, aber herausziehen konnten sie die Rübe nicht.

    Da rief das Kätzchen das Mäuschen.
    Das Mäuschen fasste das Kätzchen,
    das Kätzchen fasste das Hündchen,
    das Hündchen fasste das Enkelchen,
    das Enkelchen fasste die Grossmutter,
    Grossmutter fasste den Grossvater,
    Grossvater fasste die Rübe.

Sie zogen und zogen – und zogen die Rübe heraus.

Märchen aus Russland

Vom süssen Brei

Es war einmal ein armes frommes Mädchen, das lebte mit seiner Mutter allein, und sie hatten nichts mehr zu essen. Da ging das Kind hinaus in den Wald. Darin begegnete ihm eine alte Frau, die wusste seinen Jammer schon und schenkte ihm ein Töpfchen, zu dem sollt' es sagen: «Töpfchen, koche», so kochte es guten süssen Hirsenbrei, und wenn es sagte: «Töpfchen, steh», so hörte es wieder auf zu kochen.

Das Mädchen brachte den Topf seiner Mutter heim, und nun waren sie ihrer Armut und ihres Hungers ledig und assen süssen Brei, sooft sie wollten.

Auf eine Zeit war das Mädchen ausgegangen, da sprach die Mutter: «Töpfchen, koch!», da kocht es, und sie isst sich satt. Nun will sie, dass das Töpfchen wieder aufhören soll, aber sie weiss das Wort nicht. Also kocht es fort und der Brei steigt über den Rand heraus und kocht immerzu, die Küche und das ganze Haus voll und das zweite Haus und dann die Strasse, als wollt's die ganze Welt satt machen, und ist die grösste Not, und kein Mensch weiss sich da zu helfen. Endlich, wie nur noch ein einziges Haus übrig ist, da kommt das Kind heim und spricht nur: «Töpfchen, steh!», da steht es und hört auf zu kochen, und wenn sie wieder in die Stadt wollten, haben sie sich durchessen müssen.

Märchen aus Deutschland

Die Maus und das Würstchen

Das Mäuslein und die Mettwurst lebten zusammen in einem kleinen Häuschen und waren gute Freunde. Eines Sonntags ging das Mäuslein in die Kirche, und die Mettwurst dachte: «Wenn das Mäuslein nach Hause kommt, dann ist es ganz durchgefroren. Ich will ihm eine schöne, heisse Kohlsuppe kochen.» Und das tat sie dann auch.

> Sie holte einen Kohlkopf von draussen herein,
> schnitt und hobelte ihn klein,
> setzte den Topf auf den Herd sodann,
> und tat auch Salz und Kümmel daran.

Als das Mäuslein aus der Kirche kam, setzten sich beide zu Tisch und assen.
«Ach, wie gut schmeckt diese herrliche Kohlsuppe!», rief das Mäuslein aus.
«Das will ich wohl meinen», sagte die Mettwurst, «ich habe mich auch extra dreimal in ihr herumgewälzt, um ihr mehr Geschmack zu geben.»
«Das muss ich mir merken», dachte das Mäuslein. «Wenn eine Kohlsuppe so richtig gut schmecken soll, muss sich die Köchin dreimal in ihr herumwälzen!»
Am nächsten Sonntag ging die Mettwurst zur Kirche und das Mäuslein sollte das Mittagessen kochen.

> Es holte einen Kohlkopf von draussen herein,
> schnitt und hobelte ihn klein,
> setzte den Topf auf den Herd sodann,
> und tat auch Salz und Kümmel daran.

Als die Suppe so richtig am Kochen war, sprang das Mäuslein in den Topf hinein, um sich darin zu wälzen. Aber o weh! Die Suppe war heiss, der Topfrand hoch, und das Mäuslein konnte nicht wieder herausklettern.
Bald kam die Mettwurst aus der Kirche zurück, aber das Mäuslein war nicht da. Lange suchte die Mettwurst nach ihm. Dann dachte sie: «Es ist wohl ein wenig zu den Nachbarn gegangen. Ich will mir schon mal einen Teller mit Suppe auffüllen.» Sie nahm die Kelle zur Hand und schöpfte damit Suppe. Gleichzeitig holte sie damit den Körper des Mäuslns aus dem Topf. Aber wie sah es aus? Ganz schlaff und wie leblos lag es in der Kelle.
Da erschrak die Mettwurst, fing an zu weinen und rief viele Male: «Das Mäuslein hat sich in der Suppe ertränkt! Das Mäuslein hat sich in der Suppe ertränkt!»

Da kam der Hund angerannt und fragte: «Was fehlt dir, dass du so fürchterlich schreist?»

«Das Mäuslein hat sich in der Suppe ertränkt!», klagte die Mettwurst.

«Dann will ich dir schreien helfen», sagte der Hund und bellte: «Wau, wau, wau!»

Da kam die Kuh dazu und fragte: «Was macht ihr hier so einen Lärm?»

«Oh», weinte die Mettwurst, «das Mäuslein hat sich in der Suppe ertränkt!»

«Dann will ich euch brüllen helfen», sagte die Kuh und brüllte: «Muh, muh, muh!»

Da kam der Hahn dazu und krähte: «Kikeriki! Kikeriki!»

Die Ente quakte: «Waak, waak, waak!»

Das Schwein grunzte: «Morx, morx, morx!»

Die Gans schnatterte ganz aufgeregt: «Schnatteradat, schnatteradat!»

Auch das Schaf kam herbei und blökte: «Mäh, mäh, mäh!»

Zuletzt kam die Katze angeschlichen und maunzte: «Miau, miau!»

Als aber das Miauen anfing, erschrak das Mäuslein so sehr, dass es wieder ganz kräftig wurde. Es sprang von der Suppenkelle herunter und eilte hast-du-nicht-gesehen in sein Mauseloch hinein.

Da gingen alle anderen Tiere wieder nach Hause, und das Mäuslein und die Mettwurst lebten wie ehedem friedlich zusammen. Niemals mehr aber hat das Mäuslein eine Kohlsuppe gekocht, das musste fortan immer die Mettwurst machen.

Märchen aus Deutschland

Das Küken und der Kater

Das Küken hatte Appetit auf Kuchen. «Mir ist auch danach», meinte die Henne. «Backen wir einen, der für uns beide reicht.»

«Ich hole schon das Brennholz», sagte das Küken und lief auf den Hof, um Späne zu sammeln.

Plötzlich sprang ihm der Kater in den Weg.

«Habe ich dich endlich», rief er mit funkelnden Augen.

Das Küken war wie vom Donner gerührt.

«Lass mich leben», flehte es. «Du hast nichts davon, wenn du mich frisst. Schau mich an. Ich bin nur ein winziger Happen für dich, doch ich mache dir einen Vorschlag: Wenn du mich am Leben lässt, bekommst du ein Stück von dem Kuchen ab, den meine Mutter heute backen will. Er wird hundertmal grösser sein als ich – mindestens.»

«Nun gut», schnurrte der Kater. «Du bist nun wirklich mickrig und klein.»

«Das nun wieder auch nicht», piepste das Küken beleidigt. «Ich bin zierlich und fein.»

«Wie dem auch sei», erklärte der Kater, «in einer Stunde bin ich hier und hole mir meinen Anteil. Doch wehe dir, wenn der Kuchen nicht gross genug und lecker ist.»

«Du wirst schon zufrieden sein», piepste das Küken.

Der Kater trollte sich. Das Küken trug die Späne in die Küche und erzählte der Mutter, was vorgefallen war.

Der Henne fuhr der Schreck in die Glieder.

«Der hat uns gerade noch gefehlt», jammerte sie. «Jetzt können wir einen Kuchen backen, der für zwei Schnäbel und ein hungriges Katermaul reichen muss. Es wird ein Riesenkuchen sein.»

Und dann gingen sie an die Arbeit, heizten den Ofen ein, rührten den Teig in der grössten Schüssel, strichen ihn auf das grösste Blech und streuten zuckersüsse Streusel darauf. Bald duftete es durch das ganze Haus. Der Kuchen sah herrlich aus und schmeckte auch so gut, Mutter Henne ass ein kleines Stück. Das Küken aber konnte nicht genug davon kriegen und ass und pickte und pickte und ass, bis der ganze Kuchen verdrückt war.

Nur ein Krümelchen blieb auf dem Tisch. Und bei diesem letzten Krümel fiel dem Küken der Kater ein. Hatte der nicht das grösste Stück für sich verlangt?

«Was machen wir jetzt?», fragte das Küken.

Der Mutter wurde himmelangst.

«Jetzt wird er uns beide fressen», schimpfte sie. «Und das nur, weil du ein Vielfrass und Leckermaul bist.»

«Vielleicht vergisst er uns», meinte das Küken.

«Kater haben ein gutes Gedächtnis», wandte die Mutter ein.

«Am besten ist, wir verstecken uns irgendwo», schlug das Küken vor und schaute in der Küche umher.

Sein Blick fiel auf das Fenster, und da sah es, wie der Kater über den Hof geschlichen kam.

Er rief noch vor der Tür: «Wo bleibt mein Kuchenstück? Her mit dem Kuchen, sonst hat euer letztes Stündlein geschlagen.»

Die Henne überrieselte es kalt.

«Jetzt ist es aus mit uns», gackerte sie und zitterte vor Furcht.

«Noch lange nicht», piepste das Küken und rannte hierhin und dorthin, um ein Versteck zu finden. Da kratzte der Kater an der Tür.

In seiner Verzweiflung sprang das Küken in einen irdenen Topf, der auf dem Tisch stand. Die Henne flatterte hinterher, hüpfte ebenfalls hinein und duckte sich.

Schon steckte der Kater seinen dicken Kopf durch die Tür. Er guckte hin, er guckte her – niemand im Haus. Kein Kuchen auf dem Tisch. Nur der Duft – die ganze Küche voll. Er suchte in den Winkeln, unter dem Ofen und hinter dem Tisch. Er blickte auch in den Speiseschrank. Nichts. In den Topf zu sehen, darauf kam er aber nicht.

Der Kater überlegte. Dann setzte er sich in die Mitte der Küche und sprach: «Ich weiss, dass ihr hier seid. Den Kuchen gebacken habt ihr auch. Man schnuppert es. Er muss gut geraten sein. Also her mit meinem Anteil. Immerzu verstecken könnt ihr euch nicht. Deshalb warte ich hier, bis sich einer bewegt. Dann geht es ihm an den Kragen. Mich führt ihr nicht an der Nase herum. Ein Kater hat viel Geduld, wie ihr wisst.»

Die Henne und das Küken zitterten vor Angst in ihrem Versteck und machten sich noch kleiner als klein.

Eine Zeitlang blieb es still. Dann fing der Kater an zu schnurren. Ein Auge zu, ein Auge offen, duselte er vor sich hin. Die beiden in dem Topf hörten das Schnurren. Noch lauter aber, schien es ihnen, hämmerte ihr Herz.

Mit der Zeit wurde es für die Henne und das Küken immer schwieriger in dem engen Gefäss. Die Glieder taten ihnen weh. Es juckte sie hier und drückte sie dort.

«Ich muss niesen», flüsterte das Küken plötzlich der Mutter ins Ohr.

«Untersteh dich», gab die Henne zurück.

«Wenn ich doch aber muss», sagte das Küken und zappelte schon.

«Nein, sage ich!»

Das Küken riss sich noch einmal zusammen und muckste bald darauf wieder.

«Jetzt muss ich aber wirklich», flüsterte das Küken bald darauf wieder.

«Du darfst nicht», flehte die Henne das Küken an.

«Nur einmal.»

«Auf keinen Fall, wenn dir das Leben wert ist.»

«Nur ein halbes Mal.»

«Nicht ein bisschen», gab die Mutter zurück.

«Ich pruste bloss.»

«Nicht einmal das.»

«Ich kann nicht mehr», rief das Küken und nieste los. Es war wie ein Donnerschlag. Es nieste so gewaltig, dass der Topf in tausend Stücke zersprang. Die Scherben pfiffen durch die Luft.

Das war für den Kater zuviel.

‹Der Blitz hat eingeschlagen›, schoss es ihm durch den Kopf, und er raste aus dem Haus.

«Wer hätte jemals gedacht, dass so ein Nieser unser Leben retten kann», sagte die Mutter verdutzt.

«Ich», meinte das Küken fröhlich und nieste noch ein zweites und ein drittes Mal.

Und dann pickte es das Krümchen auf.

Märchen aus Burma

Der hungrige Schüler

In einem fernen Land, in einem tiefen Wald, unter einem hohen Baum lebte in einer kleinen Hütte ein alter Mann. Er war weit und breit bekannt für sein grosses Wissen und seine Weisheit. Viele Eltern schickten ihre Söhne als Schüler zu ihm, damit er sie unterrichtete. Nun lebte in der Nähe ein Junge, der für Streiche weithin bekannt war. Kein Tag verging, an dem er sich nicht irgendeinen Unsinn ausdachte. Wie oft hatten die Eltern ihn schon ermahnt, etwas vernünftiger zu sein, doch kein Rat nützte etwas – der Junge war ein wahrer Meister im Streiche ausdenken. Schliesslich erfuhren die Eltern von dem weisen alten Mann und beschlossen ihren Jungen zu ihm zu schicken.

Was blieb dem Jungen übrig? Er nahm ein wenig Proviant mit sich und machte sich auf den Weg zu dem weisen Alten. Der Weise nahm den Jungen als Schüler auf, unterrichtete ihn und versuchte alles, um aus ihm einen weisen Menschen zu machen. Sie lebten von den Beeren, Nüssen und Wurzeln, die sie im Wald fanden und tranken Quellwasser. Schon nach kurzer Zeit sehnte sich der Junge nach den leckeren Kuchen, die seine Mutter immer gebacken hatte und sein Bauch begann schon beim blossen Gedanken daran laut zu knurren. Schliesslich hatte der Alte genug davon und er sprach: «Hör zu, du ewig hungriger Schüler. Die Weisheit will dir scheinbar nicht so recht in den Kopf. Nimm diesen Korb hier und geh ins Dorf. Die Leute werden dir sicher etwas zu essen geben.»

Der Junge nahm den Korb, lief ins Dorf und bekam in der ersten Hütte einen Kuchen, in der zweiten sogar zwei und manche gaben noch mehr. Schon bald war der Korb voller Kuchen und es duftete ganz köstlich. Ah, dieser Duft! Mit jedem Schritt stieg er ihm in die Nase und der Korb hing ihm schwer am Arm. Der Junge setzte sich unter einen Baum in den Schatten und dachte nach: ‹Mein Meister ist ein guter, weiser Mann. Bestimmt wird er mir die Hälfte der Kuchen geben, also kann ich sie mir auch gleich jetzt nehmen.›

Kurzum war die Hälfte der Kuchen aufgegessen. Herrlich hatte das geschmeckt! Der Junge stand auf und machte sich wieder auf den Heimweg. Der Geschmack der Kuchen lag ihm noch auf der Zunge und plötzlich hatte er wieder Hunger.

‹Mein Meister ist ein guter, weiser Mann. Wenn ich ihm den Rest der Kuchen bringe, gibt er mir sicher die Hälfte davon. Dann kann ich sie doch auch gleich aufessen.›

Er nahm die Hälfte der Kuchen, ass sie auf und schon war der Korb zu drei Vierteln leer.

Nicht lange darauf knurrte sein Magen schon wieder und der Junge überlegte: ‹Eigentlich gehört mir ja sowieso immer die Hälfte der Kuchen. Was soll ich sie bis zur Hütte des Meisters schleppen, wenn ich sie doch gleich hier essen kann?›

Er zählte die Hälfte der Kuchen ab, ass sie auf, zählte wieder die Hälfte der Kuchen ab, ass sie auf – bis am Ende noch ein einziger kleiner Kuchen im Korb lag. Der Junge lief einige Schritte, doch er konnte an nichts anderes denken als an den kleinen Kuchen im Korb.

‹Mein Meister ist ein guter, weiser Mann. Ganz bestimmt möchte er nicht, dass ich hungern muss, er wird mir die Hälfte vom Kuchen schenken.›

Er nahm den Kuchen in die Hand, biss sorgfältig die Hälfte ab und ass sie auf.

So kam es, dass der Junge, als er beim Meister ankam, nur noch einen halben Kuchen im Korb hatte.

Der Alte wunderte sich und sprach: «Ist das alles, was dir die Menschen im Dorf gegeben haben?»

«Aber nein, der Korb war voll mit Kuchen!», rief der Junge. «Ich ass immer die Hälfte davon, genau so viel, wie ich bekommen hätte.»

Und er erzählte, wie alles gekommen war.

«Wie konntest du nur alle diese Kuchen aufessen!», rief der Alte erstaunt.

«Das war ganz einfach!», antwortete der Junge.

Er nahm den letzen halben Kuchen, biss hinein und ass ihn auf.

Der weise Mann seufzte. «Mein lieber Junge», sagte er, «geh wieder nach Hause und sag deinen Eltern, dass nicht ich dir, sondern du mir eine grosse Weisheit beigebracht hast: In einem leeren Magen wohnt mehr Klugheit als in einem vollen Kopf.»

Märchen aus Indien

Küchenschabe zu verkaufen

Ein Junge, der bei seiner Mutter lebte, verspürte eines Tages Hunger. Er sagte zu seiner Mutter: «Backe mir Maniokbrote, denn morgen will ich in die Stadt gehen.»

Seine Mutter fragte ihn: «Was willst du dort?»

Der Junge antwortete: «Ich will meine Waren verkaufen», und er fing eine riesige alte Küchenschabe, steckte sie in einen Sack, dazu Maniokbrote und ging fort.

Unterwegs schlief er in einem Dorf, am nächsten Morgen ging er weiter. Er kam in ein anderes Dorf. Dort bekam er Durst und bat um Wasser. Man gab ihm Wasser. Dann fragte ihn die Frau, die ihm Wasser gegeben hatte: «Wohin gehst du?»

Der Junge antwortete: «Ich gehe meine Küchenschabe in der Stadt verkaufen.»

Die Frau wunderte sich und fragte: «Wie kann man eine Küchenschabe verkaufen?»

Der Junge antwortete: «Man verkauft sie, und kauft sie.»

Während er Wasser trank, kam ein Hahn und frass seine Küchenschabe. Als der Junge das sah, weinte er und schluchzte: «O weh! O weh! Meine Mutter hat mir die Küchenschabe gegeben, für sie sollte ich sie verkaufen; sie braucht das Geld, und nun hat dieser eklige Hahn meine Küchenschabe gefressen!»

Daraufhin fingen ihm die Leute eine andere Küchenschabe, aber die wollte er nicht: «Ich will meine Küchenschabe wieder, die, die meine Mutter mir zum Verkaufen gegeben hat!»

«Aber», antworteten die Dorfleute, «wo sie doch nun in dem Hahn ist!»

«Dann müsst ihr mir eben den Hahn geben!»

Nach langem Hin und Her wurden die Dorfleute es leid und schenkten dem Jungen den Hahn. Er nahm ihn mit ins nächste Dorf. Dort stürzte sich ein grosser Hund auf ihn und verschlang den Hahn mit einem Haps.

«O weh! O weh!», heulte der Junge. «Meine Mutter hat mir den Hahn zum Verkaufen gegeben, was soll ich jetzt machen?»

Die Dorfleute hatten Mitleid mit ihm und brachten ihm einen anderen Hahn. Er lehnte ab: «Ich will nur den, den ich von meiner Mutter habe.»

«Aber der ist doch im Bauch dieses Hundes!»

«Dann will ich den Hund mitnehmen!»

«Na gut, dann nimm ihn eben mit; er soll dir gehören.»

Und er nahm den Hund mit.

Sie gingen ein ganzes Stück bis zum nächsten Ort. Dort trafen sie auf eine Ziege, die gerade Junge bekommen hatte, die sie schützen wollte. Sie stürzte sich auf den

Hund und stiess ihm ihre Hörner so fest in den Schädel, dass der arme Hund tot zusammenbrach.

Und der Junge fing an zu jammern: «Was für ein Unglück! Der arme Hund! Meine Mutter hat ihn mir anvertraut! Wie soll ich ihr erklären, dass er jetzt tot ist!

Gebt mir meinen Hund wieder!»

Die Dorfleute konnten ihm keinen Hund als Ersatz geben, dafür bezahlten sie ihm eine Entschädigung und schenkten ihm obendrein die Ziege mit ihren Jungen. Er ging Ziege und Zicklein verkaufen, und von all dem Geld, das er nun besass, kaufte er Haushaltsgeräte und Stoffe, eine Nähmaschine und ein Fahrrad.

Das alles brachte er seiner Mutter. Diese war völlig verdutzt und bewunderte so viel plötzlichen Reichtum. Sie fragte ihn, wie er das gemacht hätte, wo er doch nur eine Küchenschabe von zu Hause mitgenommen hatte, dass er nun mit so vielen Kostbarkeiten nach Hause gekommen war.

«Siehst du», erklärte der Junge, «die Küchenschabe hat Junge bekommen. Du hättest dich nicht über die angeblich unverkäufliche Ware lustig machen sollen!»

Er gründete eine schöne Familie, wurde eine Respektsperson in seinem Dorf und vollendete dort sein Leben in unbestrittenem Wohlstand und Ansehen, von seiner Mutter geliebt, von allen geehrt. Das ist das Ende der Geschichte.

Märchen aus dem Kongo

Jaakske mit der Flöte

Es war einmal ein Hirtenjunge, der hiess Jaakske. Jeden Tag musste er mit den Kühen einen weiten Weg bis zur Weide gehen. Vor Hunger knurrte ihm der Magen, doch seine Stiefmutter gab ihm nur einen kleinen Kanten hartes Roggenbrot mit.

Eines Tages begegnete ihm ein alter Mann und bat: «Kleiner Hirt, hast du etwas zu essen für mich? Ich habe so schrecklichen Hunger!»

«Gerne teile ich mit dir mein Brot», entgegnete Jaakske, «doch sieh nur, es ist klein und hart.»

«Das ist gut genug», erklärte der alte Mann, «mir wird es schon schmecken.»

Jaakske brach die Brotkruste in zwei Teile und gab dem Alten die Hälfte.

«Danke!», sprach dieser. «Auch ich will dir etwas geben. Was möchtest du am liebsten haben: einen Beutel Silber, einen Beutel Gold oder eine Flöte, mit der du alles erlangen kannst?»

Der Hirtenjunge dachte eine Weile nach und antwortete schliesslich: «Grossväterchen, gib mir die Flöte!» Kaum hatte er das Instrument in der Hand, war der Alte verschwunden. Jaakske schaute sich verwundert um, hob die Flöte an die Lippen und spielte. Und siehe da: Die Kühe begannen zu tanzen! Sie hüpften und sprangen so über die Wiese, dass sich Jaakske bei ihrem Anblick fast krummlachte.

Als er abends nach Hause kam, legte ihm die Stiefmutter wieder nur einen trockenen Kanten Brot auf den Teller. Jaakske holte seine Flöte hervor und spielte darauf. Und siehe da: Alle in der Küche fingen an zu tanzen! Die Knechte klapperten mit den Löffeln im Mund, die Schüssel hüpfte auf dem Tisch, das Butterfass rumpelte durchs Haus und die Stiefmutter musste so wild tanzen, dass ihr die Röcke nur so um die Beine flogen.

«Hör auf, Jaakske», rief sie, «hör auf!»

«Ich höre erst auf, wenn du mir besseres Essen gibst!», sagte Jaakske laut.

«Ja, ja, das verspreche ich dir!», rief die Stiefmutter. Da hörte Jaakske auf zu flöten.

Von nun an gab ihm die Stiefmutter immer frische Weissbrotschnitten mit, wenn er mit den Kühen auf die Weide ging.

Und wenn ihr einmal auf einer Weide tanzende Kühe seht, so ist Jaakske mit seiner Flöte sicher nicht weit.

Märchen aus Belgien

Das Töpflein mit dem Hulle-Bulle-Bäuchlein

Es war einmal eine alte Frau. Sie war sehr arm. Sie hatte nichts mehr zu essen. Sie durchsuchte all ihre Kisten und Kästen. Sie schaute in alle Schränke. Endlich fand sie ein wenig Mehl. Daraus kochte sie eine Suppe. Als sie diese gegessen hatte, wusch sie das Töpfchen mit dem Hulle-Bulle-Bäuchlein sauber. Sie setzte es auf das Fensterbrett zum Trocknen und sagte: «Nun muss ich sicherlich verhungern.» Traurig setzte sie sich in ihren Lehnstuhl und schlief ein.

Da kam die Sonne und schien dem Töpfchen auf sein Hulle-Bulle-Bäuchlein, so dass es trocken wurde. Da sagte das Töpfchen: «Jetzt tripple-trapple ich».

Die Sonne fragte: «Töpfchen, wohin trippel-trappelst du?»

«Ich tripple-trapple auf den Markt, hol Essen für die arme Frau.» Und wirklich: Das Töpfchen sprang vom Fenstersims herab und trippelte-trappelte in die Stadt auf den Markt. Dort lief es zwischen den Marktleuten umher.

Da kam ein Bauer, der hatte einen Sack voll Bohnen und wusste nicht, wohin damit. «Töpfchen», sagte er, als er das Töpfchen stehen sah, «du kommst mir recht gelegen. Ich kann dich brauchen.» Er schüttete ihm viele Bohnen in sein Hulle-Bulle-Bäuchlein. Kaum spürte das Töpfchen, dass sein Hulle-Bulle-Bäuchlein gefüllt war, rief es wieder: «Jetzt tripple-trapple ich». Es machte kehrt und lief zu der armen Frau zurück.

Dort pochte es an die Tür und rief: «Mach auf, mach auf, das Töpfchen ist da mit dem Hulle-Bulle-Bäuchlein!»

Die Frau erwachte, weil es so polterte. Sie lief an die Türe und öffnete. Wie freute sie sich, als sie das Töpfchen mit dem Hulle-Bulle-Bäuchlein sah, in dem dicke, schöne Bohnen lagen. Sie kochte sich eine Bohnensuppe, ass sie auf, putzte das Töpfchen wieder blank, stellte es auf den Fenstersims zum Trocknen und dachte: «Einmal hat mir der liebe Gott geholfen, er hat das Töpfchen ausgeschickt. Wird er es auch ein zweites Mal tun?» Dann schlief sie ein.

Wieder kam die Sonne und schien dem Töpfchen auf das Hulle-Bulle-Bäuchlein, dass es trocknete. Da sagte das Töpfchen wieder: «Nun tripple-trapple ich in die Stadt und hole Essen für die arme Frau.»

Es lief in die Stadt. Dort sprang es in einen Metzgerladen mitten auf den Ladentisch. Die Metzgerin stand dahinter. Sie hatte einen Schöpflöffel voll Fleischbrühe in der Hand und wusste nicht, wohin damit. Sie sah das Töpfchen und rief: «Du kommst mir gerade recht!» Sie goss dem Töpfchen die Fleischbrühe in sein Hulle-Bulle-Bäuchlein. Das Töpfchen spürte, wie sein Hulle-Bulle-Bäuchlein warm und voll wurde. Es sprang vom Ladentisch und trippelte-trappelte zu der alten Frau zurück.

Es pochte wieder an die Tür und rief: «Das Töpfchen ist da mit dem Hulle-Bulle-Bäuchlein, mach mir die Türe auf!» Oh, wie freute sich die alte Frau! Sie öffnete die Türe, holte das Töpfchen herein und trank die warme Fleischbrühe aus. Dann putzte sie das Töpfchen wieder schön blank und stellte es auf den Fenstersims zum Trocknen.

Wieder kam die Sonne und trocknete es mit ihren Strahlen. Als diese so schön auf sein Hulle-Bulle-Bäuchlein schienen, sprach es wieder: «Nun tripple-trapple ich.»

«Töpfchen, liebes Töpfchen», fragte die Sonne, «wo trippel-trappelst du heute hin?»

«Ich tripple-trapple zum reichen Mann, hole Geld für die arme Frau!»

Und richtig, das Töpfchen trippelte-trappelte zum reichen Mann und mitten in sein Zimmer hinein. Der reiche Mann sass gerade am Tisch und zählte sein Geld. Stellt euch vor, er hatte so viel davon, dass er nicht wusste, wohin damit. Da sah er das Töpfchen mit dem Hulle-Bulle-Bäuchlein und rief: «Du kommst mir gerade recht!» Er schüttete sehr viel Geld in das Hulle-Bulle-Bäuchlein. Kaum aber merkte das Töpfchen, dass es gefüllt war, so hüpfte es vom Tisch herunter und rief: «Nun tripple-trapple ich»

«Oh weh, o weh!», schrie der Mann, als das Töpfchen mit seinem Geld hinaus zur Tür auf die Strasse lief und verschwand. Das polterte bei der armen Frau an die Tür und rief: «Mach auf, mach auf, da ist das Töpfchen mit dem Hulle-Bulle-Bäuchlein!»

Die Frau kam eilig gelaufen und öffnete. Als sie die vielen Goldstücke sah, nahm sie sich keine Zeit, um das Töpfchen zu waschen. Sie stellte es auch nicht erst auf das Fensterbrett an die Sonne, sondern jagte es zur Tür hinaus und rief: «Töpfchen, lauf rasch und hole mir noch mehr, viel mehr!»

Das Töpfchen aber wurde sehr böse und brummte: «Jawohl, jetzt tripple und trapple ich.» Es trippelte-trappelte aber nicht zum reichen Mann. Es lief auf den Markt und stellte sich unter eine Kuh. Hier blieb es so lange stehen, bis die Kuh den Schwanz hob und etwas fallen liess. Das Etwas war ein runder Klecks, puh, der rocht nicht gut, puh!

Das Töpfchen fühlte, dass sein Hulle-Bulle-Bäuchlein wieder voll war, drehte sich um, trippelte-trappelte zu der alten Frau zurück und pochte an die Tür. «Mach auf, mach auf», rief es, «das Töpfchen ist da mit dem Hulle-Bulle-Bäuchlein!»

Die Frau hatte hinter der Tür gewartet. Als sie aber sah, was in dem Töpfchen war, wurde sie so böse und so zornig, dass sie das Töpfchen nahm und es in grossem Bogen aus dem Fenster warf. Nun hatte sie kein Töpfchen mehr.

Das Töpfchen aber trippelte-trappelte in die weite Welt hinaus und kam nie mehr zu der alten Frau zurück. Es läuft auch heute noch. Vielleicht begegnet ihr ihm einmal irgendwo.

Fragt ihr mich, was aus der armen Frau geworden ist? Ich weiss es nicht. Doch war sie wohl bestraft genug, weil sie kein Töpfchen mehr hatte. Auch wie bald ihr Geld zu Ende ging, weiss ich nicht. Sicherlich hatte sie eine ganze Weile genug davon, um zu leben.

Märchen aus Deutschland

Das Märchen vom dicken, fetten Pfannekuchen

Es war einmal eine Mutter, die hatte sieben hungrige Kinder. Da nahm sie Mehl, Milch, Butter, Eier, Zucker – etwas Salz nicht zu vergessen – und machte einen schönen, dicken, fetten Pfannkuchen. Der lag in der Pfanne und ging auf, dass es eine Freude war.

Die Kinder standen alle ringsherum, und auch der alte Grossvater sah zu.

Da sagte das erste Kind: «Ach, gib mir doch ein bisschen von dem Pfannkuchen, liebe Mutter.»

«Liebe, gute Mutter», sagte das zweite.

«Liebe, gute, schöne Mutter», sagte das dritte.

«Liebe, gute, schöne, beste Mutter», sagte das vierte.

«Liebe, gute, schöne, beste, süsse Mutter», sagte das fünfte.

«Liebe, gute, schöne, beste, süsse, einzige Mutter», sagte das sechste.

«Liebe, gute, schöne, beste, süsse, einzige, herzige Mutter», sagte das siebente.

Aber die Mutter sagte: «Wartet, bis er sich umgedreht hat.» Sie hätte aber sagen sollen: »Bis ich ihn umgedreht habe.» Als der Pfannkuchen hörte, dass er sich selbst umdrehen könne, dachte er: «Was? Zum Essen bin ich viel zu schade. Ich will mir lieber erst einmal die Welt ansehn und mich sofort umdrehn.» Damit machte der Pfannkuchen einen Sprung und sprang, kantapper, kantapper, aus der Pfanne heraus und zur Tür. Heissa! Die Mutter rannte mit der Pfanne und dem Kochlöffel hinter ihm her. Auch der alte Grossvater und die sieben Kinder liefen hinter ihr drein. Alle schrien: «Haltet ihn, haltet ihn!» Aber der Pfannkuchen lief, kantapper, kantapper, die Treppe hinunter und hinaus auf die Strasse.

Da sass eine Miezekatze. Als sie den dicken, fetten Pfannkuchen sah, sagte sie: «Miau, miau, dicker, fetter Pfannkuchen, lass dich fressen, bitte, bitte!»

Aber der Pfannkuchen sagte: «Was? Ich soll mich von dir, Katze-Miatze, fressen lassen? Hinter mir ist schon die Mutter geblieben, der Grossvater auch und der Kinder sieben. Und ich soll dir, Katze-Miatze, nicht entlaufen?»

Und er lief, kantapper, kantapper, immer weiter der Strasse entlang.

Da kam ein Hahn. Der sagte: «Dicker, fetter Pfannkuchen, lass dich auffressen!»

«Was?», sagte der Pfannkuchen. «Ich soll mich von dir, Hahn-Krahdahn, fressen lassen? Hinter mir ist schon die Mutter geblieben, der Grossvater auch und der Kinder sieben und Katze-Miatze. Und ich soll dir, Hahn-Krahdahn, nicht entlaufen?»

Und er lief, kantapper, kantapper, , immer weiter in die Welt hinein.

Da kam eine Gans. Die sagte: «Gack, gack, gack, dicker, fetter Pfannkuchen, lass dich auffressen!»

«Was?», sagte der Pfannkuchen. Ich soll mich von dir, Gans-Watschwanz, fressen lassen?

Hinter mir ist schon die Mutter geblieben, der Grossvater auch und der Kinder sieben, Katze-Miatze, Hahn-Krahdahn. Und ich soll dir, Gans-Watschwanz, nicht entlaufen?»

Und er lief, kantapper, kantapper immer schneller in die Welt hinein.

Da kam eine Kuh. Die sagte: «Muh, muh, muh, dicker, fetter Pfannkuchen, lass dich auffressen!»

«Was?», sagte der Pfannkuchen wieder. Ich soll mich von dir, Kuh-Muhmuh, fressen lassen? Hinter mir ist schon die Mutter geblieben, der Grossvater auch und der Kinder sieben, Katze-Miatze, Hahn-Krahdahn, Gans-Watschwanz. Und ich soll dir, Kuh-Muhmuh, nicht entlaufen?»

Und er lief, kantapper, kantapper, immer schneller in die Welt hinein.

Da kam ein Schwein, und das sagte: «Dicker, fetter Pfannkuchen, komm her, lass dich auffressen!»

«Was?», sagte der Pfannkuchen wieder. «Ich soll mich von dir, Schwein-Schwänzelein, fressen lassen? Hinter mir ist schon die Mutter geblieben, der Grossvater auch und der Kinder sieben, Katze-Miatze, Hahn-Krahdahn, Gans-Watschwanz, Kuh-Muhmuh. Und ich soll dir, Schwein-Schwänzelein, nicht entlaufen?»

Und er lief, kantapper, kantapper, immer schneller in die Welt hinein.

Da aber kam der Pfannkuchen an einen breiten Bach und der hatte keine Brücke. Er wusste nicht, wie er hinüberkommen sollte. Er lief immer, kantapper, kantapper, dem Wasser entlang. Das Schwein aber, das war ihm nachgegangen. Und als es zu dem Bach kam, da sprang es ins Wasser und schwamm auf dem Wasser. Der Pfannkuchen aber, der hatte Angst davor, nass zu werden. Das Schwein sagte: «Setz dich auf meinen Rücken, so will ich dich rübertragen!»

Da sprang der Pfannkuchen auf den Rüssel des Schweins. «Nuf, uff!», sagte das Schwein und frass den dicken, fetten Pfannkuchen auf einen Happs.

Und da der Pfannkuchen nicht weiter kam,
das Märchen hier ein Ende nahm.

Märchen aus Norwegen

Vom Bumbrlik

Als Bumbrlik auf die Welt kam, war er wie alle anderen kleinen Kinder, und niemand meinte, dass aus ihm einmal etwas Besonderes werden könnte; ja, er war so klein, dass seine Mutter immer zu ihm sagte: «Ach Kind, du bist nicht gesalzen und nicht geschmalzen!» Der Kleine achtete aber gar nicht auf die Worte der Mutter, er machte sich nichts daraus und blieb so klein, wie er war.

Seine Eltern nährten sich durch ihrer Hände Arbeit, aber sie konnten gar nicht so viel verdienen, als was Bumbrlik verzehrte; der Vater war sehr verdriesslich darüber, aber die Mutter beruhigte ihn und sagte: «Der Kleine ist jetzt im Wachsen und muss deshalb viel essen, warte nur, bis er aufhört zu wachsen, dann wird er genug haben, ein starker Kerl sein und uns tüchtig bei der Arbeit helfen.»

Der Vater liess sich's einreden und arbeitete weiter, aber all seine Plage war umsonst. Bumbrlik ass je länger desto mehr. Am Tisch ass er so viel wie Vater und Mutter zusammen. Die Mutter meinte schliesslich, der Hungrige werde bald noch sie und den Vater verschlingen.

Eines Tages, als Bumbrlik auf der Schwelle stand, sagte er statt zu grüssen einfach: «Mutter, ich habe Hunger!»

«Nun, so schneide dir ein Stück Brot ab», antwortete die Mutter. Der Sohn liess sich das nicht zweimal sagen und schnitt sich ein so grosses Stück ab, dass die Mutter die Hände über dem Kopf zusammenschlug. Man konnte kaum bis fünf zählen, da klaubte Bumbrlik schon die Brosamen vom Tisch.

«Warte, Söhnlein, warte doch, gleich ist die Mittagssuppe fertig», tröstete ihn die Mutter. Aber dieser rief, als ob er nichts gehört hätte: «Mutter, ich habe Hunger!»

«Nun, so nimm dir das ganze Brot!», sagte die Mutter etwas ärgerlich. Bumbrlik erhob sich langsam, holte sich das ganze Brot, und man konnte kaum bis fünf zählen, und auf dem Tische lagen nur einige Brosamen.

«Warte, Söhnlein, warte doch, gleich kommt das Essen auf den Tisch», sagte die Mutter, als sie bemerkte, dass ihr Sohn noch nicht satt war. Bumbrlik aber sagte, als ob er nichts gehört hätte: «Mutter, ich habe Hunger!»

«Nun, so friss auch mich noch auf!», sagte die Mutter zornig. Da erhob sich Bumbrlik vom Tische, kam der Mutter langsam näher, und in einem Augenblick hatte er sie verschlungen.

Da ging die Tür auf, und der Vater trat in die Stube. Als ihn Bumbrlik erblickte, sagte er: «Vater, ich habe Hunger!»

«Ich auch», sagte der Vater und lachte dabei.

«Vater, ich habe Hunger!», wiederholte Bumbrlik. «Nun, so friss mich!», antwortete der Vater voll Ärger und setzte sich ihm gegenüber. Da ging Bumbrlik langsam zum Vater hin, und im Nu war von diesem nichts mehr zu sehen.

Danach schaute er in den Topf, aber das, was da darinnen war, war ihm zu wenig, und er ging hinaus. Er schaute nicht rechts und nicht links, sondern stieg hinauf auf die Alp, wo eben der Hirt die Herde auf der Weide hatte. Bumbrlik näherte sich ihm langsam, dann stützte er die Hände in die Hüften, riss sein Maul schrecklich weit auf und sagte: «Ich war dort und ass dort: ein ganzes Brot, die Mutter, den Vater...»

Der Hirt schaute ihn verwundert an und wollte ihn etwas fragen, aber Bumbrlik schrie als letztes Wort: «Und dich fresse ich auch!» Und im nächsten Augenblick hatte er ihn verschlungen. Aber er hatte nicht genug an ihm; er verschlang auch noch die ganze Herde, als ob das gar nichts wäre, und ging langsam weiter.

Er kam zum Schafhirten auf der anderen Seite der Alp. Er näherte sich ihm gemächlich, stützte die Hände in die Hüften, riss das Maul weit auf und sagte: «Ich war dort und ass dort: ein ganzes Brot, die Mutter, den Vater, den Hirten mit dem Vieh – und dich fresse ich auch!» Kaum hatte er das gesagt, war schon der Hirt samt seiner Herde vom Erdboden verschwunden, ja er verschlang sogar den Schäferhund, so sehr dieser auch die Zähne nach ihm fletschte.

Dann ging er weiter, wie wenn nichts gewesen wäre, und kam auf den Fahrweg, der ins nächste Dorf führte. Da kam ihm ein Bauer entgegen mit einem grossen Heuwagen, der war schwer beladen. Als die Pferde Bumbrlik erblickten, blieben sie stehen und waren auf keine Weise weiterzubringen. Der Bauer erhob schon die Peitsche, um sie zu schlagen, da erblickte er auf einmal Bumbrlik vor sich, der zu ihm sagte: «Ich war dort und ass dort: ein ganzes Brot, die Mutter, den Vater, den Hirten mit dem Vieh, den Schäfer mit den Lämmern ... », und dabei hatte er das Maul weit aufgerissen, und ehe sich der Bauer besinnen konnte, stiess er heraus: «Und dich fresse ich auch!» In einem Augenblick hatte er ihn verschlungen, aber nicht nur ihn, sondern auch die Pferde und den Wagen mit dem Heu.

Nun wandte er sich seitwärts zur Strasse, auf der ein Fuhrmann mit gewaltiger Ladung daherkam. Der sang eine Weile, fluchte eine Weile und knallte dann mit der Peitsche, dass man ihn eine Weile im Umkreis hören konnte. Bumbrlik blieb vor ihm stehen und sagte: «Ich war dort und ass dort: ein ganzes Brot, die Mutter, den Vater, den Hirten mit dem Vieh, den Schäfer mit den Lämmern, den Bauern mit dem Heu...»

«Nun, da bist du wohl gesättigt», meinte der Fuhrmann.

«Nein! Dich fresse ich auch!», schrie Bumbrlik und riss das Maul auf.

«Mach keinen Narren aus mir, sonst werfe ich dich unter die Räder!», schimpfte der Fuhrmann.

Aber kaum hatte er das gesagt, als er schon im Maul Bumbrliks strampelte, wo gleich darauf auch das Pferd mit dem Wagen und der ganzen Ladung verschwand.

Und Bumbrlik ging mir nichts, dir nichts gemütlich weiter. Auf einmal hörte er eine Stimme vor sich: «Ei, sei mir willkommen, Bumbrlik! Wie kommst du denn hierher?» Und er sieht eine alte Frau vor sich, die an einem Stocke mühsam daherwandert. Bumbrlik aber, wie wenn er sie gar nicht gehört hätte, dankt nicht für ihren Gruss, sondern reisst das Maul fürchterlich weit auf und sagt: «Ich war dort und ass dort: ein ganzes Brot, die Mutter, den Vater, den Hirten mit dem Vieh, den Schäfer mit den Lämmern, den Bauern mit dem Heu, den Fuhrmann mit Wagen – und dich fresse ich auch!»

«Oh du mein allerschönster Bumbrlitschek», sprach da die Alte zuckersüss, «was wirst du an mir haben, ich bin ja so dünn?»

«Woher kennst du mich denn?», fragte Bumbrlik.

«Wie werd' ich dich nicht kennen, mein allerliebster Bumbrlitschek! Du bist gut und lässt mich frei!» Und Bumbrlik antwortete ihr: «Ich war dort und ass dort: ein ganzes Brot, die Mutter, den Vater, den Hirten mit dem Vieh, den Schäfer mit den Lämmern, den Bauern mit dem Heu, den Fuhrmann mit Wagen – und dich fresse ich auch!»

«Nun, wenn's aber nicht anders geht, meinetwegen», sagte die Alte. «Aber ich bitte dich um eine Gnade. Ich habe ein Stücklein weisses Brot bekommen, und ich habe mich schon den ganzen Weg darauf gefreut, es mir schmecken zu lassen. Bitte lass mich dieses Stücklein essen, bevor ich sterbe.»

Bumbrlik schwieg, und da nahm die Alte ein weisses Brötchen aus der Tasche, zugleich mit diesem aber auch ein kleines Messerlein, und damit machte sie – husch – ein Loch in den Bauch vom Bumbrlik. Und was geschah nun?

In Bumbrlik rief und klirrte es auf einmal, es blökte und muhte, und dann kam der Fuhrmann heraus mit Wagen, und er trieb die Pferde an, dass die Strasse staubte. Hinter ihm kam der Bauer mit der Heufuhre, hinter ihm jagten der Schäferhund heraus und die Lämmer und der Schäfer, der Hirte mit dem Vieh und dann sprang der Vater mit der Mutter heraus. Zuletzt aber fiel das Brot heraus. Die Alte nahm das Brot als Lohn dafür, dasss sie so vielen das Leben gerettet hatte, wanderte von Dorf zu Dorf, von Stadt zu Stadt und erzählte die seltsame Geschichte vom Bumbrlik.

Wer's glaubt, der glaubt's. Wer's nicht glaubt, der glaubt's nicht. Und mag es der Hund als Handvoll Lügen im Maul wegtragen.

Märchen aus Tschechien

Von dem Breikessel

Vor langer Zeit lebte einmal ein Müller mit seiner Frau, die assen und tranken und waren immer guter Dinge. Die beiden hatten eine Tochter, die war so schön, dass die Fische herbeikamen, um sie zu bewundern, wenn sie ihre Füsse ins Bächlein tauchte. Einmal aber kamen schwere Zeiten, es gab fast kein Korn mehr, Kasten und Kisten waren leer und sie hatten nichts mehr zu essen. Da kratzte die Frau die letzten Reste Mehl zusammen, kochte einen Brei und sagte: «Dies ist unsere letzte Mahlzeit, dann können wir uns hinlegen und sterben.»

Als der Brei fertig war, kam der Mann, nahm den hölzernen Löffel und wollte ein wenig versuchen. Der Frau war das gar nicht recht und als der Mann den Breikessel packen wollte, nahm sie ihn auf den Kopf und lief so schnell sie konnte davon, der Mann mit dem Löffel hinterher. Als das Mädchen dies sah, nahm es seine Schuhe in die Hand und rannte ihnen nach. Unterwegs aber verlor es einen Schuh und während es ihn suchte, verschwanden Vater und Mutter hinter den Bäumen und sie konnte sie nicht mehr finden. Da setzte sie sich müde ins Gras und fing an zu weinen. Ihren Schuh aber hatte ein Zaunkönig gefunden und er wiegte seine Jungen darin. Auf einmal stand ein altes Mütterchen vor dem Mädchen und fragte: «Was fehlt dir, mein Kind?»

Da erzählte das Mädchen alles, von der Mutter mit dem Breikessel und dem Vater mit dem Holzlöffel und dem verlorenen Schuh. «Was soll ich jetzt anfangen?», jammerte es. «Wenn ich doch nur den Schuh wieder hätte.»

«Hier hast du einen anderen», sprach da die Alte, griff in ihre Rocktasche und gab ihr einen neuen Schuh. «Sei nur ruhig und tu alles, was ich dir sage. Geh noch ein wenig tiefer in den Wald, da kommst du zu einem Königsschloss. Dort gehst du hinein und bittest um neue Kleider. Such dir aber nur das schönste Seidenkleid aus und wenn sie dich fragen, so antworte: ‹Ich bin in Seide erzogen.›»

Das Mädchen bedankte sich bei der Alten und kam bald zu einem schönen Schloss, und als es hineinkam und ihm die vielen Kleider gezeigt wurden, suchte es sich das schönste seidene aus. Da fragte der König: «Warum wählst du dir denn ein seidenes?»

Es antwortete: «Ich bin in Seide erzogen», eigentlich aber hatte es immer nur Leinenkleider getragen.

Nun hatte der König einen Prinzen, der sollte heiraten, und als die Müllerstochter in dem seidenen Kleid hereinkam, lief es ihm heiss durchs Herz, und er sagte: «Lieber Vater, wenn ich schon heiraten soll, so will ich dieses Mädchen, ein anderes nehme ich nun nimmermehr!»

Da waren alle froh und es sollte bald Hochzeit sein.

Eines Tages stand die Braut oben im Saale am Fenster und schaute über die Felder, da lief auf einmal ihre Mutter vorbei mit dem Kessel auf dem Kopf. Sie rannte, dass ihr die Haare um den Kopf flogen, und hinter ihr her lief der Vater mit dem grossen hölzernen Löffel in der Hand; und als sie dies sah, musste sie laut lachen. Das hörte der Prinz und er fragte: «Liebste Braut, warum lachst du?»

Sie wollte die Geschichte von ihren Eltern nicht gern erzählen und deshalb sagte sie schnell: «Ich lache darüber, dass wir in diesem kleinen Schloss Hochzeit halten sollen; wo doch gar nicht alle Gäste darin Platz finden.»

«Hast du denn ein grösseres Schloss?», wollte der Prinz wissen.

«Ja, ein viel grösseres!»

«Nun», sagte der Prinz, «so lass uns die Hochzeit in deinem Schloss feiern.»

Und gleich ging er, um es dem König zu berichten. Sie aber stieg in den Hof hinab und begann zu weinen, denn wo sollte das grosse Schloss herkommen? Und als sie da sass und weinte, war auf einmal wieder die alte Frau bei ihr und sagte: «Was fehlt dir?»

Da erzählte das Mädchen alles und sprach zum Schluss: «Wo soll ich denn ein Schloss hernehmen, ich habe ja gar keins.»

«Das hast du doch!», sprach da die Alte. «Sei nur ruhig. Wenn ihr mit der Kutsche fahrt, so wird ein weisser Pudel aus dem Gebüsch springen, den nur du allein sehen kannst, er wird dir den Weg zeigen.»

Damit verschwand die alte Frau.

Als nun die Gäste zur Hochzeit kamen, fuhren sie über die Brücke in den Wald, und bald sprang ein weisser Pudel aus dem Gebüsch, den nur das Mädchen sehen konnte, und wohin der lief, liess sie die Kutsche fahren, und alle anderen kamen hinterher.

Nach einiger Zeit fragten die Gäste: «Wie lange ist es noch bis zum Schloss?»

Das Mädchen rief: «Es ist nicht mehr weit», und in diesem Augenblick verschwand der Pudel im Gebüsch, und da, wo er verschwunden war, stand auf einmal ein grosses Schloss mit hohen Türmen und hellen Fenstern, und Rauch stieg aus den Schornsteinen, denn alles wurde für die Hochzeit bereitet. «Das ist mein Schloss!«, sagte das Mädchen.

Da gingen sie hinein und feierten Hochzeit – ein halbes Jahr lang. Am letzten Tag polterte auf einmal etwas gegen die Tür, eine Frau sprang herein mit einem Kessel auf dem Kopf und sie rief: «Frau Königin, Frau Königin, helft mir, mein Mann will allen Brei alleine essen!», und der Mann stürmte ihr hinterher mit dem hölzernen Löffel in der Hand. Aber als sie die vielen Gäste sahen, da wurden sie still und schauten sich um. Die junge Königin stand auf und sagte: «Das sind meine lieben Eltern!», und sie erzählte ihre ganze Geschichte und als sie fertig erzählt hatte, musste ein Diener den hölzernen Löffel nehmen und jedem der Gäste einen Löffel voll von dem Brei geben, dem alle ihr Glück verdankten. Und stellt euch vor: Der Brei reichte für alle, sie assen davon und es schmeckte ihnen, am besten aber dem Müller und der Müllerin, denn die hatten sich ja so sehr hungrig gelaufen.

Märchen aus Deutschland

Bohne, Bohne, ich schneide dich

Es waren einmal drei Brüder, die lebten mit ihren Eltern in grosser Armut. Als sie alt genug waren, wollten sie in die Welt hinaus, um sich ihr eigenes Brot zu verdienen. Da kamen sie im Wald an eine Wegkreuzung, dort teilte sich der Weg in verschiedene Richtungen. Die zwei älteren Brüder wollten nach Norden ziehen, der jüngste aber nach Osten. Bevor sie sich trennten, schnitten sie drei Kreuze in eine grosse Eiche und sprachen: «Wenn ein Jahr um ist, wollen wir uns hier an dieser Eiche wieder treffen.»

Daraufhin zogen sie los.

Der Jüngste kam immer tiefer in den Wald hinein und stand schliesslich vor einer Hütte. Er klopfte an und eine alte Frau öffnete ihm. «Mütterchen», sprach er, «habt ihr Arbeit für mich?»

«Das habe ich wohl», sprach die Alte. «Komm nur herein. Du sollst jeden Tag meine zwei grauen Katzen und meine zwei weissen Enten füttern. Machst du deine Arbeit gut, gebe ich dir nach einem Jahr deinen Lohn.»

Der junge Mann war einverstanden und trat in die Dienste der Alten. Als ein ganzes Jahr um war, bat er das Mütterchen um seinen Lohn. Da fasste die Alte in ihre Schürze, zog eine kleine Bohne heraus und gab sie dem Jüngling. Die Bohne schien ihm zwar etwas klein für einen ganzen Jahreslohn, aber er bedankte sich höflich, verabschiedete sich und zog fröhlich von dannen.

Unterwegs bekam er Lust, die Bohne aufzuschneiden, und er sprach: «Bohne, Bohne, ich schneide dich!»

Da fing die Bohne auf einmal an, ganz jämmerlich zu bitten: «Ach, lieber Junge, bitte tu das nicht. Ich will dir auch alles geben, was du verlangst!»

Das liess sich der junge Mann nicht zweimal sagen. Sein Magen knurrte vor Hunger und so sagte er: «Ich wünsche mir einen Tisch mit den feinsten Speisen darauf.»

Kaum gesagt, da stand schon ein Tischlein vor ihm, mit einem weissen Tischtuch und dem besten Essen darauf: Schinken, Kastanien, Rahm und feiner Wein. Der junge Mann griff beherzt zu, liess es sich gut gehen und fühlte sich wie ein König.

Zufrieden kam er einige Tage später zu der Eiche im Wald, wo die Brüder schon auf ihn warteten. Beide hatten ein Jahr schwer gearbeitet und viel Geld verdient. «Nun zeig uns, was du mitgebracht hast!», sprachen sie.

Als der Jüngste seine Bohne zeigte, da fingen die beiden Grossen an zu lachen und hielten sich die Bäuche. Der Jüngste aber sprach: «Tischlein, decke dich», und da erschien wieder das Tischlein mit all den feinen Speisen.

Das gefiel den Brüdern nun sehr gut. Sie assen sich satt, tranken Wein und meinten dann: «Dein Lohn ist trotzdem zu klein, denn von Brot und Wein allein kannst du nicht leben.»

Da nahm der Jüngste die Bohne, tat so, also wollte er sie aufschneiden und sprach: «Bohne, Bohne, ich schneide dich!»

Da fing die Bohne wieder an zu bitten: «Ach, lieber Junge, bitte tu das nicht. Ich will dir auch alles geben, was du verlangst!»

Da wünschte sich der Jüngste einen Esel, der Gold gibt. Und kaum gewünscht, stand der Esel schon da. Als die grossen Brüder dies sahen, wurden sie neidisch. Sie nahmen dem Jüngsten die Bohne weg und wollten nun auch das Sprüchlein versuchen und sprachen: «Bohne, Bohne, ich schneide dich!»

Doch die Bohne blieb stumm. Da schlossen sie Frieden mit dem jüngsten Bruder und gingen mit Tischtuch und Esel zusammen nach Hause zu den armen, alten Eltern. Wie die sich aber freuten! Sie konnten sich satt essen und wurden reiche Leute.

Märchen aus der Schweiz

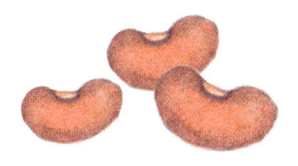

Die verzauberte Mandel

Weit fort von hier, auf einer Insel im Ozean, lebte einmal ein Junge mit seiner grossen Schwester allein auf einem Hof. Von früh bis spät mussten sie auf dem Feld arbeiten, säen, hacken und Unkraut jäten, damit sie genug zu essen hatten. Der Junge hiess Sirini. Er war fleissig und gut, und half seiner grossen Schwester so gut er konnte. Sirinis Schwester war hübsch und als sie heiratete, brachte sie einen Mann ins Haus, der war ein furchtbarer Faulpelz. Er war so faul, dass er nachts die Augen nicht zumachte, um sie nicht morgens wieder öffnen zu müssen, und wenn er nachts von der Arbeit auf dem Feld träumte, musste er sich danach drei Tage lang ausruhen.

Eines Tages sollte Sirini mit dem Faulen aufs Feld gehen. Sirini ackerte und jätete schon lange, der Schweiss lief ihm von der Stirn, aber von dem faulen Mann seiner Schwester keine Spur.

Erst als die Sonne schon fast über ihren Köpfen stand, schleppte sich der träge Dummkopf in den Schatten eines Mandelbaumes, schaute über das Feld und sagte zufrieden: «Wunderbar, so viel ist schon getan, kein Wunder, dass mir alle Knochen wehtun.» Und weil er vom Umherschauen hungrig wurde, ging er gleich wieder nach Hause zum Essen.

«Wo ist Sirini?», fragte die Schwester verwundert.

«Ach der», sprach der Faulpelz, «der ist draussen auf dem Feld und hat keine Lust zum Mittagessen zu kommen. Ich werde mich an seiner Stelle ausruhen und satt essen.»

Nach dem Essen streckte er sich auf seiner Matte aus und schlief bis zum nächsten Tag.

Am anderen Morgen gingen Sirini und der Faulpelz miteinander aufs Feld. Doch als Sirini Unkraut hackte, legte sich der Faulpelz unter dem Mandelbaum auf die Erde.

Wie er da auf der Erde lag, öffnete er kurz die Augen und sah über sich herrliche Mandeln am Baum hängen. Ach, wie wunderbar! Aber sie hingen so hoch. Da hätte er aufstehen und sich strecken müssen, das schien ihm viel zu anstrengend. Er schlief den ganzen Tag unter dem Baum und stand erst auf, als Sirini sich auf den Heimweg machte.

Am dritten Tag wollte Sirini wieder aufs Feld gehen. Er arbeitete fleissig, säte und pflanzte und als die Sonne schon hoch am Himmel stand, sah er, wie der Faule angeschlurft kam und sich unter den Mandelbaum legte. Mit letzter Kraft schaute der Faule zu den Mandeln auf, streckte sogar eine Hand aus, um eine zu pflücken, doch sein Arm war zu kurz. Kurzerhand rollte er sich zur Seite und schlief ein.

Nun hatte Sirini aber genug. Er schlich zum Mandelbaum, pflückte die schönste und grösste Mandel und verzauberte sie. Jetzt möchtet ihr sicher gerne wissen, wie er das gemacht hat. Er nahm die Mandel und legte den Zauber in sie hinein. So einfach ist das. Als er sie verzaubert hatte, legte er sie zusammen mit ein paar anderen Mandeln neben dem Faulpelz auf die Erde.

Kurz vor dem Abendessen erwachte der Faulpelz und als er die Mandeln neben sich sah, rief er aus: «Wie wunderbar! Im Schlaf habe ich Mandeln geerntet und nun liegen sie hier und warten nur noch darauf, von mir gegessen zu werden.» Und er fing an zu essen, erst eine, dann zwei und schliesslich hatte er alle Mandeln aufgegessen. Er seufzte zufrieden und sprach: «Ach, wie gut habe ich gegessen!»

Da rief die verzauberte Mandel aus dem Bauch des Faulen: «Ach, wie gut habe ich gegessen!»

Der Faulpelz erschrak ganz fürchterlich und rief laut: «Hilfe, Diebe, Räuber!»

Und aus seinem Bauch rief die verzauberte Mandel noch lauter: «Hilfe, Diebe, Räuber!»

Der Faulpelz bekam immer mehr Angst. Er traute sich nicht noch einmal zu rufen, also pfiff er laut nach Sirini, damit dieser ihm helfe. Doch die verzauberte Mandel in seinem Bauch pfiff noch lauter.

In diesem Moment erkannte der Faulpelz, dass da jemand in seinem Bauch war und sich über ihn lustig machte. Er kniff sich fest in den Bauch, aber die verzauberte Mandel kniff von innen noch fester. Der Faulpelz sprang vor Schreck in die Luft und siehe da, die Mandel in seinem Bauch hüpfte ebenfalls.

Vor Angst rannte der Faulpelz los, doch die verzauberte Mandel in seinem Bauch rannte noch schneller. Vor Schreck stolperte der Faule und schlug einen Purzelbaum und die verzauberte Mandel stolperte ebenfalls und machte in seinem Bauch einen Purzelbaum.

«Hilfe!», schrie der Unglückliche und hielt sich den Bauch. Und die verzauberte Mandel schrie noch lauter als er: «Hilfe!».

Die Leute, die auf den Feldern arbeiteten, hörten den Hilferuf und sie kamen mit ihren Hacken und Schaufeln und wunderten sich über den Faulen, der von einer Ecke zur anderen sprang und hüpfte. Schliesslich kehrte auch Sirini von der Feldarbeit zurück und als er sah, dass die verzauberte Mandel die ganze Faulheit aus seinem Schwager herausgetrieben hatte, nahm er seinen Zauber wieder zurück.

Von diesem Tag an musste Sirini nie wieder alleine zur Feldarbeit gehen. Aber passt auf, auch ihr könntet einmal eine verzauberte Mandel erwischen.

Märchen aus Melanesien

Der Ursprung der Geschichten

Vor langer Zeit lebte einst ein Waisenjunge. Seine Eltern waren schon früh gestorben, und eine alte Frau kümmerte sich um ihn. Sie gab ihm immer genug zu essen, und als er alt genug war, schenkte sie ihm Pfeil und Bogen und sprach: «Nun ist es an der Zeit, dass du auf die Jagd gehst und für uns Essen nach Hause bringst.»

Sie nahm gerösteten Mais und sagte: «Hier, nimm diesen Maiskolben mit, denn du wirst den ganzen Tag unterwegs sein und Hunger haben.»

So ging der Waisenjunge in den Wald, und das Jagdglück war mit ihm, denn er schoss viele Vögel, und das Fleisch reichte für einige Tage. Von nun an ging er jeden Tag auf die Jagd und wurde immer geschickter. Wenn er viel Beute machte, gab er einen Teil den Alten des Dorfes, den Rest briet die Alte auf dem Feuer und bereitete eine schmackhafte Mahlzeit daraus zu.

Der Junge ging nun immer tiefer in den Wald. An einem Tag hatte er schon einige Vögel geschossen, als die Sehne an seinem Bogen riss. Er schaute sich nach einem guten Platz um, wo er sich hinsetzen konnte, um die Sehne zu flicken und entdeckte einen grossen Rundstein. Er kletterte hinauf, da hörte er eine Stimme, die fragte: «Möchtest du eine Geschichte hören?»

Der Junge schaute sich um, doch er konnte niemanden entdecken. Da hörte er die Stimme ein zweites Mal: «Möchtest du eine Geschichte hören?»

Jetzt kletterte der Junge von dem Stein herunter. Er schaute hinter den Stein – nichts!

Er setzte sich wieder oben hin, da hörte er die Stimme ein drittes Mal: «Möchtest du eine Geschichte hören?»

Da merkte der Junge, dass die Stimme aus dem Innern des Steins kam. Er nahm allen Mut zusammen und fragte: «Was ist das, eine Geschichte?»

«Eine Geschichte ist eine Erzählung dessen, was vor langer Zeit geschehen ist. Wenn du mir etwas von deiner Beute gibst, will ich dir eine Geschichte erzählen.»

Der Junge war einverstanden, und der Stein begann, Geschichten zu erzählen. Der ersten folgte die nächste und immer so weiter, und die Zeit verging wie im Flug. Gegen Abend sagte der Stein: «Nun ist es Zeit, dich auszuruhen. Morgen kannst du wiederkommen.»

Am anderen Tag ging der Junge wieder zu dem Stein, denn er war begierig danach, Geschichten zu hören. Einen einzigen Vogel schoss er, legte diesen auf den Stein und lauschte den Geschichten aus fernen Zeiten.

An diesem Abend brachte er keine Beute mit und die Alte wunderte sich darüber: «Ist er vielleicht faul geworden und jagt gar nicht?»

Sie bat einen anderen Jungen, Pyehshyao nachzuschleichen und ihr zu berichten, was dieser den ganzen Tag im Wald tue. Der Junge schlich Pyehshyao nach und sah, wie dieser einige Vögel schoss. Dann folgte er ihm bis zum grossen Stein. Er kletterte ebenfalls hinauf und fragte: «Was tust du hier?»

«Ich höre Geschichten», antwortete Pyehshyao.

«Was für Geschichten?»

«Geschichten aus längst vergangenen Zeiten. Wenn du von deiner Beute etwas auf den Stein legst, dann kannst auch du die Stimme des Steins hören.»

Der Junge legte einen Vogel auf den Stein, und schon begann der Stein zu erzählen. Die beiden lauschten, bis die Sonne unterging, und dann liefen sie gemeinsam nach Hause. Als die Ziehmutter sah, dass beide Jungen ohne Beute nach Hause kamen, bat sie einen dritten Knaben, die beiden auf der Jagd zu begleiten. Die drei gingen in den Wald, schossen ein paar Vögel und kamen bald zu der Stelle, wo der grosse Stein lag. Sie legten ihre Beute auf den Stein und lauschten den Geschichten. Am Abend sprach der Stein: «Nun ist es Zeit, auszuruhen, morgen aber sollt ihr wieder zu mir kommen.»

Also kehrten die drei Jungen ohne Beute zurück. So ging es einige Tage weiter, da bat die Ziehmutter zwei Männer, den Jungen zu folgen. Diese gingen hinter ihnen her bis zum grossen Stein, und als sie sahen, wie die drei ihre Beute hinlegten, fragten sie: «Was macht ihr hier?»

«Wir hören Geschichten. Setzt euch auf den Stein und legt eure Beute hin, dann könnt ihr auch Geschichten hören. Aber ihr dürft niemandem etwas davon verraten.»

So lauschten auch die Männer den Geschichten des Steins, und es war schon fast dunkel, als der Stein sprach: «Jetzt ist es Zeit, auszuruhen, aber morgen sollen alle aus dem Dorf zu mir kommen und etwas zu essen mitbringen, dann werde ich für alle Geschichten erzählen.»

Als sie ins Dorf zurückkehrten, ging der Waisenjunge zum Häuptling und berichtete von dem geschichtenerzählenden Stein. Dann schickte der Häuptling einen Boten zu jeder Familie, damit sich alle vorbereiten konnten.

Am nächsten Tag brachen die Bewohner des Dorfes gemeinsam auf. Alle hatten sie eine Gabe für den Stein eingepackt: gebratene Maiskolben, geröstetes Wild und vieles andere. Als sie beim Stein ankamen, legten sie das mitgebrachte Essen hin, räumten das Unterholz beiseite, so dass sich alle setzen konnten, und der Stein begann zu sprechen: «Ich werde euch von Dingen erzählen, die vor langer Zeit geschehen sind. Manche von euch werden sich jede Geschichte merken, einige werden sich nur wenige Worte merken können, und andere wiederum werden alles vergessen, deshalb hört gut zu, denn später sollt ihr die Geschichten weitererzählen.»

Die Menschen hörten zu, und als es Abend wurde, sagte der Stein: «Jetzt ist es Zeit, auszuruhen. Zwei Tage sollt ihr noch zu mir kommen, dann werde ich die letzte Geschichte erzählt haben.»

Als die Dorfbewohner am dritten Tag Fleisch, Fladenbrot und Mais hingelegt hatten, setzten sie sich im Kreis um den Stein und lauschten seinen Geschichten. Die Sonne leuchtete schon tief golden, als der Stein sprach: «Nun habe ich die Geschichten zu Ende erzählt. Von heute an sollt ihr sie weiter erzählen an eure Kinder und Enkelkinder, Generation um Generation. Wenn ihr Geschichten vergessen habt, so geht zu jenen Menschen, die sie noch wissen. Bringt ihnen etwas zu Essen mit und lauscht den Geschichten, damit sie nicht verloren gehen.»

Nach diesen Worten schwieg der Stein, und die Dorfbewohner machten sich auf den Weg nach Hause. Sie erzählten die Geschichten ihren Kindern und Enkelkindern, Generation um Generation, nie aber vergassen sie, dass sie ihre Geschichten von dem grossen Stein erhalten hatten.

Märchen aus Kanada, Seneca

Quellenangaben

Die Geschichte der weisen Eule
Fassung Djamila Jaenike, nach: O. Janecek, Tiermärchen, Hanau 1989

1. Kapitel
Das kurze Märchen
J. und W. Grimm, Anmerkungsband, 3. Auflage 1856
Vater Bär und seine Lausbuben
Fassung P. Strahm, nach: M. Mayo, Le Singe très malin, Paris 1997
Das Jüngste der Küken
K. Recheis, Wie das Erdhörnchen zu seinen Streifen kam, Freiburg 1999
Der Fuchs und die Schnecke
Fassung Djamila Jaenike nach: O. Sutermeister, Kinder- und Hausmärchen aus der Schweiz, Aarau 1869
Der Tiger und die Kröte
Fassung Djamila Jaenike, nach: O. Dähnhardt, Tiersagen, Band 2, Leipzig 1907
Der Löwe und die Maus
Fassung Djamila Jaenike, neu erzählt aus verschiedenen Quellen
Die zwei Wiesenmäuse
Fassung Djamila Jaenike, nach: K. Recheis, Wie das Erdhörnchen zu seinen Streifen kam, Freiburg 1999
Das Ungeheuer
A. Könner, Der Tanz auf der Trommel, Berlin 1994
Die drei Geisslein und das Ungeheuer
K. Recheis, 333 Märchenminuten, Wien 1981, leicht bearbeitet.
Die drei Böcke Brausewind
P. Asbjørnsen / J. Moe: Norwegische Volksmärchen, Berlin 1908, leicht bearbeitet
Das Finkenlied im Rabennest
K. Recheis, 333 Märchenminuten, Wien 1981
Die Katze und das Schaf
H. Görz, Sandmännchens Reise durch das Märchenland, München 1981
Die Geschichte von den drei kleinen Schweinchen
K. Briggs / R. Ratcliff (Hsrg.), Englische Volksmärchen ©1990, Diederichs Verlag, München, in der Verlagsgruppe Random House GmbH
Warum das Huhn und das Krokodil verwandt sind
Fassung Djamila Jaenike, nach versch. Vorlagen, u. a. G. Dubovitz, Das Herz der Sterne, Budapest 1972
Das Wettziehen
Fassung Djamila Jaenike, nach verschiedenen Quellen u. a. H. Görz, Sandmännchens Reise durch das Märchenland, München 1981
Der Hase und die durstigen Tiere
Fassung Djamila Jaenike, nach mündlicher Überlieferung

Die Büffelkuh und das Fischlein
J. Haltrich, Sächsische Volksmärchen aus Siebenbürgen, Bukarest 1974
Anansi und die Weisheit der Welt
Fassung Djamila Jaenike, nach: T. Hancock, Anansi and the Callabash of Wisdom, 2001

2. Kapitel
Hundert Wölfe
Fassung Djamila Jaenike, nach: M. Barillot, I. Proft, Die Sonnenrose, Berlin 1966
Das schneeweisse Steinchen
O. Sutermeister, Kinder- und Hausmärchen der Schweiz, Aarau 1869, leicht bearbeitet
Der Junge und der Zauberfisch
Fassung Djamila Jaenike, nach: Der glückliche Knabe, in B. Stoev, Die schwarze Muschel, Sofia 1978
Soniri, der Thronfolger
V. Pucek, H. Tomaova-Weisova, Koreanische Märchen, Hanau 1992
Das Hirtenbüblein
J. und W. Grimm, Kinder- und Hausmärchen, Ausgabe letzter Hand, Berlin 1857
Die Geschichte vom König
Fassung Djamila Jaenike, nach: C. Decurtins, U. Brunold-Bigler (Hrsg), K. Widmer (Übers.), Die drei Winde, Chur 2004
Die drei Federn
J. und W. Grimm, Kinder- und Hausmärchen, Ausgabe letzter Hand, Berlin 1857
Das Zauberschloss
S. Früh, Märchen von Tod und neuem Leben, Königsfurt-Urania Verlag, Königsfurt 2003
Das Eselein
J. und W. Grimm, Kinder- und Hausmärchen, Ausgabe letzter Hand, Berlin 1857
Der kleine Junge Dattelkern
Fassung Djamila Jaenike, nach: J. Guter, Chinesische Märchen, Frankfurt am Main 1973
Vogel Phönix
J. und W. Grimm, Kinder- und Hausmärchen, Berlin 1812
Warum das Meerwasser salzig ist
O. Ebermann, Sagen der Technik, o. J.
Widewau
Fassung Djamila Jaenike, nach: L. Tetzner, Die schönsten Märchen der Welt für 365 und einen Tag, Zürich 1946
Das Meerhäschen
J. und W. Grimm, Kinder- und Hausmärchen, Ausgabe letzter Hand, Berlin 1857
Lone Boy und der alte Schecke
Fassung Djamila Jaenike, nach: J. Sherman, Magische Pferde, Stuttgart 2005
Das seltsamste Ding der Welt
H. Meier / D. Woll (Hrsg.), Portugiesische Märchen © 1998, Diederichs, München, in der Verlagsgruppe Random House GmbH

3. Kapitel
Die Prinzessin mit der Laus
J. und W. Grimm, Kinder- und Hausmärchen, Berlin 1812

Die Prinzessin, die immerfort weinte
   Fassung Djamila Jaenike, nach: P. Sis, Baltische Märchen, Hanau 1981
Mascha und der Bär
   Nach verschiedenen Quellen, z. B. N. Ukazan, Russkie Skazi, St. Petersburg 2009
Die faule Kati
   Fassung Djamila Jaenike, nach: I. und J. Zingerle: Kinder- und Hausmärchen aus Tirol, Regensburg 1854
Stiefelchen
   N. Loh, Märchen der Königskinder, München 2007
Der Hund mit den kleinen Zähnen
   K. Briggs / R. Ratcliff (Hsrg.), Englische Volksmärchen ©1990, Diederichs Verlag, München, in der Verlagsgruppe Random House GmbH
Von dem Sommer und Wintergarten
   J. und W. Grimm, Kinder- und Hausmärchen, Berlin 1812
Das Aschenmädchen unter der Kornwanne
   Fassung Djamila Jaenike, nach: C. Decurtins, U. Brunold-Bigler (Hrsg), K. Widmer (Übers.), Die drei Winde, Chur 2004
Salz ist wertvoller als Gold
   Fassung Djamila Jaenike, nach: K. Rauch, Märchen aus Polen, Ungarn und der Slowakei, Hamburg 1980
Die drei Raben
   J. und W. Grimm, Kinder- und Hausmärchen, Berlin 1812
Das Dohlenmädchen
   W. Eschker, Serbische Märchen, München 1992
Das Adlermädchen
   W. Keller, Am Kaminfeuer der Tessiner, Sagen und Volksmärchen, Zürich o. J.
Das Mädchen, das mit den Birnen verkauft wurde
   Fassung Djamila Jaenike, nach: P. Heyse, Italienische Volksmärchen, München 1914 und I. Calvino, Italienische Märchen, Zürich 1975
Das kluge Mädchen wird Zarin
   Fassung Djamila Jaenike, nach: A. Leskien, Märchen aus Bulgarien, Jena 1915

4. Kapitel
Das Patengeschenk
   Fassung Djamila Jaenike nach: J. Jegerlehner, Sagen und Märchen aus dem Oberwallis, Basel 1913
Das Erdbeerpflücken
   V. Mönkeberg, Das goldene Schloss, München 1981, leicht bearbeitet
Das hilfreiche Bergmännlein
   Fassung Cora Büsch, nach D. Jecklin, Volksthümliches aus Graubünden. 3 Teile, Zürich 1874
Das hilfreiche Moosweiblein
   Fassung Djamila Jaenike, nach C. Englert-Faye, Vo chline Lüte, Bern 1965
Die Lutkens
   H. Gebert, Phantastische Märchen, Weinheim 1987
Das zerlumpte Braunchen
   H. Gebert, Phantastische Märchen, Weinheim 1987

Gänseblume
H. Gebert, Phantastische Märchen, Weinheim 1987
Die geheimnisvollen Zahlen
Fassung Djamila Jaenike, nach: Deutsche Volkssagen, Stuttgart o. J.
Kruzimugeli
Fassung Djamila Jaenike, nach: T. Vernaleken, Kinder- und Hausmärchen aus Österreich, Wien 1863.
Das verlorene Glöckchen Tingeltuu
Fassung Djamila Jaenike, nach: H. Gebert, Phantastische Märchen, Weinheim 1982 und J. D. H. von Temme, Die Volkssagen von Pommern und Rügen, Berlin 1840
Habetrot mit der dicken langen Unterlippe
Fassung nach: J. Jacobs, More Englisch Fairy Tales, 1894 und H. Gebert, Phantastische Märchen, Weinheim 1987

5. Kapitel
Der Drache erwacht aus dem Winterschlaf
Fassung Djamila Jaenike, nach: A. von Rottauscher, Altchinesische Tiergeschichten, Wien 1955
Stan Bolovan
Fassung Djamila Jaenike, nach M. Kremnitz, Rumänische Märchen, Leipzig 1882
Die Königstochter in der Flammenburg
J. Haltrich, Deutsche Volksmärchen aus dem Sachsenlande in Siebenbürgen, Wien, 1882, leicht bearbeitet
Das Auge des Drachen
H.-J. Simm, Zauber und Wunder, die Märchen der Welt, Insel Verlag, bearbeitet von Djamila Jaenike, Frankfurt 2002
Stompe Pilt
K. Stroebe, Nordische Volksmärchen, Jena 1915
Der Riese Morgazea
H. Gebert, Phantastische Märchen, Weinheim 1982
Lini, der Königssohn
Jos. Ca. Poestion, Isländische Märchen, Wien 1884
Der bärenstarke, riesengrosse Held Fin
Fassung Djamila Jaenike nach: H. Gebert, Phantastische Märchen, Weinheim 1987
Das Riesenspielzeug
Fassung Djamila Jaenike, nach: J. und W. Grimm, Deutsche Sagen, Kassel 1816
Die Heckentür
V. Mönkeberg, Das goldene Schloss, München 1981, leicht bearbeitet
Die Birkennase
Fassung Gidon Horowitz, nach: Die Kranichfeder, Berlin 1978
Der Junge, der Katzen malte
Fassung Djamila Jaenike, nach: J. Guter, Die schönsten Märchen der Welt, München 1999
Der Junge und der Teufel
P. Asbjørnsen / J. Moe: Norwegische Volksmärchen, Berlin 1908
Räubermärchen
Fassung Djamila Jaenike, nach. V. Stanovsky, Der Märchenbaum, Prag 1960

6. Kapitel

Der Hirt und die Fee
　Fassung Djamila Jaenike, nach: F. Karlinger, Italienische Märchen, Reinbek 1973,

Der Prinz mit den Eselsohren
　H. Meier / D. Woll (Hrsg.), Portugiesische Märchen © 1998, Diederichs, München, in der Verlagsgruppe Random House GmbH

Die Waldfee
　Fassung Cora Büsch, nach: B. Nemcova, Das silberne Märchenbuch, Bratislava 1970

Der verhexte Ring
　Fassung Djamila Jaenike, nach: F. Karlinger, Italienische Märchen, Düsseldorf 1973

Die Erschaffung der Geige
　H. von Wlislocki, Vom wandernden Zigeunervolke, Hamburg 1890

Die Fee der Feen
　Fassung Djamila Jacnike, nach: «Fee, der Feen», in: P. Ispirescu, Märchen, Berlin, 1975

Katrin Knack-die-Nuss
　K. Briggs / R. Ratcliff (Hrsg.), Englische Volksmärchen ©1990, Diederichs Verlag, München, in dcr Verlagsgruppe Random House GmbH

Die zwölf Prinzessinnen
　Fassung Djamila Jaenike, nach: W. Stovicek, Östlich der Sonne, Westlich vom Mond, Prag 1981

Die drei Schwanenfrauen
　A. Engelein und W. Jahn: Der Volksmund in der Mark Brandenburg, Berlin 1868

Das Geschenk der Flussmutter
　V. Gazak, J. Elperin, Das Buch aus reinem Silber, Düsseldorf 1984

Das kleine Meermädchen
　G. Grigorov, Die schwarze Muschel, Sofia 1978

Die Muschel des Überflusses
　G. Grigorov, Die schwarze Muschel, Sofia 1978

7. Kapitel

Was die Äffchen sagen
　V. Mönkeberg, Das goldene Schloss, München 1981, leicht bearbeitet

Das Huhn, die Ente und die Maus
　R. Amonow, Die Sandelholztruhe, Berlin 1968

Die Rübe
　Fassung Djamila Jaenike, nach verschiedenen Quellen, u. a.: V. Gazak, Das Buch aus reinem Silber, Düsseldorf 1984

Vom süssen Brei
　J. und W. Grimm, Kinder- und Hausmärchen, Erstauflage, Berlin 1815

Die Maus und das Würstchen
　D. Fink, Das Füchslein im Bärenschloss, Stuttgart 2005

Das Küken und der Kater
　A. Könner, Tanz auf der Trommel, München 1994

Der hungrige Schüler
　Fassung Djamila Jaenike, nach: W. Stovicek, Östlich der Sonne, Westlich vom Mond, Prag 1981

Küchenschabe zu verkaufen
　A. Seiler-Dietrich, Märchen der Bantu, © 1980 Diederichs, München, in der Verlagsgruppe Random House GmbH

Jaakske mit der Flöte
: Fassung Djamila Jaenike, nach: K. Rauch, Märchen aus Frankreich, den Niederlanden und der Schweiz, Gütersloh o. J.

Das Töpflein mit dem Hulle-Bulle-Bäuchlein
: L. Tetzner, Die schönsten Märchen der Welt für 356 und einen Tag, Zürich 1946

Das Märchen vom dicken fetten Pfannekuchen
: K. Stroebe, Nordische Märchen, Band 2, Norwegen, Jena 1922 und L. Tetzner, Die schönsten Märchen der Welt für 356 und einen Tag, Zürich 1946, sprachlich leicht angepasst

Vom Bumbrlik
: L. Tetzner, Die schönsten Märchen der Welt für 356 und einen Tag, Zürich 1946

Von dem Breikessel
: Fassung Djamila Jaenike, nach: C. und T. Colshorn, Märchen und Sagen aus Hannover, Hannover 1854

Bohne, Bohne, ich schneide dich
: Fassung Djamila Jaenike, nach: D. Jecklin, Volksthümliches aus Graubünden, Zürich 1874

Die verzauberte Mandel
: Fassung Djamila Jaenike, nach: W. Stovicek, Östlich der Sonne, Westlich vom Mond, Prag 1981

Der Ursprung der Geschichten
: Fassung Djamila Jaenike nach: M. Caldecott, Mythen vom heiligen Baum, Saarbrücken 2001 und F. Hetmann, Indianermärchen aus Kanada, Frankfurt 1992

In einzelnen Fällen konnten wir trotz aller Bemühungen keine Rechteinhaber ausfindig machen. Falls hierdurch Honoraransprüche entständen, sichern wir deren Entgelt in angemessener Höhe zu.

Widmung und Dank

Mein Dank geht insbesondere an die Kinder vom Schulweg, die sieben Jahre lang Märchen gehört haben und mir mehr als alles andere zeigen konnten, wie eine Erzählgemeinschaft entsteht. Ihnen, und natürlich auch meinen beiden Söhnen, verdanke ich, dass doch ziemlich viele «gefährliche» und freche Märchen in dieser Sammlung sind, denn sie gehörten ganz eindeutig zu den Lieblingsmärchen. Danken möchte ich auch den Erzählerinnen und Erzählern, die mich hier und da auf andere Fassungen einiger Märchen aufmerksam gemacht oder ihre Erzählfassung zur Verfügung gestellt haben. Dieses Buch ist über viele Jahre entstanden, da manche Märchen erst in der Zeitschrift Märchenforum auf den Kinderseiten abgedruckt wurden, bevor sie den Weg in dieses Buch fanden. Ich danke Kai Richter und dem Team vom Märchenforum für das Korrekturlesen und Alexander Lanz für das gelungene Layout. Ein Dankeschön auch den Pädagoginnen, die mir bei den Altersangaben mit fachlichem Rat zur Seite standen. Ein besonderer Dank gebührt Cristina Roters, deren Bilder den Blick für das Märchenhafte öffnen und hoffentlich viele Kinder in ihrer eigenen Phantasie bestärken.

Widmen möchte ich das Buch allen Kindern und ihren Betreuern und Betreuerinnen in der Kinderzeit. Eltern, Grosseltern, Pädagogen, Pädagoginnen und Freunde können das Buch wie ein Schätzkästlein öffnen und unvergessliche Momente gemeinsam erlebter Märchenzeit möglich machen. Nicht zu vergessen die Erzählerinnen und Erzähler, die diese fast vergessenen Märchenschätze heute wieder zum Leben erwecken.

Djamila Jaenike

Publikationen der Mutabor Märchenstiftung

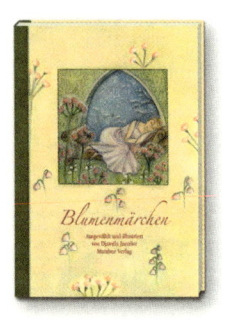

Blumenmärchen
Siebzig Blumenmärchen in sieben Kapiteln
Ausgewählt und illustriert von Djamila Jaenike
Mit einführenden Texten und Blumen-ABC
Durchgehend vierfarbig
Herausgegeben von der Mutabor Märchenstiftung, 2014
240 Seiten, gebunden
ISBN 978-3-9523692-3-4

Baummärchen aus aller Welt
Vierzig Baummärchen in sieben Kapiteln
Mit einführenden Texten und Baumbetrachtungen
Ausgewählt und illustriert von Djamila Jaenike
Mit zahlreichen Schwarzweiss-Zeichnungen und 17 Farbbildern
Herausgegeben von der Mutabor Märchenstiftung, 2010/2013
Mit einem Vorwort von Sigrid Früh
184 Seiten, gebunden
ISBN 978-3-9523692-0-3

Wintermärchen
Siebzig Wintermärchen in sieben Kapiteln
Ausgewählt von Djamila Jaenike
Mit zahlreichen Schwarzweiss-Zeichnungen von Cristina Roters
Herausgegeben von der Mutabor Märchenstiftung, 2011
240 Seiten, gebunden
ISBN 978-3-9523692-1-0

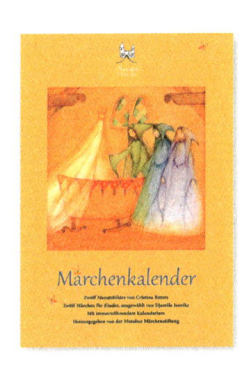

Märchenkalender
Zwölf Märchen für Kinder
Ausgewählt von Djamila Jaenike
Zwölf Märchenbilder von Cristina Roters
Mit immerwährendem Kalendarium
Herausgegeben von der Mutabor Märchenstiftung, 2012
Format: 23,5 x 33,5 cm
ISBN: 978-3-9523692-2-7

Zeitschrift Märchenforum
Die Fachzeitschrift für Märchen und Erzählkultur
Sie erscheint viermal im Jahr und enthält viele
Märchen zum jeweiligen Thema, Beiträge aus
Märchenforschung, Pädagogik und Erzählkunst
und in jedem Heft Kinder- und Kreativseiten.
Durchgehend vierfarbig, Format A4, Umfang 48 Seiten
Herausgegeben von der Mutabor Märchenstiftung
ISSN: 1662-0666

Mutabor Verlag
www.mutaborverlag.ch

Mutabor ist das Zauberwort aus dem Märchen
von Kalif Storch und bedeutet:
Ich werde verwandelt werden.

Informationen

Mutabor Märchenseminare – Schule für Märchen und Erzählkultur
In der Schule für Märchen und Erzählkultur erhalten Menschen die Gelegenheit, die Kunst des Märchenerzählens zu erlernen. In den verschiedenen Ausbildungsangeboten werden je nach Schwerpunkt erzählerische, kreative, therapeutische oder psychologische Aspekte betrachtet und erarbeitet. Verschiedene Dozenten ermöglichen Einblicke und Sichtweisen in eine neu belebte Märchenkultur, die heute in unterschiedliche Tätigkeitsfelder einfliesst.

Mutabor Märchenstiftung
Die Mutabor Märchenstiftung hat sich zum Ziel gesetzt, die Integration des Märchens in den Alltag mit verschiedenen Projekten zu unterstützen. Auf der Homepage können Sie sich über die einzelnen Aktivitäten informieren. Hier finden Sie auch die Adressen von Märchenerzähler/-innen, eine Datenbank mit Märchen aus dem Schweizer Märchenschatz und Informationen zur Zeitschrift Märchenforum.

Mutabor Verlag
Der Mutabor Verlag legt seinen Schwerpunkt auf die Herausgabe von besonderen Märchensammlungen, die zum Vorlesen und Erzählen anregen. Die Grundlage sind Volksmärchen, die ursprünglich über Generationen mündlich weitergegeben wurden und heute als literarisches Kulturgut neu entdeckt werden können. Mit unseren Publikationen können Sie eintauchen in vergessene Welten und Märchenschätze neu entdecken, damit die überlieferten Märchen lebendig bleiben und ihre Weisheiten nicht verloren gehen.

Mutabor
Postfach
CH-3432 Lützelflüh
www.maerchen.ch